Peter Emmerich / **Paradigma und Regel**

Schriften zur Rechtstheorie

Heft 93

Paradigma und Regel

Zur Analyse des Wertbegriffs im Bereicherungsrecht

Von

Peter Emmerich

DUNCKER & HUMBLOT / BERLIN

Gedruckt 1980 bei Buchdruckerei Bruno Luck, Berlin 65
Printed in Germany
ISBN 3 428 04736 2

Inhaltsverzeichnis

II. Kapitel

Die Lehre

III. Kapitel

Rekonstruktion und Analyse ökonomie-theoretischer Positionen

Abkürzungen

a.a.O.	am angegebenen Ort
Anm.	Anmerkung
Aufl.	Auflage
Bd.	Band
BGH Z	Entscheidungen des Bundesgerichtshofs in Zivilsachen
BVerwGE	Entscheidungen des Bundesverwaltungsgerichts
FN	Fußnote
Ffm	Frankfurt am Main
GRUR	Gewerblicher Rechtsschutz und Urheberrecht, Zeitschrift des Deutschen Vereins zum Schutze des gewerblichen Eigentums
JW	Juristische Wochenschrift
JZ	Juristenzeitung
LM	Lindenmaier Möhring, Nachschlagewerk des Bundesgerichtshofes
MDR	Monatsschrift für Deutsches Recht
MuW	Markenschutz und Wettbewerb, Monatsschrift für Marken-, Patent-, Muster-, Urheber- und Verlagsrecht
NJW	Neue Juristische Wochenschrift
Prot.	Protokolle der Kommission für die 2. Lesung eines Bürgerlichen Gesetzbuches
RG Z	Entscheidungen des Reichsgerichts in Zivilsachen
WarnRspr.	Rechtsprechung des Reichsgerichts, herausgegeben von Warneyer

Symbole

(fV_{B1})	faktischer Vertrag, Berechnungsmethode 1
(fV_{B2})	faktischer Vertrag, Berechnungsmethode 2
(fV_G)	faktischer Vertrag dem Grunde nach (d.h.: nicht als Berechnungsmethode für den bereicherungsrechtlichen Wertersatz)
(Rt G)	Regel des tatsächlich erzielten Ertrages (Gewinns)
(R.m.E.)	Regel des mutmaßlich erzielten Ertrages (Gewinns)
(S diff)	Berechnung nach der schadensrechtlichen Differenzhypothese
(S liz)	Schaden nach der Lizenzvergütung
(S Gew)	Schaden, berechnet nach dem erzielten Gewinn

Mathematische Zeichen

$<$	kleiner als $a < b$: a ist kleiner als b
$>$	größer als $a > b$: a ist größer als b
$\leqq$	kleiner oder gleich, höchstens gleich $a \leqq b$: a ist kleiner, höchstens gleich b,
$\rightarrow$	Vektor
Σ	Summe

Zeichen der Logik

$\wedge$	und (Konjunktion)
$\vee$	oder (inklusives oder, Disjunktion)
$\rightarrow$	Implikation

Einleitung

Die Frage der Wertberechnung im Bereicherungsrecht ist in neuester Zeit wieder in Diskussion gekommen. Dies allein bietet freilich keinen genügenden Anlaß für eine Auseinandersetzung mit diesem Problem. Seine gesellschaftspolitische Relevanz und die Unbefangenheit, mit der in der Jurisprudenz über den ‚objektiven Wert' gesprochen wird, sind schon eher geeignet, zu einer Stellungnahme herauszufordern, einer Stellungnahme freilich, die sich nicht zum Ziel setzt, ihrerseits herauszufinden, wie der objektive Wert zu ermitteln sei. Eine solche Absicht trüge von vornherein den Stempel des unvermeidlichen Scheiterns. Es geht vielmehr um Rekonstruktionen und Analysen dessen, was an verwertbaren Aussagen von unterschiedlichen Disziplinen ausgesagt wird. Hierbei beschränke ich mich hinsichtlich der juristischen Aussagen auf Fälle des rechtswidrigen Gebrauchs oder der rechtswidrigen Nutzung fremder Gegenstände. Es liegt nahe, das Thema mit einer Rechtsprechungsanalyse anzugehen, und hier stellt sich bereits das erste Problem, nämlich die Frage nach der Methode, mit der die Rechtsprechung analysiert werden soll. Ich habe eine solche Methode entwickelt und mich dabei auf Wittgensteins Kategorie der Regel gestützt, dabei zwei bereits existierende Methoden, nämlich logische und Inhaltsanalyse integriert, soweit es möglich war. Das I. Kapitel enthält im Ausgangspunkt (I 1.) eine Rekonstruktion von Wittgensteins Regelkonzept. Darauf aufbauend wird eine Methode für Urteilsanalysen entwickelt (I 1.2), die im folgenden zur Analyse der Rechtsprechung angewendet wird (I 1.3).

Der zweite analytische Ansatzpunkt, nämlich Kuhns Paradigmabegriff, soll dazu dienen, zusammen mit den in der Urteilsanalyse verwendeten Methoden, eine Ebene zu gewinnen, auf der sich die Aussagen der beiden Disziplinen, die mit ‚Wert'-berechnungen befaßt sind, nämlich Ökonomie und Jurisprudenz, aufeinander beziehen lassen. Daß eine solche Bezugnahme notwendig ist, bedarf keiner Begründung, daß sie nicht ohne weiteres möglich ist, und wie sie möglich sein könnte, werde ich zeigen müssen.

Kuhns Paradigmabegriff wird im Ausgangspunkt im Sinne einer ‚disziplinären Matrix' gebraucht, die drei Komponenten enthält, nämlich Modelle, Musterbeispiele und symbolische Verallgemeinerungen. Kuhn selbst hat — in der Auseinandersetzung mit seinen Kritikern — diese

Bestandteile der disziplinären Matrix als die wissenschaftstheoretisch interessantesten bezeichnet. Seine Begriffsexplikationen sind nachlesbar (vgl. T. S. Kuhn, Neue Überlegungen zum Begriff des Paradigma in: derselbe, Die Entstehung des Neuen, 1977 S. 389 ff.) und viel leichter zu rekonstruieren als Wittgensteins Regelkonzept. Auf eine Reformulierung konnte ich demnach verzichten, freilich nicht auf die Anwendung des Paradigmabegriffs im Rahmen der Analyse. Hier zeigt sich, daß Kuhns Theorie nicht nur zur Rekonstruktion einer disziplinären Matrix, sondern auch zur Konstruktion einer interdisziplinären Matrix verwendbar ist, sodaß sich eine Ebene gewinnen läßt, die es erlaubt, Aussagen der Nationalökonomie und der Jurisprudenz im Bezugsproblem der Wertberechnung aufeinander zu beziehen.

Paradigma und Regel sind demnach die beiden analytischen Hauptkategorien dieser Arbeit, sie werden sowohl im Rahmen der Urteilsanalysen (I 1.3—II), als auch im Rahmen der Analyse der Lehre (II), als auch im Rahmen der Rekonstruktion der ökonomietheoretischen Positionen (III) verwendet. Der Leser muß beurteilen, ob dieses Vorhaben geglückt ist. Aber auch dann, wenn ich trotz aller Fehler nur gezeigt habe, daß der Weg, der eingeschlagen wurde, als Ansatz für eine interdisziplinäre Forschung wenigstens in Frage kommt, es also zumindest nicht ausgeschlossen ist, so zu beginnen, bin ich vollkommen zufrieden.

I. Kapitel

Die Analyse der Rechtsprechung

1. Ansätze zu einer Methode für Urteilsanalysen

1.1 Subsumtionsanalyse und kausale Erklärung

Grundsätzlich sind mehrere Methoden denkbar, die zum Zwecke der Urteilsanalyse verwendet werden können. Es gibt einmal die Möglichkeit, Urteile daraufhin zu untersuchen, ob sie dem Subsumtionsschema genügen, hier sind Fragen der Logik Untersuchungsgegenstand, es wird ermittelt, ob die Entscheidung des Gerichts aus dem Gesetz folgt. Es ist spätestens seit Esser[1] bekannt, daß eine logische „Konkretisierung" des Gesetzes, dessen nahtlose Transformation in die Fallentscheidung in den seltensten Fällen zu erwarten ist, ohne daß man andererseits definitiv sagen könnte, daß die Entscheidung im Urteil der Logik widerspräche. Ein Widerspruch des Urteils zu den Gesetzen der Logik ist jedenfalls dann nicht nachzuweisen, wenn einer der im Gesetz vorkommenden Begriffe semantische Spielräume[2] aufweist, denn in diesem Falle gibt der gesetzliche Begriff (das Tatbestandsmerkmal) keine Information darüber, ob der Sachverhalt unter den gesetzlichen Tatbestand zu sub-

---

[1] Vgl. *Josef Esser,* Vorverständnis und Methodenwahl in der Rechtsfindung, Ffm 1970; zum Problem der automatischen Subsumtion: *A. Podlech,* Die Juristische Fachsprache und die Umgangssprache in: *H. J. Koch (Hrsg.),* Juristische Methodenlehre und analytische Philosophie, Kronberg, 1976, S. 31 ff.

[2] Vgl. dazu *H. J. Koch:* Seminar: Die juristische Methode im Staatsrecht, Ffm 1977.

Die Feststellung der Bedeutung eines gesetzlichen Tatbestandsmerkmals ist jedenfalls von einer logischen Analyse zu unterscheiden. Letztere ist nur möglich, wenn die Prämissen (darunter in erster Linie der gesetzliche Tatbestand) hinreichend präzise sind, während eine semantische Analyse die Frage der Präzision der gesetzlichen Begriffe zunächst zu klären versucht. Im Rahmen einer semantischen Analyse kann man z.B. empirisch (vgl. dazu *Karl Dieter Opp,* Methodologie der Sozialwissenschaften, Reinbek 1973, S. 135 ff.) etwa durch Befragung einer kompetenten Sprechergruppe — dies können im Rahmen fachsprachlich juristischer Ausdrücke eigentlich nur Juristen sein — ermitteln, wie hoch der Präzisions- bzw. Konsistenzgrad eines Begriffs zu bemessen ist. Im Falle eines Urteils über die Logik einer Folgerung (vgl. dazu *Wolfgang Stegmüller:* Probleme und Resultate der Wissenschaftstheorie und Analytischen Philosophie, Band 1, Studienausgabe Teil 1 [Das ABC der modernen Logik und Semantik] S. 2, 38 ff.) verwendet man die Regeln des korrekten Argumentierens (d.i. der Logik) als nicht empirische Kriterien für die Bewertung von Argumenten.

sumieren ist, im Falle eines neutralen Kandidaten[3] zwingt die Logik nicht. Geht man von der gut begründbaren Hypothese aus, daß der gesetzliche Tatbestand in den meisten Fällen nicht alle Fallkonstellationen erfaßt, daß deshalb zumeist Bedeutungsfestsetzungen erforderlich werden, um Fälle entscheiden zu können, so ist der Anlaß, eine Subsumtionsanalyse durchzuführen, gering. Generalisierend kann man sagen, daß die Subsumtionsanalyse Informationen über ein Urteil nur in den seltensten Fällen zutage fördern kann, dann nämlich, wenn gezeigt werden könnte, daß in der Entscheidung gegen die Gesetze der Logik verstoßen worden ist. Aus der Nichterweislichkeit eines Verstoßes gegen die Logik aber zu folgern, die Entscheidung stünde mit den Gesetzen der Logik in Einklang, wäre verfrüht, denn dies würde voraussetzen, daß das Urteil — in seinem die Entscheidung tragenden Teil — überhaupt als Deduktion zu kennzeichnen wäre. Nur in diesem Falle und im Falle eines Verstoßes gegen die Logik könnte man annehmen, daß die Subsumtionsanalyse ihren Gegenstand überhaupt trifft[4]. Ich sehe hier von dem Problem ab, ob logische Transformationen, deren Ergebnisse allenfalls psychologisch neu sind, überhaupt eine Entscheidung voranzutreiben vermögen und so auch nur zur Beschreibung des Urteils verwendbar wären.

Eine weitere Möglichkeit, Urteilsanalyse zu betreiben, besteht in einer kausalen Erklärung des in einem Urteil zum Ausdruck kommenden richterlichen Handelns[5]. Die wesentliche Annahme, die diese Analyserichtung voraussetzt, ist, daß Urteile nicht mehr zureichend als gesetzesbefolgendes Handeln erklärt werden können, sondern daß bei einer richterlichen Entscheidung Ursachen wirksam werden, die außerhalb des juristischen Sprachspiels anzusiedeln sind[6]. Die methodischen und

[3] Vgl. dazu *Koch*, Seminar S. 43.

[4] Insofern stehen Analysemethode und Theorie über die Beschaffenheit des Objektbereichs in einem Interdependenzverhältnis (vgl. zu diesem Problemkreis: *N. Luhmann*, Funktionale Methode und Systemtheorie in: Soziologische Aufklärung, Band 1, S. 32 und 38), d.h. die Anwendung bestimmter Methoden für die Analyse des Objektbereichs setzt immer schon Annahmen über die Struktur des Objektbereichs voraus. Niemand kommt z.B. auf die Idee zu untersuchen, ob in den Entscheidungen der höchstrichterlichen Rechtsprechung die Transformationsregeln für Differentialgleichungen korrekt verwendet worden sind, eben weil niemand davon ausgeht, daß die richterliche Entscheidungstätigkeit mit diesen Regeln überhaupt etwas zu tun hat.

[5] Informationen darüber bei *M. Weiss:* Die Theorie der richterlichen Entscheidungstätigkeit in den Vereinigten Staaten von Amerika, Ffm 1971;
H. J. Koch: Zur Analyse richterlicher Entscheidungen, Diss. Ffm 1971;
H. Rottleuthner: Richterliches Handeln. Zur Kritik der juristischen Dogmatik, Ffm 1973;
H. Eikenberg: Voraussetzungen und Schwierigkeiten der empirischen Erforschung richterlicher Entscheidungsgrundlagen in: Jahrbuch für Rechtssoziologie und Rechtstheorie Band 1, 1970, S. 361 ff.; die sich ausführlich mit dem methodischen Problem der Kausalerklärung befassen.

[6] Siehe dazu insbesondere *Rottleuthner*, Richterliches Handeln, S. 61 ff.

theoretischen Probleme, mit denen eine Kausalanalyse zu kämpfen hat, sind überwältigend, es liegen des weiteren empirische Untersuchungen, die den methodischen Standards genügen würden, jedenfalls für Deutschland nicht vor, so daß der Versuch, eine kausale Erklärung der Entscheidungen zu meinem Thema durchzuführen, von vornherein zum Scheitern verurteilt wäre.

Möglicherweise kann aber die intendierte Analyse die Problembreite der kausalen Erklärung um ein Minimum reduzieren, es geht hier nämlich um eine Analyse dogmatischer Sätze, insbesondere von Präjudizien, zum Thema der Berechnung des bereicherungsrechtlichen Wertersatzes. Es ist auffällig, daß im Rahmen der Schemata für eine Kausalerklärung des richterlichen Handelns die Rolle der richterlichen Dogmatik, wie sie in den Urteilen — insbesondere der höchstrichterlichen Rechtsprechung — zum Ausdruck kommt, nahezu unberücksichtigt bleibt[7]. Rottleuthner z.B. redet nur generalisierend über das Problem[8], offenbar gibt es nur Gesetze und Methoden, die einer detaillierten Analyse für wert befunden werden, nicht aber die Dogmatik selber. Hält man es jedenfalls nicht von vornherein für ausgeschlossen, daß sich Richter — auch Bundesrichter — an den in Präjudizien zum Ausdruck gekommenen dogmatischen Regeln orientieren, und dies könnte ja dann auch im Rahmen einer Kausalanalyse des richterlichen Handelns als Regelmäßigkeit von Bedeutung werden, so ist die Untersuchung der Frage, welche Rolle die richterliche Dogmatik für das Urteil spielt, nicht von vornherein bedeutungslos. Ohne Berücksichtigung von Präjudizien setzt sich jedenfalls eine Kausalanalyse dem Einwand der Leerstelle aus. Dieses empirische und methodische Desinteresse interpretiere ich als Ausdruck eines tiefsitzenden Regelskeptizismus[9], der darüber hinaus

---

[7] Eine Ausnahme bildet lediglich das von *Rottleuthner* (S. 147) (FN 6) fixierte systemtheoretische Schema, Koch, Analyse ... betont (S. 121) dabei explizit, daß dem systemtheoretischen Ansatz nur heuristischer Wert zukommt.

[8] Vgl. z.B. Rottleuthner (FN 6), S. 106.

[9] Der Begriff stammt von *H. L. A. Hart:* Der Begriff des Rechts, Ffm 1973, S. 189; er wird erläutert bei *Kemmerling* in: Rechtstheorie, 1975, S. 105 ff. Bei *Rottleuthner* ist der Regelskeptizismus deutlich zu sehen in: Richterliches Handeln, S. 137, wobei sich diese Äußerungen wiederum nur auf Gesetze beziehen und die Rolle der Dogmatik und der Präjudizien ausblenden. Im übrigen scheint mir in dem Satz „Ich selbst kann nur glauben, meinen der Regel zu folgen ..." ein Mißverständnis der Wittgensteinschen Analyse vorzuliegen. Eine private Regel (eines Robinson, der als nichtsprechendes [!] Kleinkind auf einer Insel zurückgelassen wurde) unterscheidet sich wesentlich von einer institutionalisierten Regel, die man befolgen kann, ohne dem anderen dies mitteilen zu müssen oder ihn befragen zu müssen, ob man der Regel auch richtig gefolgt sei, beim Zählen in der Kardinalzahlenreihe z.B. kann sich jeder, der dies gelernt hat, der Korrektheit seiner Regelbefolgung gewiß sein. Es ist auch ein Unterschied, ob man für eine korrekte Regelbefolgung fordert, daß ein anderer meine Handlung als Regelbefolgung bestätigt, oder ob man lediglich fordert, daß der andere dies auf Verlangen tun könnte.

einen Teil der vor allem von der Praxis als Rechtfertigung vorgetragenen Bindung an Präjudizien stillschweigend übergeht. Ob die in Präjudizien festgelegten dogmatischen Regeln überhaupt zur Rechtfertigung herangezogen werden können, ob sie andererseits als Regelmäßigkeiten des Handelns für eine Kausalanalyse verwertbar sind, kann nur durch eine Analyse des Präzisionsgrades der Regeln, durch die Analyse des Regelsystems, d.h. hier des Verhältnisses der in einem Bezugsproblem als lösungsrelevant formulierten Regeln zueinander für das jeweilige Bezugsproblem geklärt werden.

1.2 Die Kategorie der Regel

Ausgangspunkt der Überlegungen soll, wegen ihrer grundsätzlichen Bedeutung für die analytische Fragestellung, die Kategorie der Regel sein. Grundsätzliche Bedeutung für eine Urteilsanalyse birgt die mit der Kategorie zusammenhängende Frage nach der Möglichkeit einer Regelbefolgung insofern, als der Regelskeptizismus, der einige Ausführungen Wittgensteins für sich in Anspruch nehmen kann, behauptet, daß aus einer Regel — gleich welcher Art — keine Handlung folgen könne, der darüber hinausgehend behauptet, daß jedes Handeln als Regelbefolgung gedeutet werden könne[10]. Stellt man, wie ich, eine Urteilsanalyse auf die Rekonstruktion der in den höchstrichterlichen Urteilen enthaltenen Regeln, die als lösungsrelevant für ein bestimmtes Bezugsproblem formuliert werden, ab, hätte ferner der Regelskeptizismus bereits kategorial, d.h. hier in seiner Einschätzung der Möglichkeiten der Regelbefolgung überhaupt recht, so wäre eine solche Analyse von vornherein sinnlos, denn wenn alles als Regelbefolgung gedeutet werden kann, können die in den Präjudizien enthaltenen dogmatischen Regeln keinerlei Informationen verschaffen, weder für die Rechtsanwendung, die behauptet, diesen Regeln intentional zu folgen, noch für den Beobachter, der, wenn er z.B. Attitüdenforschung betreibt, eine Unsumme anderer Kausalfaktoren ausschließen muß, noch für die juristische Analyse, der es um eine methodisch wenigstens ansatzweise reflektierte Rekonstruktion der sachlichen Behandlung eines Bezugproblems geht.

Ludwig Wittgenstein hat das Problem, wie man einer Regel folgen könne, auf eine faszinierende Art und Weise analysiert. Das Zentrum seiner Ausführungen findet sich in den Philosophischen Untersuchungen und in den Bemerkungen über die Grundlagen der Mathematik[11, 12, 13].

---

[10] Die präzise Ausformulierung dieses Standpunktes findet sich bei *Kemmerling*, S. 105 ff.

[11] *Ludwig Wittgenstein:* Philosophische Untersuchungen, ed. Suhrkamp, Ffm 1971. Zitiert wird als Abkürzung „PU", ferner jeweils die Paragraphen, nach denen die Aphorismen geordnet sind. Wichtig sind insbesondere: §§ 198, 199, 201, 202, 206, 208, 211, 213, 215, 217, 219, 241.

[12] *Ludwig Wittgenstein:* Bemerkungen über die Grundlagen der Mathema-

Es ist vielleicht angebracht, die Rekonstruktion der Wittgensteinschen Aussagen mit einem Beispiel zu beginnen. Nehmen wir an, A schreibt eine Zahlenreihe auf, nämlich

„1, 3, 5, 7"[14]

und bittet B, diese Zahlenreihe fortzusetzen. B schreibt nun nicht, wie erwartbar nur „9", sondern

„1, 3, 5, 7, 9" „1, 3, 5, 7, 9, 11".

A entschließt sich nunmehr, ein einfacheres Beispiel zu wählen und schreibt

„2, 2".

Er fordert B auf, nunmehr diese Zahlenreihe[15] fortzusetzen. B schreibt nicht „2", dann sähe die Zahlenreihe „2, 2, 2" aus, sondern

„2, 2, 2, 2".

A ist, vermutlich in Übereinstimmung mit den meisten Lesern der Ansicht, B habe die Reihe nicht richtig fortgesetzt, B solle einfach das Gleiche tun.

> „Aber ist nicht wenigstens gleich: *gleich?* Für die Gleichheit scheinen wir ein unfehlbares Paradigma zu haben in der Gleichheit eines Dinges mit sich selbst. Ich will sagen: ‚Hier kann es doch nicht verschiedene Deutungen geben. Wenn er ein Ding vor sich sieht, so sieht er auch Gleichheit.'
>
> Also sind zwei Dinge gleich, wenn sie so sind wie *ein* Ding? Und wie soll ich nun das, was mir das *eine* Ding zeigt, auf den Fall der zwei anwenden?"
>
> (PU § 215 = Philosophische Untersuchungen, zitiert wird nach Suhrkamp, Ffm 1971)

tik, herausgegeben von G. E. M. Ascombe, Rush Rhees und G. H. von Wright, Erste Auflage 1974 (Schriften Bd. 6). Wichtig insbesondere: S. 35—41, 50, 69, 80, 82, 84, 156, 162, 163, 164, 168, 169, 192, 227, 228, 229, 235, 236, 305, 328, 334—336, 341, 353, 355, 357, 360, 361, 389, 392—395, 404, 405, 409, 413, 422, 429, 437. Wichtig, insbesondere für die Frage des unendlichen Regresses in der Regelanwendung: Wittgenstein und der Wiener Kreis, Schriften Bd. III, Kap. III, S. 152 ff.

[13] An Sekundärliteratur habe ich benutzt: *Andreas Kemmerling:* Regel und Geltung im Lichte der Analyse Wittgensteins, Rechtstheorie, 1975, S. 105 ff., dem ich im Wesentlichen folge;

Peter Winch: Die Idee der Sozialwissenschaft und ihr Verhältnis zur Philosophie, Ffm 1966;

Norman Malcolm: Wittgensteins Philosophische Untersuchungen (Übersetzung von Wittgenstein: Philosophical Investigations in: derselbe, Knowledge and Certainty, 1963, Prentice Hall, Englewood Cliffs, N.Y.);

Newton Garver: Wittgenstein über die Privatsprache: Übersetzung von: Wittgenstein On Privat Language, in: Philosophical and Phenomenological Research Vol. XX, No. 3, March 1960, pp. 389—396; die Übersetzungen sind abgedruckt in: Über Ludwig Wittgenstein, Ffm 1969.

Hinsichtlich der rechtssoziologischen Rezeption vgl. *H. Rottleuthner,* Richterliches Handeln; den Ansichten Wittgensteins verpflichtet, aber keine Kommentierungen sind: *H. L. A. Hart:* Der Begriff des Rechts; *John R. Searle,* Sprechakte, Ffm 1976. Eine ausführliche Bibliographie zu Wittgensteins Schriften findet sich bei *K. T. Fann* in: International Philosophical Quarterly 7, 1967, S. 311—339.

[14] Das Beispiel stammt von *Wittgenstein,* PU § 226, *Winch* (FN 13), S. 42, hat das Beispiel ausgearbeitet, ich habe es etwas geändert.

[15] Vgl. *Wittgenstein,* PU § 214, *Norman Malcolm* (FN 13), S. 15.

„Ist eine Intuition zum Entwickeln der Reihe 1 2 3 4 ... nötig, dann auch zum Entwickeln der Reihe 2 2 2 2 .... ."
(PU § 214)

Die beiden Argumente Wittgensteins lassen sich vielleicht bezeichnen als das Argument der Notwendigkeit des Übergangs und das Argument der Möglichkeit der Abweichung. Das Argument der Notwendigkeit des Übergangs trifft zunächst den Regelplatonismus[16], dessen Vertreter der Ansicht sind, bei einer klaren Regel seien eigentlich alle Übergänge schon gemacht, die Regel ziehe die Linien ihrer Befolgung durch den ganzen Raum (vgl. PU § 219). Natürlich sind mit der Formulierung der Regel nicht alle Übergänge „gemacht", d.h. faktisch vollzogen, vollzogen werden sie erst in der jeweiligen Praxis; selbst bei einer so einfachen Regel wie „+ 2!" (d.h.: setze die Reihe fort, indem Du jeweils „2" hinzuzählst) muß man bei 2004 erst zählen oder addieren um zu 2006 zu kommen.

„Aber willst du sagen, daß der Ausdruck ‚+ 2' es für dich zweifelhaft läßt, was du, nach 2004 z.B., schreiben sollst? — Nein; ich antworte ohne Bedenken: ‚2006'. Aber darum ist es ja überflüssig, daß dies schon früher festgelegt wurde. Daß ich keine Zweifel habe, wenn die Frage an mich herantritt, heißt eben nicht, daß sie früher schon beantwortet worden war. ..."
(BGM S. 37 = Bemerkungen über die Grundlagen der Mathematik, Schriften Bd. 6, Suhrkamp, Ffm 1974)

Das zweite Argument, das der Möglichkeit der Abweichung im Rahmen des Übergangs, ist in den Zahlenbeispielen skizziert. Unsere Irritation rührt in diesen beiden Fällen daher, daß wir an diese Möglichkeiten der Abweichung gar nicht gedacht haben, wir haben sie nicht gesehen, wir sind der Regel „blind" gefolgt. Wittgenstein hinterfragt nun diese Fraglosigkeit der Regelbefolgung und zwar im Rahmen von Regeln, die durch eine besonders starke Unerbittlichkeit ausgezeichnet sind, nämlich im Rahmen mathematischer Regeln, von Regeln also, die offenbar keine Möglichkeit der Abweichung offen lassen.

„Worin liegt dann aber die eigentümliche Unerbittlichkeit der Mathematik? — Wäre für sie nicht ein gutes Beispiel die Unerbittlichkeit, mit der auf eins zwei folgt, auf zwei drei, usw.? — Das heißt doch wohl: in der Kardinalzahlenreihe folgt; denn in einer anderen Reihe folgt ja etwas anderes. Und ist denn *diese* Reihe nicht eben durch diese Folge *definiert?* — Soll das also heißen, daß es gleich richtig ist, auf welche Weise immer Einer zählt, und daß jeder zählen kann, wie er will? — Wir würden es wohl nicht ‚zählen' nennen, wenn jeder irgendwie Ziffern nacheinander ausspräche; aber es ist freilich nicht einfach eine Frage der Benennung. Denn das, was wir ‚zählen' nennen, ist ja ein wichtiger Teil der Tätigkeiten unseres Lebens. Das Zählen und Rechnen ist doch — z.B. — nicht einfach ein Zeitvertreib. Zählen (und das heißt *so* zählen) ist eine Technik, die täglich in den mannigfachsten Verrichtungen unseres Lebens verwendet wird. Und darum lernen wir zählen, wie wir es lernen: mit endlosem Üben, mit erbarmungsloser Genauigkeit; darum wird unerbittlich darauf gedrungen, daß wir alle auf ‚eins' ‚zwei', auf ‚zwei' ‚drei' sagen, usf. — Aber ist dieses Zählen also nur ein *Gebrauch;* entspricht dieser Folge nicht auch eine Wahrheit? Die *Wahrheit* ist, daß das

[16] Der Ausdruck stammt von *Kemmerling* (FN 13).

Zählen sich bewährt hat. — Willst du also sagen, daß ‚wahr-sein' heißt: brauchbar (oder nützlich) sein? — Nein; sondern, daß man von der natürlichen Zahlenreihe — ebenso wie von unserer Sprache — nicht sagen kann sie sei wahr, sondern: sie sei brauchbar und, vor allem, *sie werde verwendet.*" (BGM S. 37/38)

Das Zitat ist aufschlußreich, in mehreren Hinsichten. Einmal impliziert es die These, daß die Unerbittlichkeit mathematischer und logischer Regeln Resultat eines Lernprozesses ist, also eines von Menschen institutionalisierten Zusammenhangs, der sich durch einen hohen Grad von Unduldsamkeit gegenüber Abweichungen auszeichnet. Lehren ist dann „Abrichten", ein Festschmieden in die eisernen Ketten der Lebensform. Diese Unduldsamkeit wird mit dem Wahrheitscharakter der Ergebnisse begründet, diese Begründung ist überzeugend, so lange wir Wahrheit als Resultat intersubjektiver Übereinstimmung, die aber erst gestiftet werden muß — und das führt zu einem Zirkel — interpretieren. Deuten wir Wahrheit aber als etwas Objektives, das unabhängig von der menschlichen Praxis existiert, so können wir diese Ergebnisse nicht wahr nennen; Wahrheit wäre dann wie ein Gott, den man eigentlich nicht begreifen kann, weil er jenseits von uns existiert.

Die Relativierung mathematischer und selbst logischer Regeln[17] bedeutet den Nachweis der Kontingenz auch dieser Regeln, ihre definitive Ablösung aus der Metaphysik, oder das Herunterholen auf die Erde, nachdem wir sie zuvor in den Himmel gehoben haben. Das Einzige, das wir in diesem Zusammenhang „wahr", d.h. empirisch feststellbar nennen können, ist die absolute Unduldsamkeit, mit der wir einen Verstoß gegen mathematische und logische Regeln sanktionieren, wir werfen denjenigen hinaus, der sich diesem Diktat nicht beugt, und der Grund dafür ist, daß alle anderen unserer Ansicht sind und es *so* machen, so daß sich diese Art des Regelfolgens bewähren konnte. *Wir* werfen hinaus, erklären den Abweichler für verrückt, anormal etc., *wir* sprechen nicht mehr mit ihm, weil er sich den Bedingungen, und das sind die Regeln unseres Sprachspiels, nicht fügt.

Wenn ich, z.B. so schlösse:
Alle Menschen sind sterblich. Sokrates ist ein Mensch. Also ist Sokrates unsterblich, so könntest du mir sagen: das kannst du nicht tun; — aber warum kann ich es nicht tun, ich habe es ja getan. — Die Logik zwingt dich doch, anders zu schließen. — Zwingt die Logik mich, oder willst *du* mich zwingen?

Ich habe Wittgenstein *imitiert*, um darauf hinzuweisen, daß der Zwang, wenn man ihn wörtlich nimmt, auch nur ein Zwang der menschlichen Praxis ist.

„... Denn, daß ihn Schlußgesetze nicht wie die Gleise den Zug zwingen, das und das zu reden, oder zu schreiben, darüber sind wir einig ...
Man kann aber dennoch sagen, daß die Schlußgesetze uns zwingen, in dem

[17] Vgl. dazu insbesondere *Wittgenstein*, Bemerkungen über die Grundlagen der Mathematik, S. 43, 44, 80—82.

Sinne nämlich, wie andere Gesetze der menschlichen Gesellschaft..."
(BGM S. 80/81)

Und diese Gesetze sind von Menschen gemacht, deshalb änderbar, kontingent. Es sind grundlegende Gesetze, das logische Schließen oder das Rechnen bestimmen in hohem Maße das, was wir tun. Gleichwohl können wir uns denken, daß diese Regeln einer Änderung unterworfen werden können, ohne daß wir verrückt werden; sind denn die Erweiterungen, die die Logik z.B. in der deontischen Logik erfahren hat, keine Änderungen? Zu ihnen kann man sich natürlich unterschiedlich verhalten — strikt ablehnend den ursprünglichen Standpunkt zementieren — oder anders.

Wittgenstein hat auch die Logik in die Bahn der Evolution geworfen und damit deren apriorischen Status zerstört und einer historischen Perspektive eröffnet, vielleicht kann man sogar sagen, daß er eine soziologische Betrachtung unserer Denkverfahren ermöglicht hat oder zumindest angedeutet hat, wie Erkenntnistheorie als Gesellschaftstheorie möglich wäre. Seine Argumente sind jedenfalls gut, seine Thesen sind weitreichend. Sie betreffen nicht nur logische und mathematische Regeln, sondern z.B. auch Sprachregeln (wie ich z.B. dieses Ding „rot" nennen kann).

Bereits aus der Kontingenz der Regeln folgt: Regeln sind ohne Bezugnahme auf die menschliche Praxis nicht zu beschreiben, über Regeln kann man nicht reden, wenn man nicht zugleich bedenkt, wie Regeln befolgt werden können; wir sollten überhaupt nicht fragen, was Regeln sind, sondern wie man mit ihnen umgeht (dann ist die Extension einer Regel auch nicht deren explizite Formulierung, sondern die Handlung, die sie gebietet!), der Umgang mit Regeln zeigt sich nur in ihrer Anwendung, diese aber setzt Übergänge voraus, in jedem Schritt.

Impliziert dies, daß wir mit einer Regel machen können, was wir wollen, folgt aus dem Argument der Notwendigkeit der Übergänge, daß, was immer man tut, mit der Regel zu vereinbaren ist? (Vgl. PU § 198) Oder folgt aus der Kontingenz selbst logischer oder mathematischer Regeln die Beliebigkeit ihrer Anwendung? Ich meine, daß Wittgenstein dies verneint[18]. Wenn wir die Ebene der Beobachtung der menschlichen Praxis als Kriterium beibehalten, und dies ist analog dem, die Bedeutung eines Wortes durch die Beobachtung seines Gebrauchs festzustellen, dann erhalten wir ein anderes Ergebnis:

„... Wenn ich der Regel folge, wähle ich nicht. Ich folge der Regel *blind.*"
(PU § 219)

„Damit es mir erscheinen kann, als hätte die Regel alle ihre Folgesätze zum voraus erzeugt, müssen sie mir *selbstverständlich* sein. So selbstverständlich, wie es mir ist, diese Farbe ‚blau' zu nennen..."
(PU § 238)

[18] So interpretieren auch *Kemmerling* (FN 13), und *Rottleuthner* (FN 13), der auf S. 20 von einer „objektivistischen Wende" spricht. Ich sehe aber nicht, wie

Wittgensteins Ausführungen enden also gerade nicht in der faktischen Beliebigkeit des Regelfolgens, sondern in der Feststellung, daß es eine Fraglosigkeit gibt, die nicht auf die Regel zurückzuführen ist, sondern auf die Unerbittlichkeit eines Lernprozesses, der von Menschen institutionalisiert und kontrolliert wird.

Wer die Objektivität des Apriori zerstört hat, soweit es um die Charakterisierung von Regeln geht, kann gleichwohl sagen, daß man bei der Regelbefolgung Fehler machen kann, er kann darüber hinaus sagen, daß der Begriff der Regel den des Fehlermachens umfaßt, als Verstoß gegen etwas als richtig Etabliertes. Das festgeschriebene Kriterium für Fehler ist aber eigentlich nur als einhellige Praxis aller anderen zu bestimmen, denn von Wahrheit kann ja nur noch im Rahmen intersubjektiver Übereinstimmung die Rede sein.

Gleichwohl muß man nicht bei jeder Regelbefolgung, z.B. wenn ich eine blaue Sache blau nennen will, einen anderen fragen, oder wenn ich zähle oder schließe, es gibt unterschiedliche Grade der Fraglosigkeit oder Unerbittlichkeit. Wenn jemand, z.B. in einem Forschungsteam, gegen die Regeln der Logik verstößt, so wird er unabhängig von der Zusammensetzung der Gruppe sanktioniert, denn diese Spielregeln sind für jedes Forschungsgremium unverzichtbar; wenn er aber gegen gruppenspezifische Kooperationsregeln verstößt, kann je nach Zusammensetzung und Interessenrichtung der Mitglieder der Gruppe und ihrer Aufgabendefinition Streit darüber entstehen, welche Reichweite oder Bedeutung den möglicherweise nicht einmal expliziten Regeln zuzumessen ist; wird die Situation vollends unklar, so ist die Existenz der Gruppe bedroht, zerbricht die Gruppe, so kann man sich noch lange über den Inhalt der Kooperationsregeln streiten, wenn aber niemand mehr die Regeln anwendet, ist es überflüssig, über sie zu sprechen, man kann sogar soweit gehen, zu sagen, daß die Regeln aufgehört haben zu existieren. Insofern kann man auch sagen, daß es keine private Regelbefolgung gibt. Wenn das Medium oder der soziale Kontext, innerhalb dessen sich die Intersubjektivität erst herstellt, aufgelöst wird, gibt es keine Instanz mehr, die über die Fehlerhaftigkeit oder die Fehlerlosigkeit der Regelbefolgung befinden könnte.

„Darum ist ‚der Regel folgen' eine Praxis. Und der Regel zu folgen *glauben* ist nicht: der Regel folgen. Und darum kann man nicht der Regel ‚privatim' folgen, weil sonst der Regel zu folgen glauben dasselbe wäre, wie der Regel folgen."
(PU § 202)

„Ist, was wir ‚einer Regel folgen' nennen, etwas, was nur *ein* Mensch, nur *einmal* im Leben tun könnte? — Und das ist natürlich eine Anmerkung zur *Grammatik* des Ausdrucks ‚der Regel folgen'.

der sich objektivistisch wenden sollte, der die Objektivität doch gerade zerstört hat.

Es kann nicht ein einziges Mal nur ein Mensch einer Regel gefolgt sein. Es kann nicht ein einziges Mal nur eine Mitteilung gemacht, ein Befehl gegeben oder verstanden worden sein, etc. — Einer Regel folgen, eine Mitteilung machen, einen Befehl geben, eine Schachpartie spielen sind *Gepflogenheiten* (Gebräuche, Institutionen) ..."
(PU § 199)

Es gibt keine privaten Regeln in dem Sinne, daß nur der Regelbefolger wissen kann, oder es für alle anderen ausgeschlossen ist, zu rekonstruieren, nach welcher Regel ein Individuum handelt. Diese Andeutungen mögen genügen. Im Kern enthält Wittgensteins Analyse:

1. Eine Destruktion einer immer noch metaphysischen, oder, je nach Lesart, transzendentalen Charakterisierung mathematischer oder logischer Regeln, daraus folgend:
2. eine Relativierung des Regelplatonismus, der alle Regelbefolgungen schon als in der Regel enthaltene ansieht,
3. eine Relativierung des Regelskeptizismus, der meint, alle Handlungen könnten als Regelbefolgung gedeutet werden,
4. die These, daß Regelbefolgung nur im Rahmen der menschlichen Praxis, d.h. in einer zu spezifizierenden gesellschaftlichen oder sozialen Umgebung möglich und beschreibbar ist, die
5. jeden newcomer, jedes Kleinkind in einen unerbittlichen Lernprozeß zwingt, die als gesellschaftliche Umgebung des weiteren
6. die Sphäre der Intersubjektivität und der öffentlichen Kontrolle stiftet, innerhalb deren Abweichungen als solche und demzufolge auch als Fehler identifiziert werden können, die
7. in einer rein privaten Sphäre als Fehler gar nicht identifizierbar wären, so daß die Möglichkeit einer privaten Regelbefolgung ausgeschlossen werden muß.

Die Begriffe „Regel" und „Privatheit" erweisen sich als unverträglich, jedenfalls insoweit, als private Regelbefolgung die Nichtrekonstruierbarkeit des Handelns in unserer Welt umfaßt.

Kemmerling[19] hat Wittgenstein mangelnde Differenzierung und Spezifikation vorgeworfen, ich halte das Argument für stichhaltig, soweit es um eine soziologische Korrelation gruppenspezifischer Regeln zu den sie befolgenden Subjekten geht, bin des weiteren der Ansicht, daß man zwischen expliziten und impliziten Regeln unterscheiden muß, zwischen intentionalem Regelfolgen und der externen Zuschreibung, die ein bestimmtes Verhalten als regelbefolgendes Handeln qualifiziert. Vielleicht sollte man eine weitere Differenzierung hinzufügen, nämlich eine Unterscheidung der Regeln nach der Sprache, in der sie formuliert sind. Ich sehe nicht, was z.B. Mathematik und Logik, soweit sie formalisiert ist,

---

[19] *Kemmerling* (FN 13), S. 127 ff.

anderes sind als Sprachen, nämlich Kunstsprachen, die um eines höheren Präzisionsgrades willen geschaffen wurden. Beachtet man diesen Ausgangspunkt, so lassen sich rechtliche Regeln mit Sicherheit von mathematischen und logischen Regeln unterscheiden, vielleicht ist auch eine Korrelation des Präzisionsgrades einer Regel mit der Sprache, in der sie formuliert ist, nicht ganz sinnlos. Unter diesem Aspekt wären z.B. gesetzliche Regeln zu untersuchen und hinsichtlich fachsprachlicher und umgangssprachlicher Formulierungen in Zuordnung zu ihrem Präzisionsgrad zu analysieren.

Der für meine Begriffe wichtigste Gewinn, den man aus der Wittgensteinschen Analyse ziehen kann, aber ist die Erkenntnis, daß man ohne eine Rekonstruktion der Regelanwendung, und dies bedeutet die Rekonstruktion der Rechtsprechung in ihrer Regelbefolgung überhaupt, nichts über die Rechtsprechung und nichts über die Regeln erfahren kann, nichts über die Möglichkeit des Lernens, ferner, daß sich auch innerhalb der Rechtsgebiete unterschiedliche Arten der Regelbefolgung erkennen lassen müßten. Dann aber ist es — soll ich sagen sinnlos? — über richterliches Handeln im allgemeinen zu reden, das ist so, als wolle man über alles auf einmal reden, es ist so, als gäbe es keine sachlichen Unterschiede im Strafrecht, im Zivilrecht, im Wirtschaftsrecht oder im Verfassungsrecht und so, als schlügen sich diese Unterschiede nicht auch im Handeln nieder. Ich meine, man kann aus Wittgensteins: Denk nicht, sondern schau! auch eine methodische Maxime zur Sprachbetrachtung der Gerichte in den unterschiedlichen Rechtsgebieten entnehmen, die sich durchaus durch unterschiedliche Grade der Dogmatisierung differenzieren lassen, möglicherweise läßt sich der Dogmatisierungsgrad einer Regel durch die Häufigkeit oder Relevanz der in ihr verwendeten fachsprachlichen Ausdrücke bestimmen. Ich komme darauf zurück.

Ein weiterer interessanter Gesichtspunkt, den die Kategorie der Regel mit sich bringt, liegt im folgenden: wenn man sich einmal die höchstrichterliche Rechtsprechung zu einem bestimmten Bezugsproblem ansieht, so stellt man fest, daß die Rechtsprechung nicht nur gesetzlichen Regeln folgt oder zu folgen vorgibt, sondern daß sie darüber hinaus bestimmte Regeln formuliert, die die Frage betreffen, wie das Bezugsproblem in diesem oder jenen Fall in Zukunft zu behandeln sei. Hier bieten sich aber Anknüpfungspunkte für eine Urteilsanalyse. Man kann nämlich einmal untersuchen, wie die Rechtsprechung einer bestimmten gesetzlichen Regel folgt, ohne sogleich mit der Kritik zur Hand zu sein, ferner kann man diese Rechtsprechung unter dem Gesichtspunkt der von ihr formulierten Regeln klassifizieren (ordnen) und in ihrem Anspruch, richtungsweisend für die Entscheidung zukünftiger Fälle zu sein, ausgehend vom Präzisionsgrad der verwendeten Regeln beurteilen.

Wittgensteins Analyse ist hier insofern von Bedeutung, als man von vornherein regelplatonistischen Anschauungen gegenüber gefeit ist, zumal die Möglichkeit der Abweichung bereits bei mathematischen und logischen Regeln nachgewiesen ist. Wittgensteins Analyse ist aber auch insofern von Bedeutung, als es eine bisher funktionierende Praxis gibt, die als solche Entscheidungsstrukturen zwar nicht invariant, aber auch nicht grenzenlos variant setzen kann. Die Analyse des Regelsystems kann demzufolge darin bestehen, die Variationsbreite, die aufgrund der Unbestimmtheit der Regel prinzipiell zu erwarten ist, auch in ihrer Begrenzung festzustellen, und, falls es sie gibt, die Mechanismen zu beschreiben, die die Unbestimmtheitsspielräume tragbar machen.

2. Zur Methode einer Urteilsanalyse

Eine Urteilsanalyse sollte an einem Problem ansetzen, z.B. dem Problem der Berechnung des bereicherungsrechtlichen Wertersatzes im Rahmen von zu Unrecht gezogenen Nutzungen. Im zweiten Schritt wird nach den Regeln gefragt, oder nach den Berechnungsmethoden, die im Rahmen der Wertfeststellung durch die Rechtsprechung verwendet worden sind. Natürlich findet man sehr schnell den Satz, daß für die Wertberechnung von zu Unrecht gezogenen Nutzungen grundsätzlich der objektive Wert maßgebend ist, und ebenso natürlich gibt dieser Satz keine Informationen darüber, welche Regeln für die Berechnung des objektiven Wertes maßgebend sein sollen. Informationen lassen sich nur bei der Lektüre der höchstrichterlichen Rechtsprechung gewinnen, wobei so viele Entscheidungen wie möglich zusammengestellt werden sollen, die das Bezugsproblem betreffen. Diese Entscheidungen werden dann in Fallgruppen (Klassen) eingeteilt, die Kriterien für die Klassifikation bilden die Regeln, die jeweils für die Lösung des Bezugsproblems verwendet worden sind. Für die Berechnung des Wertes einer zu Unrecht gezogenen Nutzung gibt es vier Prinzipien, nämlich:

1. Das Prinzip des faktischen Vertrages, das untersucht, was bei ordnungsgemäßem Vorgehen für die unbefugte Nutzung hätte aufgewendet werden müssen und daraus den Wert der Nutzung berechnet.
2. Das Prinzip des Kapitalertrages (z.B. der Bodenrente), das insofern vom Prinzip des faktischen Vertrages unterschieden werden kann, als es nicht an der Person des Kondiktionsschuldners und dessen Vermögensstand ansetzt, sondern unmittelbar am Kondiktionsobjekt mit Blickrichtung zum Kondiktionsgläubiger. Nutzt z.B. eine Stadtgemeinde aufgrund eines wegen Formmangels nichtigen Vertrages ein Grundstück und wird als Wertersatz für den unrechtmäßigen Gebrauch eine 6 %ige Verzinsung des Kapitalwertes des Bodens angenommen, der infolge der Entwicklung auf dem Grundstücksmarkt

erhöht werden darf, so liegt eine Wertberechnung nach dem Prinzip des Kapitalertrages vor.

3. Das Prinzip des mutmaßlichen Ertrages, das den Kondiktionsgegenstand ökonomisch als Kapital qualifiziert und unabhängig davon, ob der Kondiktionsschuldner den Kondiktionsgegenstand tatsächlich genutzt hat, aufgrund der ökonomischen Natur des Kondiktionsgegenstandes sowohl die Nutzung als auch die Realität eines aus der Nutzung resultierenden Ertrages mutmaßt und daraus die bereicherungsrechtliche Wertberechnung ableitet.
4. Das Prinzip des tatsächlich erzielten Gewinnes, das bei unbefugter Nutzung eines Gewerbebetriebes z.B. die Rechnungslegung des Kondiktionsschuldners verlangt und den tatsächlich erzielten Gewinn als Wert der unrechtmäßig gezogenen Nutzung bezeichnet.

Bis hierhin könnte man diesen Analyseschritt die Methode der analytischen Klassifikation nennen. Analytisch ist die Methode, weil sie nach Regeln sucht, deren Befolgung die erzielten Ergebnisse in einem Felde verstehbar machen, das jenseits von Deduktionen aus dem Gesetz liegt, um Klassifikationen, nicht um Typologien handelt es sich, weil die sprachlichen Werkzeuge der Einordnung Sätze sind, die Regeln bezeichnen, wobei diese Regeln, in der analytischen Perspektive verwendet, den Zweck haben, Fälle (Individuen) so zu ordnen, daß eine klare Abgrenzung zu anderen Fällen möglich wird. Es geht also auf dieser Ebene der Einordnung nicht etwa darum, einen Vergleich der Fälle in dem Sinne zu ermöglichen, daß man von bestimmten Fällen sagen könnte, sie gehörten mehr oder weniger in eine bestimmte Gruppe[20], es geht zunächst darum, die Fallgruppen einigermaßen exakt zu umreißen.

Gleichwohl sind die so geordneten Fälle vergleichbar, und zwar in verschiedenen Hinsichten: einmal haben sie ein identisches Bezugsproblem, ferner sind sie vergleichbar hinsichtlich des Präzisionsgrades der in ihnen verwendeten Regeln; dieser Vergleich eröffnet auch die Möglichkeit einer ansatzweisen Beschreibung der Funktion dieser dogmatischen Sätze; ist nämlich der Präzisionsgrad der Regeln gering, so ist der Spielraum für Inkonsistenzen groß, ist der Präzisionsgrad der Regeln hoch, so ist der Inkonsistenzraum gering. Dieser methodische Schritt setzt eine Definition des Präzisionsbegriffs im Rahmen von Regeln voraus. Ich komme darauf zurück. Des weiteren eröffnet dieser Schritt auch die Möglichkeit einer Bewertung jenseits der Frage, ob die Prinzipien noch als gesetzesadäquat aufzufassen sind oder nicht. Unter dem Anspruch der höchstrichterlichen Rechtsprechung, die unteren Ge-

---

[20] Vgl. zum Unterschied von Typus und Klassenbegriffen: *L. Kuhlen*, Typuskonzeptionen in der Rechtstheorie, Schriften zur Rechtstheorie, Heft 66, Berlin 1977, S. 34 ff.

richte zu binden und so eine einheitliche Entscheidungspraxis herzustellen oder zu gewährleisten, ist es nämlich nicht gleichgültig, wie präzise die Regeln sind, denn hiervon hängt es ab, ob sie den Handlungs- und Entscheidungsspielraum der unteren Gerichte tatsächlich einengen können.

Schließlich sind die Fallklassen im Rahmen der Komparation der angewendeten Regeln unter dem Gesichtspunkt der in diesen Regeln zum Ausdruck kommenden Paradigmata[21] vergleichbar. Man kann im Rahmen der Analyse des Prinzips der ersparten Aufwendungen als einer Berechnungsmethode für den bereicherungsrechtlichen Wertersatz z.B. feststellen, daß der Ersparnisgedanke voraussetzt, daß der Schuldner bei ordnungsgemäßem Verhalten etwas, nämlich die ortsübliche Vergütung hätte bezahlen müssen, sonst kann man gar nicht sagen, daß etwas erspart worden ist, daß des weiteren die Wendung „ordnungsgemäßes Verhalten" impliziert, daß der Schuldner einen Vertrag hätte schließen müssen, um auf rechtmäßige Weise in den Genuß eines Gebrauchsvorteils oder einer Nutzung zu kommen. Mithin impliziert der Ersparnisgedanke die Anwendung der Vertragsstruktur als Denkmuster oder als Sichtweise, die überhaupt erst die Basis für die Feststellung des als ungerechtfertigte Bereicherung geschuldeten Wertersatzes bildet. Die Kategorie „Vertragsstruktur" kann aber noch weiter spezifiziert werden, nämlich bezogen auf die Ebene der dogmatischen Verwendung, d.h. bezogen auf das richterliche Denk- und Entscheidungsverfahren. In allen Fällen, in denen das Ersparnisprinzip oder das Prinzip der ortsüblichen Vergütung angewendet worden ist, ist es nämlich entweder gar nicht zu einem Vertragsschluß gekommen, oder der Vertrag war aus irgendwelchen Gründen unwirksam, durfte also rechtlich gar nicht beachtet werden. Gleichwohl haben sich die entscheidenden Richter jedenfalls im Denkmuster über die rechtliche Irrelevanz des Vertrages hinweggesetzt, d.h. sie haben normativ, vermittelt über die Kategorien der Ersparnis und des rechtmäßigen Verhaltens, einen Vertrag fingiert. Einen Vertrag aber, der an sich nicht besteht, den man aber aus Gerechtigkeitsgründen fordern muß, nennt man einen faktischen Vertrag.

Nun bleibt die Applikation eines Denkmusters nicht folgenlos. Sie zwingt nämlich mental (als blinde Regelbefolgung) jedenfalls dann zu Konsequenzen, wenn man sich der Verwendung dieses Denkmusters gar nicht bewußt ist. Ein solches Phänomen ist z.B. nachweisbar in der Flugreiseentscheidung (BGH Z 55, 128)[22]. Dort kann man zeigen, daß

[21] Zum Paradigmabegriff siehe *Thomas S. Kuhn:* Die Struktur wissenschaftlicher Revolutionen, 2. Aufl. Ffm 1976, derselbe: Neue Überlegungen zum Begriff des Paradigma, in: Die Entstehung des Neuen, Studien zur Struktur der Wissenschaftsgeschichte, Ffm 1977, S. 389 ff.

[22] Selbst wenn man die Flugreiseentscheidung in erster Linie auf die rechtspolitische Untragbarkeit des klageabweisenden Urteils, auf dessen offensicht-

die Anwendung des Prinzips des faktischen Vertrages eigentlich gar nichts anderes übrig läßt, als das Problem des Bereicherungswegfalls zu negieren. Verträge, auch faktische Verträge, müssen nämlich eingehalten werden, und zwar unabhängig davon, ob der konkrete Vertrag irgend jemandem einen realen Vorteil eingebracht hat und unabhängig davon, ob dieser Vorteil noch im Vermögen einer der Vertragsparteien vorhanden ist oder nicht. Die Paradigmaanalyse erlaubt deshalb u.U. das Verstehen bisher unverständlicher oder zumindest unzureichend verständlicher Entscheidungen, sie erlaubt sogar noch mehr. Dehnt man sie nämlich auf ein ganzes Rechtsgebiet aus, wie z.B. auf das Bereicherungsrecht, und kommt man zu dem Schluß, daß dieses gesamte Gebiet im wesentlichen durch zwei Prinzipien strukturiert wird, nämlich durch das Prinzip des faktischen Vertrages und das Prinzip des umgekehrten Schadensparadigmas (der Gewinnherausgabe) — die Korrelationen heißen dann: Leistungskondiktion, Ersparnisgedanke oder faktischer Vertrag als Wert, Saldotheorie als Fortsetzung des Prinzips des faktischen Vertrages in das Problem des Bereicherungswegfalls einerseits, Eingriffskondiktion (Kondiktion in sonstiger Weise), Gewinnherausgabe als Wert, Betrachtung der tatsächlich beim Schuldner noch vorhandenen Bereicherung (Vermögensmehrung), also Umkehrung der Schadensersatzidee zur Bestimmung der noch vorhandenen Bereicherung im Problemzusammenhang des Bereicherungswegfalls andererseits, so kann man ein Urteil fällen, das die Frage der gesetzessystematischen Eigenständigkeit dieses Rechtsgebiets betrifft: wird nämlich das Bereicherungsrecht einerseits durch das Vertragsrecht, andererseits durch das Schadensrecht deliktsrechtlicher Provenienz paradigmatisch und konstruktiv bestimmt, obwohl dies aus gesetzessystematischen Gründen eigentlich gar nicht sein dürfte, so ist das Bereicherungsrecht in gesetzessystematischer Hinsicht ein nullum.

Ein weiterer interessanter Gesichtspunkt wird durch die Paradigmaanalyse eröffnet: Paradigmata sind nämlich u.a. Regeln oder Regelsysteme, die die Bearbeitung eines Problemfeldes und die Entscheidung der in ihm auftauchenden Fragen gestatten, die die Perzeption eines Problemfeldes als solchen steuern und dabei auch bestimmte Probleme als irrelevant ausschließen. Die im Rahmen der Paradigmaanalyse rekonstruierbare Verweisung auf einen anderen Argumentations- und Denkzusammenhang ist aber nur möglich, wenn die Sprache, in der die Regeln formuliert sind, diese Verweisung überhaupt gestattet. Dies

liche Unbilligkeit o.ä. zurückführen wollte, bliebe immer noch zu klären, wieso der bereicherungsrechtliche Wertersatz gerade in Höhe des Preises eines Flugtickets fixiert wurde. Die Berufung auf Wertungen als Ursachen oder die Rechtfertigung eines Urteils mit der Kategorie der „Wertung" ist viel zu undifferenziert, insbesondere dann, wenn ein Urteil auch eine Entscheidung zur Höhe eines Ersatzanspruchs beinhaltet.

wiederum ist nur möglich, wenn die Regel fachsprachliche Züge aufweist, denn fachsprachliche Ausdrücke können dadurch definiert werden, daß ihre Semantik nur in dem größeren Zusammenhang des dogmatischen (hier des zivilrechtlichen Vertrags- und Schadens-)Systems auszuloten ist[23]. Durch den Gebrauch, welchen die Rechtsprechung z.B. von der Regel: „Wenn du den Wert zu Unrecht gezogener Nutzungen berechnen willst, so stelle fest, was der Schuldner als ortsübliche Vergütung hätte zahlen müssen" macht, kann man zeigen, daß hiermit auf das faktische Vertragsrecht verwiesen wird, so daß dieses als Entscheidungsregel formulierbare Paradigma die schon benannten Konsequenzen hinsichtlich des Bereicherungswegfalls abwirft. Die Paradigmaanalyse erlaubt auch noch Erweiterungen in anderer Hinsicht: bisher war sie nämlich auf den innerjuristischen Horizont beschränkt; sie deckte nur rechtliche Denkmuster, wie das des faktischen Vertrages, auf. Angesichts des Bezugsproblems, der Berechnung des bereicherungsrechtlichen *Wert*ersatzes, liegt es nahe zu untersuchen, welche ökonomischen Annahmen der von der Rechtsprechung praktizierte Gebrauch des Wertbegriffs und der Methoden der Wertberechnung enthält. Ausgangspunkt ist auch hier

[23] Vgl. hinsichtlich des Unterschiedes von Fachsprache und Umgangssprache *A. Podlech:* Die juristische Fachsprache und die Umgangssprache in: *H. J. Koch (Hrsg.),* Juristische Methodenlehre und analytische Philosophie, S. 31 ff. Interessant ist insbesondere das Problem der Übersetzung fachsprachlicher Ausdrücke in die Umgangssprache: bei dem Versuch, fachsprachliche Ausdrücke in die Umgangssprache über ein Lexikon zu übersetzen, wird die Definitionskette endlos (vgl. S. 49), und im Falle der extensionalen Eliminierung wird der Alternativenbaum möglicher Handlungen unübersehbar groß. Daraus kann man folgern, daß sich die Bedeutung juristisch-fachsprachlicher Ausdrücke nur im Rahmen dogmatischer Theorien ermitteln läßt, und daß ein Element der Sprache isoliert kaum verstanden werden kann. Paradigmata können in ihrer Funktion, Denkmuster und Entscheidungsregeln für gegenstandsspezifische Probleme festzulegen, nur wirksam werden, wenn die prinzipiell bestehende Offenheit (und Vagheit) der Umgangssprache wenigstens in der Tendenz eingeengt wird, und zwar so, daß die Verweisung auf andere, weitere Problem- und Denkzusammenhänge mit minimalem lexikalischen und syntaktischen Aufwand möglich wird. Dieses „Verweisungsphänomen" ist bekannt, etwa als die Verweisung der Beobachtungssprache auf die Theorie des Messens (vgl. hierzu, insbesondere unter dem Aspekt der Charakterisierung von Wissenschaftssprachen: *Brinckmann:* Juristische Fachsprache und Umgangssprache in: Öffentliche Verwaltung und Datenverarbeitung, 2 [1972], S. 60—69). Wer z.B. ortsübliche Vergütung sagt und dieser Regel so folgt, wie die Rechtsprechung es tut, meint faktisches Vertragsrecht, ansonsten kann man nicht verstehen, was ortsübliche Vergütung bedeutet oder was ersparte Aufwendungen bedeutet, man kann darüber hinaus der Regel nicht folgen, wenn man nicht weiß, was faktisches Vertragsrecht bedeutet.

Der Versuch, diese Regel der Berechnung des bereicherungsrechtlichen Wertersatzes in der Umgangssprache explizit zu machen, würde eine unübersehbare Definitionskette zur Folge haben und eine unübersehbare Reihe von Explikationen. M.E. liegt hier, d.h. in der expliziten Formulierung möglicherweise nur implizierter Regeln in der juristischen Fachsprache, in der Ausarbeitung der durch die fachsprachlichen Ausdrücke festgelegten Folgen auf der Ebene des Rechts, d.h. auch: der durch sie festgelegten Handlungen, ein Zentrum für juristische Analysen.

wiederum das Prinzip der ersparten Aufwendungen, von dem gezeigt werden konnte, daß seine Anwendung in rechtlicher Hinsicht paradigmatisch auf dem Prinzip des faktischen Vertrages ruht. Bei ordnungsgemäßem, d.h. rechtmäßigem Vorgehen hätte der Schuldner einen Vertrag schließen müssen, um in den Genuß der Nutzung oder des Gebrauchs der Sache zu kommen, d.h. der Schuldner hätte in ökonomischer Hinsicht für die Nutzung einen *Preis* zahlen müssen, dessen Höhe (ortsübliche Vergütung) sich nach dem Durchschnitt der Preise am Ort der bereicherungsrechtlich relevanten Handlung bemißt. Demzufolge meint die Rechtsprechung dann, wenn sie „objektiver Wert" sagt, den Durchschnittspreis, dies jedenfalls dann, wenn die Regel des faktischen Vertrags für die Wertberechnung zugrunde gelegt wird. Dieses Ergebnis kann man auswerten, indem man etwa die Nationalökonomie befragt, wie es zu einer Preisbildung kommt, indem man, jenseits gleichgewichtsanalytischer Modelle, die empirische Preistheorie befragt, wie Preissetzungsmechanismen funktionieren. Diese Gedankenoperationen können u.U., wenn sie korrekt durchgeführt werden und verwertbare und für den Nichtfachmann noch verstehbare Informationen aus den Nachbarwissenschaften antreffen, aufklären, welche tatsächlichen Annahmen impliziert sind, wenn man den Durchschnittspreis zum Wert macht, sie erläutern die tatsächlichen Implikationen normativer Sätze und vervollständigen so das Paradigma im Wege der Paradigmakorrelation (Preis, Vertrag, Wert- oder Preistheorie, dogmatisches System [Theorie] des Vertragsrechts und ihr Einfluß auf die Intension des Wertbegriffs in der bereicherungsrechtlichen Dogmatik).

Das Ergebnis: objektiver Wert = Durchschnittspreis eröffnet noch weitere Möglichkeiten, nämlich die Möglichkeit systematischer Urteilsbildung über dieses Prinzip innerhalb der Tore der Jurisprudenz. Preise werden in rechtlicher Hinsicht auf verschiedenen Gebieten behandelt, u.a. im Rahmen des § 138 BGB und im Rahmen des § 22 GWB. Aus Gründen der Einheitlichkeit der Rechtsordnung ist es schlechterdings undenkbar, etwa einen Preis, den man im Rahmen des GWB wegen Mißbrauchs einer marktbeherrschenden Stellung verbieten müßte, im Rahmen der bereicherungsrechtlichen Rückabwicklung zum objektiven Wert zu erklären. Insofern eröffnet die Paradigmaanalyse die Möglichkeit, innerhalb des Rechtssystems — unter Berücksichtigung der Eigenheiten der Subsysteme — ein Phänomen der Objektwelt Ökonomie unter einheitlichen rechtlichen Gesichtspunkten zu betrachten.

Auf der Ebene der verwendeten Regeln läßt sich schließlich eine Analyse der Konsistenz der Rechtsprechung anstellen, und zwar in verschiedenen Hinsichten.

Einmal besteht die Aufgabe der höchstrichterlichen Rechtsprechung darin, Lösungskriterien, d.h. hier Entscheidungsregeln für zukünftige

Fälle zu entwickeln, die nicht nur von den unteren Instanzen, sondern auch in der eigenen Praxis unter dem Gesichtspunkt der Konsistenz jedenfalls dann beibehalten werden sollten, wenn keine zwingenden Gründe für die Abweichung vorliegen. Liegen solche Gründe vor, so sollten sie explizit angegeben werden. Konsistenz aufgrund von Entscheidungsregeln ist aber nur dann möglich, wenn die Regeln hinreichend präzise sind. Präzise sollten Regeln immer und nur dann genannt werden, wenn sie eine und nur eine Handlungsmöglichkeit gestatten. Eine Regel soll aber auch dann präzise genannt werden, wenn sie mehrere Handlungsmöglichkeiten offen hält, es sich aber definitiv entscheiden läßt, wann welche Handlungsmöglichkeit wahrgenommen werden soll. Unpräzise sollen Regeln dann heißen, wenn sie mehrere Handlungsmöglichkeiten offen halten, ohne festzulegen wann welche Möglichkeit wahrgenommen werden soll. In diesem Fall begrenzt die Regel zwar die unendliche Vielzahl der Handlungen, sie läßt den Regelbefolger im Rahmen der möglichen Handlungen aber orientierungslos zurück. Des weiteren ist es denkbar, daß eine Regel Handlungen erlaubt, die unverträglich sind. Im juristischen Extremfall sind unverträgliche Handlungen Verurteilung und Freispruch. Läßt eine Regel diese beiden Möglichkeiten offen, ohne festzulegen, wann welche Handlungsmöglichkeit wahrgenommen werden soll, so kann man tun was man will, und die Regel kann ebenso gut wegfallen. In diesem Falle ist es sinnlos, davon zu reden, daß jemand einer Regel folgt.

Da dieser Extremfall nie auszuschließen ist, wenn eine Regel mehrere Handlungsmöglichkeiten gestattet, muß gefordert werden, daß die Regel genau festlegt, wann welche Möglichkeit wahrgenommen werden soll[23a].

[23a] Zum Definiens „eine Handlungsmöglichkeit" innerhalb der Präzisionsdefinition ist zu sagen, daß es natürlich nicht darum geht, daß empirisch nur eine einzige Handlung „x" vollzogen werden muß, und damit die Regel ein für allemal befolgt ist; so ist auch die mathematische Regel „+ 2 !" nicht zu verstehen und nicht zu befolgen. Es geht vielmehr darum, daß man von bestimmten Handlungen sagen können muß, sie stellten die Befolgung der Regel R dar, denn sie seien, trotz der Notwendigkeit der Übergänge, trotz der Unterschiedlichkeit der Antecedenzdaten (der Ausgangspunkt für die Übergänge), *eines*, d.h. Wiederholungen einer Handlung und in dieser Hinsicht gleich. Es ist wichtig, diesen Aspekt zu betonen, denn er wird nicht deutlich, wenn man Präzision von Regeln auf der Ebene des Kandidatentrilemmas (vgl. dazu *Koch*, Seminar, S. 43 mit weiterführenden Literaturangaben in FN 79, 80) formuliert. In diesem Zusammenhang sind positive Kandidaten die Handlungen, welche die Regel gebietet, negative Kandidaten solche, die die Regel ausschließt, und neutrale Kandidaten solche Handlungen, von denen man nicht sagen kann, ob sie als Regelbefolgung zu deuten sind. Gibt es neutrale Kandidaten, so ist die Regel unpräzise. Daß dieser Ansatz zwar analytisch unangreifbar ist, im Rahmen der Präzisionsdefinition von Regeln aber vermutlich nicht ausreicht, sei an folgendem Beispiel verdeutlicht: Eine Regel „R" gebiete drei Handlungen, z.B. drei Berechnungsmethoden, sie laute: „Berechne den Wert einer unrechtmäßigen Nutzung nach dem Prinzip des faktischen Vertrages oder nach dem Prinzip des tatsächlichen Gewinns oder nach dem der Sachkapitalver-

Dies führt zum zweiten Schritt der Konsistenzanalyse auf die Ebene des Regelsystems: hier kann man untersuchen, ob die Regeln, die als mögliche für die Lösung eines bestimmten Bezugproblems von der Rechtsprechung formuliert oder angewendet werden, miteinander verträglich sind. Unverträglich sollen zwei Regeln R 1 und R 2 dann heißen, wenn R 2 eine Handlung gebietet, die R 1 gerade ausschließt. Wenn ein Richter z.B. die Regel des faktischen Vertrages für die Berechnung des bereicherungsrechtlichen Wertersatzes befolgt, so muß er zum Wertersatz für gezogene Nutzungen auch dann verurteilen, wenn die Nutzung dem Kondiktionsschuldner keinerlei Gewinn eingebracht hat. Befolgt er hingegen R 2 (z.B. Herausgabe des tatsächlich erzielten Gewinns) so ist eine Verurteilung zum Wertersatz ausgeschlossen, wenn trotz unbefugter Nutzung kein Gewinn erzielt wurde. Beide Regeln R 1 und R 2 sind folglich unverträglich, es besteht ein Raum für Inkonsistenzen. Den Vorwurf der Inkonsistenz kann man der Rechtsprechung unter dieser Voraussetzung nur dann ersparen, wenn sie ein Kriterium dafür angibt, wann R 1 und wann R 2 angewendet werden sollte, und dieses Kriterium auch unterscheidungskräftig ist. Tut sie das nicht, so schwebt ihre Entscheidungspraxis im leeren Raum, und man kann gar nicht mehr sagen, welchen Regeln sie folgt. Gleichwohl kann man versuchen, auch für diesen Fall des Schweigens der Rechtsprechung die Analyse weiterzutreiben, nämlich durch die Betrachtung des Sachverhalts; hier gibt es grundsätzliche Probleme[24], die auch für eine Konsistenzanalyse von Bedeutung sind und deswegen kurz skizziert werden sollten. Sie liegen in

zinsung.“ Immer wenn man nach einer der Berechnungsmethoden vorginge, wäre die Handlung ein positiver Kandidat, würde keine der Berechnungsmethoden gewählt, sondern etwas anderes getan, wäre die Handlung ein negativer Kandidat. Nimmt man jetzt noch zusätzlich an, die Welt möglicher Handlungen zerfalle in positive und negative Kandidaten und das Universum sei damit ausgeschöpft, oder: es gäbe keine neutralen Kandidaten, was die Befolgung der jeweils einzelnen Berechnungsmethoden angeht (weil wir in diesem Rahmen genau wissen, was zu tun ist), so müßte die Regel präzise genannt werden. Das aber ist kontraintuitiv und nicht nur das, sondern auch offensichtlich falsch. Präzise wäre die Regel R nur dann, wenn die umgangssprachlichen Verbindungswörter „oder“ logisch als Disjunktionen (manche sagen auch: Adjunktionen) aufzufassen wären; dann nämlich würde die Regel R gebieten (oder gestatten) zwischen den bezeichneten Berechnungsmethoden zu wählen. Ob dies der Fall ist, wissen wir aufgrund der umgangssprachlichen Formulierung der Regel aber nicht. Nimmt man an, es handele sich um Disjunktionen, dann gebietet (oder gestattet) R immer nur *eine* Handlung, nämlich die Wahl unter drei festgelegten Möglichkeiten, die empirisch (faktisch) erste Befolgung der Regel kann beliebig oft wiederholt werden. Genau dies ist aber entscheidend, und genau dies wird nicht deutlich, wenn man den Präzisionsbegriff für Regeln nur auf der Folie des Kandidatentrilemmas definiert.

[24] Vgl. dazu den sog. Faktenskeptizismus, der in der selektiven Leistung der richterlichen Faktenermittlung ein schwerwiegendes Problem für die Kontrolle der richterlichen Konsistenz sieht. Nachweise bei *Weiss*, Theorie der ... (oben FN 5), S. 62 ff., ferner zum Problem des richterlichen Tatbestandes und seiner Beziehung zur Sachverhaltsbeschreibung (Paraphrasen) Podlech (FN 23), S. 40 ff.

der Aufnahme und der Transformation des Sachverhalts durch den Richter, eines Sachverhalts, der bereits im advocatorischen Interesse auf die Ebene des Rechts bezogen ist. Einer Analyse, die sich vornimmt, die Konsistenz einer Entscheidungspraxis zu beurteilen, kann man nämlich prinzipiell den Vorwurf der Unvollständigkeit machen, insbesondere dann, wenn es um die Analyse der höchstrichterlichen Entscheidungen geht. Die Selektion, d.h. die richterliche Selektion der vorgetragenen Tatsachen fällt nämlich grundsätzlich aus dem Rahmen der Analyse heraus. Und dies ist nicht unproblematisch, denn es ist möglich, daß gerade die als irrelevant ausgeschlossenen Tatsachen die Anwendung einer anderen Rechtsnorm oder einer anderen Entscheidungsregel nahelegen, innerhalb deren dann die von der Rechtsprechung angewendeten Regeln gar nicht zum Zuge kämen.

Nimmt man z.B. an, ein soziales Geschehen sei zusammengesetzt aus den Tatsachen T 1 bis T 25, setzt man weiter voraus, je nach Tatsachenkombination und Einzeltatsachen seien drei Rechtsnormen (R 1 bis R 3) mit unterschiedlichen Rechtsfolgen (RF 1 bis RF 3) anwendbar, ergibt sich folgendes Bild:

$$(T\,1 \wedge T\,2 \ldots\ldots \wedge T\,10 \rightarrow R\,1\ RF\,1) \rightarrow S\,1$$

$$(T\,11 \wedge T\,12 \ldots\ldots \wedge T\,15 \rightarrow R\,2\ RF\,2) \rightarrow S\,2$$

$$(T\,16 \wedge T\,17 \ldots\ldots \wedge T\,25 \rightarrow R\,3\ RF\,3) \rightarrow S\,3$$

So findet man 3 Selektionen (S 1 bis S 3), die überhaupt nicht im Rahmen der Urteilsanalyse berücksichtigt werden können, weil der gesamte Umfang der Tatsachen gar nicht bekannt ist. Das aber bedeutet, daß sich in den Selektionen selbst Inkonsistenzen niederschlagen können, die nicht kontrollierbar sind. Dieses Problem ist jedenfalls im Rahmen dieser Arbeit nicht lösbar, weil das gesamte Tatsachenmaterial, aufgrund dessen etwa reichsgerichtliche Entscheidungen ergangen sind, nicht zu beschaffen ist. Grundsätzlich müßte man auch die Selektionen kontrollieren, ansatzweise durch eine Kontrolle der Schriftsätze im gesamten Instanzenzug, wobei auch durch diese Operationen nicht gewährleistet wäre, daß wirklich alle Tatsachen erfaßt worden sind.

Auf der Ebene des Regelsystems können die Fragen der Verträglichkeit der Regeln natürlich nur durch die Relationierung aller vorhandenen Regeln geklärt werden, so daß bei vier Regeln sich folgende Korrelationen ergeben:

R 1, R 2; R 1, R 3; R 1, R 4;

R 2, R 3; R 2, R 4;

R 3, R 4;

Dabei gehe ich davon aus, daß das Beziehungsgeflecht hinreichend analysiert ist, wenn die Beziehung einfach, linear (also im Verhältnis

R 1 und R 2 und nicht auch noch im Verhältnis R 2, R 1) untersucht wird.

Ich hatte oben (S. 29) angedeutet, daß im Falle der Unverträglichkeit zweier Regeln sich Inkonsistenzräume für die Rechtsprechung jedenfalls dann eröffnen, wenn die Rechtsprechung keine Kriterien dafür angibt, wann welche Regel anzuwenden ist. Im Rahmen der Fallanalyse kann gezeigt werden, daß viele Entscheidungen sich dadurch auszeichnen, daß sie die nicht angewendeten Regeln für die Fallentscheidung nicht einmal thematisieren. Liegt eine solche Fallkonstellation vor, so ist der Inkonsistenzraum für die Rechtsprechung relativ weit.

Der Entscheidungsspielraum, der sich für die Rechtsprechung in unserem Beispiel der zu Unrecht gezogenen Nutzungen überhaupt eröffnet, besteht einmal darin, die Verpflichtung zum Wertersatz entweder anzuerkennen, dies führt zur Verurteilung, oder abzulehnen, dies führt zur Klageabweisung. Ferner besteht der Entscheidungsspielraum im Falle der Verurteilung zum Wertersatz darin, die Höhe des zu leistenden Ersatzes festzulegen. Nun ist es im Falle unverträglicher Regeln von Bedeutung, daß die ausschließliche Thematisierung einer Regel und die Nichtthematisierung der anderen, mit ihr unverträglichen Regel bewirkt, daß der Inkonsistenzraum so groß wird wie der überhaupt bestehende Entscheidungsspielraum. Wenn z.B. ein Anspruch auf Wertersatz für zu Unrecht gezogene Nutzungen mit dem Argument abgelehnt wird, die Nutzungen hätten tatsächlich keinen Gewinn erbracht, so wird gleichzeitig die Anwendung des Prinzips des faktischen Vertrages, das ohne Rücksicht auf den tatsächlich erzielten Gewinn zur Verurteilung führen würde, ausgeschlossen. Wird dem gegenüber durch die Anwendung des Prinzips des faktischen Vertrages zum Wertersatz verurteilt, ohne daß der Kondiktionsschuldner tatsächlich einen Gewinn erzielt hat, so wird die Anwendung des Prinzips des tatsächlich erzielten Gewinns, das zur Klageabweisung führen würde, ausgeschlossen. Die Nichtthematisierung der Regel, die mit der angewendeten unverträglich ist, macht die ausgeschlossene Regel bedeutungslos, sie wirkt wie ihre Vernichtung; dies mit der Folge, daß der Inkonsistenzraum so groß wird wie der überhaupt bestehende Entscheidungsspielraum. Demzufolge muß gefordert werden, daß die Rechtsprechung Gründe für die Auswahl der Regel bekannt gibt, sonst besteht die Gefahr, daß das Urteil keinerlei Informationswert für die Untergerichte aufweist und auch die eigene Praxis der Obergerichte nicht bindet.

Diese Räume der Inkonsistenz sind sowohl in theoretischer, wie in praktischer Hinsicht ein Ärgernis; in praktischer Hinsicht insbesondere deshalb, weil sie die eindeutige Identifikation von und die Orientierung an Präjudizien erschweren. Präjudizien sind vergangene Urteile, die wegen ihrer Ähnlichkeit mit dem nunmehr zu entscheidenden Fall auch jetzt noch von Bedeutung sind, weil sie den in höchster Instanz entscheidenden Richtern Konsistenzzwänge auferlegen. Wenn aber die Konsistenzzwänge durch Räume der Inkonsistenz gemindert werden, so wird die Orientierung an Präjudizien erschwert und die für die Praxis aus den Präjudizien zu entnehmende Prognose über zukünftige Entscheidungen der höchstrichterlichen Rechtsprechung. Die Identifikation von Präjudizien wird erschwert, weil die höchstrichterliche Rechtsprechung in der von mir angenommenen Fallkonstellation keine Kriterien für die unterschiedliche Anwendung der Regeln bekannt gibt, also auch Sachverhaltsunterschiede nicht für maßgeblich erklärt.

Nun sind Inkonsistenzräume nie unendlich weit. Im Bezugsproblem der Berechnung des bereicherungsrechtlichen Wertersatzes für zu Unrecht gezogene Nutzungen gibt es zwar vier verschiedene Berechnungsmethoden, aber nur vier und nicht mehr. Nur auf dieser Basis ist strategisches Handeln, z.B. das Handeln eines Rechtsanwalts, überhaupt möglich. Dieser kann, wenn vier Berechnungsmethoden existieren, im Prinzip alle vier Methoden — hilfsweise — geltend machen, so lange dies die Konsistenz der eigenen Ausführungen nicht sprengt. Deswegen ist ein Vorantreiben der Analyse auch nicht prinzipiell ausgeschlossen. Es ist nämlich möglich, die Häufigkeiten in der Verwendung dieser Regeln auszuzählen und bereits auf diese Weise zu einer Reduzierung der Möglichkeiten, pragmatisch allerdings nur, zu kommen, dann nämlich, wenn man feststellt, daß zwei der Regeln nur vereinzelt zum Tragen gekommen sind. In einem weiteren Schritt kann man nun die häufiger angewendeten Regeln wiederum untereinander hinsichtlich ihrer Häufigkeit korrelieren und etwa feststellen, daß R 1 ungleich häufiger angewendet worden ist als R 4. Diese Korrelation kann man numerisch fixieren und findet so ein quantitatives Kriterium zur Bestimmung der herrschenden Meinung. Wenn man voraussetzt, daß die Rechtsprechung diese Häufigkeitsrelation beibehält, läßt sich eine Wahrscheinlichkeitsprognose für zukünftige Entscheidungen stellen.

Möglicherweise ist eine Erhöhung des Wahrscheinlichkeitsgrades[25] in der Prognose auf folgende Weise zu erreichen: vergangene Entscheidungen haben bestimmte Tatsachen für unbeachtlich erklärt, andere für

[25] Der Terminus „Wahrscheinlichkeit" ist im Rahmen der vorliegenden Abhandlung schon allein deshalb unpräzise, weil keine Methoden für die Berechnung des Wahrscheinlichkeitsgrades mitgeliefert werden. Sicher ist, daß es sich bei den Wahrscheinlichkeitsprognosen, die möglicherweise aufgrund der skizzierten Methode vorgenommen werden könnten, nicht um Prognosen aufgrund eines deterministischen Gesetzes handeln kann, sicher scheint ferner, daß die Inanspruchnahme einer statistischen Hypothese methodisch vermessen wäre, eine kausale Erklärung, gleich welcher Machart, wird nicht beansprucht. Möglicherweise bietet aber das skizzierte Verfahren Ansatzpunkte für die Konstruktion einer Plattform, von der aus die Kooperation zwischen juristischer und soziologischer Analyse möglich wird.

beachtlich; es ist nicht ausgeschlossen, daß sich die Inkonsistenzen oder die Inkonsistenzräume dadurch verringern lassen, daß sich zeigen läßt, daß die Anwendung der Regel R 1 sich von der Anwendung der Regel R 4 zwar nicht hinsichtlich der für relevant erklärten Tatsachen unterscheiden läßt, wohl aber hinsichtlich der für irrelevant erklärten Tatsachen, so daß man durch die Feststellung der nicht berücksichtigten Tatsachen Informationen gewinnt. In diesem Zusammenhang müßten dann systematisch Selektionsanalysen (das sind Analysen des vorgetragenen Tatsachenmaterials im Verhältnis zu dem im richterlichen Tatbestand festgehaltenen Tatsachenmaterial) durchgeführt werden, und es müßte untersucht werden, ob sich statistisch relevante Korrelationen finden lassen (Beispiele finden sich hierfür in der amerikanischen Richtersoziologie u.a. bei Aubert: Conscientious objectors before Norwegian Military Courts, besprochen bei Koch, Analyse S. 86 ff. und Rottleuthner: Richterliches Handeln S. 65 ff., ferner bei Weiss S. 83 ff.).

Diese Beispiele sind allerdings nur in methodischer Hinsicht beispielhaft, da sich, dem Erkenntnisinteresse der Richtersoziologie entsprechend, die statistischen Korrelationen nicht auf die anwaltlich vorgetragenen Tatsachen beschränken, sondern auch persönliche Merkmale des Angeklagten, wie Rasse, Alter etc. in die Untersuchungen miteinbeziehen; ich bin im übrigen der Ansicht, daß sich die statistisch gefundenen Korrelationen wieder mit Regeln des richterlichen Entscheidungsprozesses korrelieren lassen müßten, denn ich kann mir nicht vorstellen, daß Richter jemanden nur deshalb verurteilen, weil er Arbeiter ist, eher schon deshalb, weil z.B. der Angeklagte vor einem norwegischen Militärgericht wegen seines wenig elaborierten Codes, d.h. seiner mangelnden Sprach- und Sprechfähigkeit seiner „Darlegungslast“ (wenn die Verwendung der zivilprozessualen Kategorie hier gestattet ist) nicht genügen konnte, und der Richter keine anderen Anhaltspunkte für die Beurteilung des Angeklagten hatte als dessen eigene Aussage.

Der Wahrscheinlichkeitsgrad einer Voraussage läßt sich des weiteren durch folgende Operation erhöhen. Man kann untersuchen, ob in den mitgeteilten Tatsachen im Tatbestand etwa bei Ausschluß des Wertersatzes für gezogene Nutzungen Sachverhaltselemente wiederholt aufgetreten sind, die auf den ersten Blick mit dem Bezugsproblem scheinbar nichts zu tun haben, die aber dennoch in allen Fällen feststellbar sind, die mit dem Ausschluß des Wertersatzes für gezogene Nutzungen geendet haben. Man kann ferner untersuchen, ob bestimmte Tatsachen wiederholt aufgetreten sind, wenn zur Gewinnherausgabe verurteilt worden ist: hier ließ sich feststellen, daß in allen diesen Fällen keine Konsumgüter genutzt wurden, sondern Güter, die entweder im Produktionsprozeß selbst eingesetzt oder in anderer Weise als Kapital gewerbsmäßig genutzt wurden. Damit kann man die Analyse aber nicht abschließen, insbesondere wäre die Hoffnung hiermit, d.h. mit der Unterscheidung von gewerbsmäßig eingesetztem Kapitalgut und reinem Konsumgut ein definitives Kriterium für die Anwendung der konkurrierenden Regeln faktischer Vertrag und tatsächlich erzielter Gewinn gefunden zu haben, unbegründet. Man muß nämlich untersuchen, ob das gefundene Kriterium auch unterscheidungskräftig ist, unterscheidungskräftig ist ein Kriterium dann, wenn sich durch seine Anwendung alle bekannten Wertberechnungen eindeutig den bekannten Regeln zuordnen lassen. Das wäre in unserem Beispiel nur der Fall, wenn alle Wertberechnungen nach dem Prinzip des faktischen Vertrages sich dadurch auszeichneten, daß in keinem dieser Fälle ein gewerbsmäßig eingesetztes Kapitalgut genutzt worden ist (Nullhypothese). Nur in diesem Falle könnte man annehmen, ein Präferenzkriterium oder gar eine Metaregel gefunden zu haben.

Ich fasse die einzelnen methodischen Schritte der Analyse zusammen:

1. Die Bestimmung des Objektbereichs erfolgt durch ein Bezugsproblem, z.B. das Problem der Berechnung des bereicherungsrechtlichen Wertersatzes bei zu Unrecht gezogenen Nutzungen. Alle von der höchstrichterlichen Rechtsprechung entschiedenen Fälle, die dieses Problem betreffen, sind dem Objektbereich zuzurechnen. Dabei bildet die Erhebungseinheit (recording unit)[26] die einzelne Wertberechnung selbst. Es ist möglich, daß in einem einschlägigen Urteil nur eine Wertberechnung vorgenommen wurde, es ist aber auch möglich, daß mehrere Wertberechnungen für unterschiedliche Nutzungshandlungen in einem Urteil durchgeführt werden. Den Kontext der Erhebungseinheit bildet in beiden Alternativen die einschlägige Entscheidung insgesamt.

---

[26] Die Kategorie entstammt der Methode der Inhaltsanalyse. Vgl. dazu: *Jürgen Ritsert:* Inhaltsanalyse und Ideologiekritik, S. 56 ff., Ffm, 1972, der auf den S. 46, 47 seines Buches ein Ablaufschema für die Inhaltsanalyse bietet. Als Einführung in den Problemkreis verwertbar ist die Arbeit von *Jutta Limbach:* Die sozialwissenschaftliche Inhaltsanalyse richterlicher Entscheidungen in: Juristische Arbeitsblätter, 1976, S. 353—362; Grundlegend: *Ole R. Holsti:* Content Analysis for the Social Sciences and Humanities, London 1969; *B. Berelson:* Content Analysis in Communication Research, Glencoe, 1952; demgegenüber *Sigfried Kracauer:* Für eine qualitative Inhaltsanalyse in: 3, Ästhetik und Kommunikation, 1972, S. 53—58; in der gleichen Richtung Ritsert (oben). Siehe ferner *Silbermann:* Systematische Inhaltsanalyse in: *R. König (Hrsg.):* Handbuch der empirischen Sozialforschung, Bd. IV, 1974, S. 253 f., 255 f.; *Jürgen Friedrichs:* Methoden empirischer Sozialforschung, Reinbek, 1973, S. 314 ff.

Diskussionen der Methode auf der Ebene des Rechts finden sich bei: *Hubert Rottleuthner:* Methodische und theoretische Probleme bei der Analyse von Klassenjustiz, in: Informationsbrief der Sektion Rechtssoziologie, Nr. 4, 1974, S. 53—72; *derselbe:* Inhaltsanalyse und logische Rekonstruktion von richterlichen Urteilen (bisher unveröffentlichter Vortrag, gehalten auf dem IVR Kongreß 1978 in München). Angewendet wurde die Methode, allerdings nicht für

2. Die Entscheidungen der Rechtsprechung werden zu Klassen geordnet. Hierbei dienen die Regeln der bereicherungsrechtlichen Wertberechnung als Klassifikationskriterien. Wird wie in den weitaus meisten Fällen pro Urteil nur eine Wertberechnung vorgenommen, so wird das Urteil nur einmal gezählt, und die Erhebungseinheit ist mit dem Fall numerisch identisch. Werden mehrere Wertberechnungen vorgenommen, wird das Urteil mehrmals gezählt und hinsichtlich der unterschiedlichen Nutzungen ausgezeichnet. Die Regeln der bereicherungsrechtlichen Wertberechnung werden vor der Zählung explizit formuliert.

3. Die Regeln werden durch fachsprachliche Ausdrücke (z.B. die Regeln des faktischen Vertrages) beschrieben. Es ist ein Zweck dieses Schrittes, die Konsequenzen der Regelanwendung auf der Ebene des Rechts deutlich zu machen (die Regel des faktischen Vertrages z.B. erlaubt nicht die Thematisierung des Bereicherungswegfalls nach § 818 III BGB, da die Rechtsverbindlichkeit eines faktischen Vertrages nicht davon abhängt, ob der Schuldner durch diesen Vertrag einen Vermögensvorteil erlangt hat, oder davon, ob dieser Vorteil wieder weggefallen ist). Ein weiterer Zweck der fachsprachlichen Charakterisierung ist es, festzustellen, wie es um die rechtssystematische Eigenständigkeit der bereicherungsrechtlichen Wertberechnung bestellt ist. Wird diese Wertberechnung einerseits durch faktisches Vertragsrecht, andererseits durch das umgekehrte Schadensparadigma deliktsrechtlicher Provenienz konstruktiv bestimmt, so läßt sich die in der Unterscheidung von Leistungs- und Eingriffskondiktion bereits zum Ausdruck kommende systematische Fremdorientierung

---

die Analyse von Urteilen, von *Ekkehard Klausa:* Politische Inhaltsanalyse von Rechtslehrertexten (Zeitschrift für Soziologie, 1979, S. 362—379). In die Richtung von Inhaltsanalyse tendiert die Arbeit von *Klaus Jürgen Philippi:* Tatsachenfeststellungen durch das Bundesverfassungsgericht, 1971, der insgesamt 269 Tatsachenfeststellungen durch das BVerfG untersucht und auf verwendete empirische Methoden überprüft. *Rolf Dieter Schumann:* Der Wortgebrauch des Bundesgerichtshofes zur Kennzeichnung der Sittenwidrigkeit nach § 1 UWG, Diss. Göttingen, 1973, stellt Frequenzanalysen an. Die neuere Arbeit von *Wolfgang Däubler:* Die Sprache der Bundesgerichte — ein Herrschaftsinstrument? in: ARSP, Beiheft 9, 1977, S. 107—120 untersucht die politischen Folgen des Wortgebrauchs der Bundesgerichte, *Gerd Winter:* Tatsachenurteile im Prozeß richterlicher Rechtsetzung, in: Rechtstheorie, 2, 1971, S. 171 ff., untersucht, ob Tatsachenurteile die Rationalität des richterlichen Entscheidungsprozesses erhöhen können. Seine Arbeit ist nicht empirisch analytisch, sondern eher präskriptiv. *Jörg Berkemann:* Gesetzesbindung und Fragen einer ideologiekritischen Urteilskritik, in: Festschrift für Willy Geiger, Tübingen, 1974, untersucht, sehr materialreich, in einem weit gespannten tour d'horizon die Möglichkeiten der Ideologiekritik von richterlichen Urteilen; daß man sich einer solchen Ideologiekritik auch im Rahmen eines Stilvergleichs der kontinentalen und angelsächsischen Rechtsprechung nähern könnte, zeigt die Arbeit von *Hein Kötz:* Über den Stil höchstrichterlicher Entscheidungen, Konstanz, 1973.

des Bereicherungsrechts auch in den Methoden seiner Wertberechnung nachweisen.

4. Die fachsprachlich formulierten Regeln werden durch Einsetzung von empirischen Begriffen bestimmt, soweit sie nicht bereits empirische Denotate bezeichnen (z.B. Gewinn). Im Rahmen der Regel des faktischen Vertrages läßt sich z.B. feststellen, daß die Rechtsprechung immer dann, wenn sie „objektiver Wert" sagt, den durchschnittlich erzielbaren Preis meint. Dies wird einerseits an Formulierungen deutlich wie: „maßgebend ist, was der Schuldner hätte aufwenden müssen, um in den Genuß der Nutzung zu kommen . . .", andererseits läßt sich dieses Ergebnis durch einen semantischen Zusammenhang von „vertraglich fixiertem Entgelt" und „Preis" belegen. Zweck dieses Schrittes ist es, eine Basis zu schaffen, auf der, im Wege der Paradigmakorrelation von dogmatischem System des Vertragsrechts einerseits und Preistheorie andererseits normative und empirisch analytische Wissenschaft (Jurisprudenz und Ökonomie) korreliert werden können. Möglicherweise läßt sich so feststellen, welche realen Implikate man in Kauf nimmt, wenn man den Durchschnittspreis zum Wert macht.

5. Der Präzisionsgrad der Regeln wird untersucht; eine Regel ist immer und nur dann präzise, wenn sie eine und nur eine Handlungsmöglichkeit eröffnet, oder wenn sie zwar mehrere Handlungsmöglichkeiten eröffnet, aber genau festlegt, wann welche Handlungsmöglichkeit geboten ist. Aus der Wittgensteinschen Analyse kann man lernen, daß diese Art der Präzision nicht aus der Regel allein folgt, sondern auch daraus, daß unsere durch Lernen strukturierte Praxis Abweichungen von einem bestimmten Gebot gar nicht aufkommen läßt, weil solche Abweichungen außerhalb unserer Vorstellungswelt liegen.

   Zweck dieses analytischen Schrittes ist es, die Konsistenzanalyse vorzubereiten. Unpräzise Regeln lassen zu viele Handlungsmöglichkeiten offen, sie legen niemanden fest und schließen eine Präjudizienbindung aus.

6. Das Verhältnis der Regeln zueinander wird untersucht. Hierbei ist vor allem von Interesse, ob die Regeln miteinander verträglich sind. Regel 1 und Regel 2 sind unverträglich, wenn Regel 1 eine Handlung gebietet, die Regel 2 gerade ausschließt. Im Rahmen der Regel des faktischen Vertrages z.B. muß zum Wertersatz auch dann verurteilt werden, wenn der Kondiktionsschuldner tatsächlich keinen Gewinn erzielt hat, im Rahmen der Regel des tatsächlich erzielten Gewinns ist eine Verurteilung zum Wertersatz dann aber gerade ausgeschlossen. Diese Regeln sind also unverträglich.

7. Im Verhältnis der Regeln untereinander wird untersucht, ob die Rechtsprechung ein Präferenzkriterium formuliert, welches ent-

scheidbar macht, wann welche Regel angewendet werden sollte. Da die Regeln zu unterschiedlichen Ergebnissen führen, muß die Rechtsprechung ein solches Kriterium formulieren. Tut sie dies nicht, so besteht immer mindestens eine Wahlmöglichkeit. Im Falle unverträglicher Regeln kann man, jedenfalls was die Regel des faktischen Vertrages und des tatsächlich erzielten Gewinns angeht, sogar zwischen Verurteilung und Freispruch wählen, d.h. in diesem Falle impliziert die Nichtexistenz eines Präferenzkriteriums auf der Ebene des Regelsystems, daß der überhaupt bestehende Entscheidungsspielraum nicht eingeengt wurde. Hier und bei Nichtexistenz eines Präferenzkriteriums im Verhältnis von Regeln, die zu unterschiedlichen Ergebnissen führen, führt das Schweigen der Rechtsprechung zu dieser Frage zum Ausschluß von Präjudizienbindung; man kann sagen, daß in einem solchen Falle die Präjudizien instrumentell eingesetzt werden. Sie dienen nicht zur Begründung einer Entscheidung, sondern allenfalls zu deren Rechtfertigung.

8. Formuliert die Rechtsprechung kein Präferenzkriterium, so wird weiter untersucht, ob sich im Sachverhaltsmaterial bestimmte Tatsachen nur bestimmten Regeln zuordnen lassen. Bei der Analyse der Regel des tatsächlichen Ertrages kann man z.B. feststellen, daß diese Regel nur dann angewendet worden ist, wenn ein Gut als Kapital gewerblich genutzt wurde, wurde ein reines Konsumgut genutzt, kam diese Regel nie zur Anwendung.

9. Das Präferenzkriterium wird genauer untersucht, es wird insbesondere gefragt, ob es hinreichend unterscheidungskräftig ist. Hinreichend unterscheidungskräftig ist ein solches Kriterium dann, wenn sich alle bisher behandelten Wertberechnungen aufgrund des Kriteriums den bekannten Regeln zuordnen lassen. Das Kriterium des Unterschiedes zwischen Konsum- und gewerblich eingesetztem Kapitalgut ist nicht hinreichend unterscheidungskräftig in diesem Sinne, denn zwar läßt sich die Regel des tatsächlich erzielten Gewinnes nur anwenden, wenn ein Kapitalgut gewerblich genutzt worden ist, die Regel des faktischen Vertrages ist aber sowohl bei reinen Konsumgütern als auch bei gewerblich eingesetzten Gütern anwendbar. Die Reichweite der Regel des faktischen Vertrages ist demnach größer als die Regel des tatsächlich erzielten Gewinnes. Man kann auch sagen, daß die Handlung, welche die Regel des faktischen Vertrages gebietet, häufiger wiederholt werden kann als die Handlung, welche die Regel des tatsächlich erzielten Gewinnes gebietet, in dieser Hinsicht ist die erstere Regel auch extensionsgrößer als die letztere.

Ein Präferenzkriterium ist dann nicht unterscheidungskräftig, wenn sich die Extensionen zweier Regeln überschneiden.

10. Abschließend werden die Häufigkeiten der Anwendung der konkurrierenden Regeln untersucht, es kommt zu einer quantitativen Bestimmung der herrschenden Meinung. Die Inkonsistenzräume, die sich die Rechtsprechung selber schafft, werden in einer abschließenden Konsistenzanalyse (Probleme der Analyseregeln 5—10) zusammengefaßt.

3. Zur Anwendung der Methode — die Urteilsanalysen

3.1 Das Prinzip des faktischen Vertrages

Soweit ersichtlich hat die Rechtsprechung für die Wertberechnung von unrechtmäßigen Gebrauchsvorteilen unterschiedliche Prinzipien zugrunde gelegt, nämlich einmal eine Berechnungsmethode, die man an der Formulierung ortsübliche oder angemessene Vergütung erkennen kann. Die bekanntesten Beispielfälle sind die Parkplatzentscheidungen[27] und die Flugreiseentscheidung[28]. Beiden Fallkomplexen ist gemeinsam, daß der Bereicherungsgegenstand unmittelbar die gezogene Nutzung selbst ist; dies ist formal ein Unterschied zur Wertberechnung im Rahmen des § 818 I BGB, da im Rahmen dieser Norm ein Kondiktionsanspruch auf Herausgabe eines von den Nutzungen unterschiedenen Gegenstandes vorausgesetzt wird[29]. Dennoch kann dieser Unterschied hinsichtlich der Erörterung der Prinzipien der Wertberechnung von unbefugtem Gebrauch oder Nutzung außer Betracht bleiben, da das Bestehen eines Kondiktionsanspruchs auf Herausgabe eines von den Nutzungen unterschiedenen Gegenstandes nicht von der Notwendigkeit entbindet, den Wert der Nutzung selbst, unabhängig von der Existenz eines weiteren Kondiktionsgegenstandes zu berechnen, und es hinsichtlich der Wertberechnung keinen Unterschied macht, ob sie sich z.B. auf den unbefugten Gebrauch eines Parkplatzes bezieht, nachdem die Parkfläche zuvor rechtsgrundlos übereignet worden war, oder ob eine Übereignung überhaupt nicht stattgefunden hat, und der Parkraum ohne weiteres zu Unrecht genutzt worden ist.

Die einheitliche Klassifikation von Fällen, die vom V. Senat im Rahmen unterschiedlicher Anspruchsgrundlagen[30] entschieden worden sind, mag auf den ersten Blick verwundern. Bei genauerem Hinsehen läßt sich aber unschwer feststellen, daß die Ablehnung des Bereicherungsrechts in BGH Z 21, 319 ff. auf einer im Verhältnis zu dem in BGH Z 20, 270 ff. angewendeten Bereicherungsrecht inkongruenten Perspektive beruht.

[27] BGH Z 21, 319, 336 und BGH Z 20, 270; vgl. auch das Urteil desselben Senats in Z 22, 395.

[28] BGH Z 55, 128.

[29] Vgl. Palandt, § 818 Anm. 3.

[30] In BGH Z 20, 270 handelt der BGH einen Bereicherungsanspruch ab, in Z 21, 319 geht es um einen Anspruch im Rahmen eines faktischen Vertrages.

In BGH Z 21, 319 ff. waren nach Auffassung des Senats die schwer zu ermittelnden Treibstoffkosten für das Auffinden eines anderen, gebührenfreien Parkplatzes Gegenstand der Bereicherung, in BGH Z 20, 270 ff. hingegen die ersparte Aufwendung, die sich daraus errechnete, daß bei ordnungs- oder rechtmäßigem Vorgehen eine Vergütung hätte gezahlt werden müssen, um den Parkplatz nutzen zu dürfen. In der Sache selbst geht es aber um Wertersatz für eine zu Unrecht gezogene Nutzung eines dem Gemeingebrauch nicht unterliegenden Parkraumes, und trotz der unterschiedlichen rechtlichen Einordnung wurden beide Fälle im Ergebnis gleich entschieden. Auch die bereicherungsrechtliche Lösung in Z 20, 270 ff. setzt hinsichtlich des Wertersatzes die konstruktive Prämisse des faktischen Vertrages voraus[31], denn es ist ansonsten kein Bezugspunkt ersichtlich, an dem sich die Ersparnis als rechtsgrundloses Behalten von Vermögensvorteilen, im bereicherungsrechtlichen Sinne als Wert des unbefugten Gebrauchs bemessen ließe.

Die Analyse der Nichtanwendung des Bereicherungsrechts in BGH Z 21, 319 ff. führt zum gleichen Ergebnis. Wechselt man nämlich den Bezugspunkt der Ersparnis, ändert man die Ersparnis der Aufwendungen, die hätten gezahlt werden müssen, wenn man ordnungsgemäß und rechtmäßig vorgegangen wäre, um in die Ersparnis der Aufwendungen an Treibstoff, die hätten erbracht werden müssen, um einen gebührenfreien Parkplatz zu finden, dann findet der bereicherungsrechtliche Wertersatz jedenfalls nach Ansicht des V. Senats nicht statt. Denn dann sind die Schwierigkeiten, die die Berechnung des bereicherungsrechtlichen Wertersatzes stellt, zu groß. Der Senat hat mithin in beiden Urteilen mit unterschiedlichen Worten das Gleiche getan, nämlich faktisches Vertragsrecht angewendet, einmal im Gewande des bereicherungsrechtlichen Wertersatzes, das andere Mal unverkleidet, als faktisches Vertragsrecht selbst.

Interessant ist die paradigmatische Bedeutung, die das Vertragsrecht in den drei zitierten Ausgangsfällen hatte, dieses bestimmte die Sichtweise und legte die Denkmuster für die Berechnung des bereicherungsrechtlichen Wertersatzes fest.

Die Transformation eines normativ gesetzten vertraglichen Regelungszusammenhanges trotz an sich bestehender Nichtexistenz oder Nichtigkeit des Vertrages in den Bemessungsmaßstab für den bereicherungsrechtlichen Wertbegriff bei unrechtmäßig gezogenen Nutzungen ist nicht

---

[31] Das Gleiche gilt für die Entscheidung des V. Senats in Z 22, 395, 400: „Hat sich der Beklagte durch Verwendung des Bauzaunes zur Fremdreklame Einnahmen verschafft, für die er bei ordnungsgemäßem Vorgehen eine Entschädigung an die Klägerin aufgrund eines solchen Vertragsabschlusses hätte zahlen müssen, so kann die Klägerin von ihm das Ersparte nach den Vorschriften über die Herausgabe einer ungerechtfertigten Bereicherung verlangen ...“

neu. Die früheste mir bekannt gewordene Entscheidung, welche das Vertragsmuster allerdings nur ansatzweise in die Kriterien der bereicherungsrechtlichen Wertberechnung umsetzt, datiert vom 28. Januar 1903 (RG Z 53, 363). Im Rahmen eines Kommissionsgeschäftes über Wertpapiere wurde der Kommissionärin infolge eines Umstandes, den sie zu vertreten hatte, die vertragliche Leistung nachträglich unmöglich. Die beklagte Kommissionärin hatte bereits zuvor Zahlungen erhalten. Der klagende Kommittent konnte nach den §§ 325, 323 I, III, 812, 818 I BGB die seinerseits erbrachte Leistung zurückfordern und unabhängig vom Vorliegen des § 819 BGB Zinsen seit dem Zahlungszeitpunkt verlangen, da es das RG als unbedenklich angenommen hatte, daß die Beklagte von dem empfangenen Gelde Nutzungen mindestens in Zinshöhe gezogen hatte.

Für die Interpretation dieser Entscheidung bieten sich zwei unterschiedliche Gesichtspunkte an, die sich nicht widersprechen, weil sie auf unterschiedlichen Ebenen liegen, nämlich erstens der ökonomische Gesichtspunkt, der die Vermutung der Nutzung impliziert, zweitens der konstruktiv rechtliche Gesichtspunkt des faktischen Vertrages, der im Rahmen der Zinszahlungsverpflichtung den Vertragstyp des Darlehens voraussetzt, um zu einem Kriterium für die Wertberechnung der unrechtmäßigen Nutzung zu kommen. Ökonomisch handelt es sich bei dem Kondiktionsgegenstand um Geld, das jedenfalls unter Kaufleuten als *Kapital,* also als Wert eingesetzt zu werden pflegt, mit dem gearbeitet wird, um den bereits im Ausgangspunkt vorhandenen Wert zu vergrößern. Die Analyse der ökonomischen Struktur des Kondiktionsgegenstandes führt dazu, es ohne weitere Untersuchung als unbedenklich anzunehmen, daß Nutzungen aus diesem Gegenstand gezogen worden sind. Damit steht aber noch nicht fest, in welcher Höhe Nutzungen angefallen sind, denn Geldkapital kann sich u.U., wenn es im Rahmen gewerblicher Nutzung eingesetzt wird, sehr hoch verzinsen, eine Verwertung des Kapitalbetrages kann sehr niedrig ausfallen, in Extremfällen sogar ganz ausbleiben, etwa bei fehlschlagender Investition oder bei ungenügender, betriebswirtschaftlich fehlerhafter Investitionsplanung. Die Anerkennung der Zinszahlungsverpflichtung des Kondiktionsschuldners hingegen setzt nicht das Prinzip des Ertrages, sondern das Paradigma einer vertraglichen Verhaltensweise, nämlich das der Kreditaufnahme in Form eines Darlehens voraus, denn sonst ist nicht ersichtlich, wieso eigentlich der ortsübliche Zinssatz den Bemessungsmaßstab für eine der Gesetzessystematik nach nicht vertragliche, sondern bereicherungsrechtliche Wertberechnung abgeben könnte.

Nun hat das RG die Möglichkeit des kontraktlichen Wertersatzes zwar anerkannt, es hat sich hier aber noch nicht ausschließlich oder definitiv für diese Berechnungsweise entschieden, denn die Entscheidung über die Höhe des Wertersatzes beruht zumindest auch darauf, daß nur eine Zinszahlung beantragt worden war, das RG brauchte sich also in dieser Entscheidung nicht mit den alternativen Prinzipien von Ertrag und Kontrakt auseinanderzusetzen.

Deutlicher wird die Umbildung vertraglicher Strukturen in Kriterien des bereicherungsrechtlichen Wertersatzes im 97. Band der Entscheidungen des Reichsgerichts. In einem Fall übermäßiger Benutzung einer Gleisanlage[32] hat das Reichsgericht die Höhe der Bereicherung an der Ersparnis von Aufwendungen gemessen, die die Kondiktionsschuldnerin bei ordnungsgemäßem Vorgehen hätte zahlen müssen. Gleichzeitig hat das Reichsgericht der Bereicherungsschuldnerin das Argument verwehrt, sie hätte den Mehrbetrag nicht aufgewendet, sondern sich anderweit beholfen, wenn sie um die nunmehr zu erstattenden Kosten gewußt hätte. In dieser Entscheidung wird exemplarisch deutlich, daß die Wertberechnung für Nutzungen, die rechtswidrig gezogen worden sind, die Anwendung des Vertragsmusters voraussetzt, das normativ von seiten der Rechtsprechung gesetzt wird, ohne daß es darauf ankommt, ob ein Vertrag tatsächlich geschlossen worden ist oder darauf, ob er nach dem Willen des Schuldners geschlossen worden wäre. Genau dies entspricht sowohl in methodischer als auch in inhaltlicher Hinsicht dem Institut des faktischen Vertrages[33].

In RG Z 97, 245 hatte die Beklagte auf Grundstücken der Klägerin eine Fabrikanlage errichtet und aufgrund eines notariellen Vertrages übereignet. Hierfür verpflichtete sich die Klägerin, nahezu ihre gesamte Produktion von Schwefelsäure für die Zeit von zehn Jahren an die Beklagte zu liefern. Die Klägerin stellte zweieinhalb Jahre vor Ende des vereinbarten Lieferungszeitraumes wegen einer Bundesratsverordnung vom 13. November 1915, deren § 4 Lieferungsverträge in der privaten Schwefelwirtschaft außer Kraft setzte, ihre Leistungen ein. Das Reichsgericht sprach der Beklagten für die Zeit von zweieinhalb Jahren, in der die Klägerin die Lieferungen verweigert hatte, den *Pachtzins*, der für die Benutzung der von der Beklagten errichteten Fabrikanlage üblicherweise hätte entrichtet werden müssen, zu[34].

[32] RG Z 97, 310, 312.

[33] Demgegenüber ist eine Zinszahlung vor Rechtshängigkeit abgelehnt worden in: RG Z 72, 152, bei Ansprüchen gegen den Fiskus. Ebenso aus der neueren Judicatur: BVerwG WM 65, 854. Hier handelt es sich ebenfalls um Ansprüche gegen den Fiskus. Interessanterweise wurde die nur im Rahmen des faktischen Vertrages rekonstruierbare Verpflichtung zur Zinszahlung vor Rechtshängigkeit mit dem Ertragsprinzip abgelehnt; es sei nicht ersichtlich bzw. nicht vorgetragen, daß Nutzungen tatsächlich gezogen worden seien.

[34] Nicht ganz so deutlich, aber immerhin auf der Linie der Vertragsstruktur liegen die Entscheidungen des OLG Braunschweig MDR 58, 429 und des OLG Karlsruhe NJW 1956, 1280. In beiden Fällen hatten Mieter einen verlorenen Baukostenzuschuß entrichtet und das Mietverhältnis vorzeitig, d.h. vor Ablauf

In RG Z 122, 229 hatte der Oberbürgermeister einer Stadt die klagende Bank um die *Vermittlung eines Darlehens* ersucht, und das Darlehen für die Stadt auch erhalten. In einer Erklärung, die die Worte „der Magistrat der Stadt H“ enthielt, wurde der Klägerin als Nachweisprovision 3/4 % des Kapitals für die Vermittlung des Darlehens zugesagt, der Oberbürgermeister hatte diese Erklärung allein unterschrieben. Die beklagte Stadt lehnte die Zahlungsverpflichtung ab, weil die Unterschrift des Oberbürgermeisters nach der damals geltenden Städteordnung nicht genügte, um eine Verbindlichkeit der Stadt zu begründen. Das Reichsgericht akzeptierte die Unwirksamkeit des zugrunde liegenden Vertrages und hielt die Beklagte unter Berücksichtigung des § 354 HGB für verpflichtet, den Wert der Vermittlungstätigkeit in Höhe des *ortsüblichen Maklerlohnes* zu zahlen.

Auf der gleichen Ebene liegt die Entscheidung RG Z 151, 123. In einem Fall der Darlehenskondiktion wegen arglistiger Täuschung wurde die Darlehensnehmerin verpflichtet, neben der Rückzahlung der Darlehenssumme die ortsübliche und angemessene Verzinsung zu leisten. Das RG hatte in dieser Entscheidung sogar davon abgesehen, daß neben dem Unwirksamkeitsgrund der arglistigen Täuschung § 817 S. 2 BGB hätte zur Anwendung kommen können[35]; es waren nämlich für begrenzte Zeiträume bis zu 4 % Zinsen monatlich vereinbart worden.

In dieser Entscheidung ist das RG von früheren Urteilen[36] ausdrücklich abgewichen, in denen eine Zinszahlung bei rechtsgrundlos hinge-

der Zeit, auf die der Baukostenzuschuß im Rahmen der Mietzahlung anzurechnen war, gekündigt, ohne daß die Vermieter diese Kündigungen zu vertreten hatten. Beide Senate verpflichteten die Vermieter zur Rückzahlung des nicht abgewohnten Teils des Baukostenzuschusses, aber nicht zur einmaligen Zahlung, sondern zur ratenweise Abgeltung, wobei die ursprünglich im Mietvertrag vereinbarte Zeit in den bereicherungsrechtlich relevanten Zeitraum der ratenweisen Rückerstattung transformiert wurde.

[35] Vgl. zu dem Problem der Zinszahlung bei sittenwidrigem und deshalb nichtigem Darlehnsvertrag BGH MDR 62, 646. Dort wurde ausgeführt, daß bei nichtigem Darlehnsvertrag § 817 S. 2 BGB den Rechtsgrund für das Behaltendürfen der sonst zu entrichtenden Zinsen bilde. Ebenso in RG Z 164, 52. In beiden Fällen war der nichtige Darlehensvertrag aber immerhin noch insoweit wirksam, als er den Zeitraum bestimmte, für den der Darlehensschuldner die Darlehenssumme behalten durfte, denn der Zeitraum der berechtigten Nutzung konnte allenfalls aus dem nichtigen Vertrag, nicht aber der Vorschrift des § 817 BGB entnommen werden.

[36] Vgl. die Entscheidungen RG Z 136, 135 und RG Z 133, 283. In der letzteren Entscheidung war dem Verkäufer eines Grundstücks, der mit dem Kaufpreis Geschäftsanteile gekauft und daraus eine Zeitlang Gewinne gezogen hatte, gestattet worden, die Erträge des Geldes zu behalten. Zur Begründung hatte das RG angeführt, es handele sich nicht um Nutzungen aus dem Gelde, dieses sei veräußert worden, demzufolge sei nur Wertersatz zu leisten. Diese Argumentation entspricht der h.M. insofern, als im Rahmen des § 818 I 2. Halbs. rechtsgeschäftlich erworbene Surrogate des Kondiktionsgegenstandes nicht herausgegeben werden müssen. Das RG hatte ferner die Gewinnherausgabe abgelehnt, und auch einen Ersparnisgedanken verworfen, der aber in seiner

gebenem Geld abgelehnt worden war. Der Gesichtspunkt ersparter Aufwendungen, der wegen des Ersparnisgedankens voraussetzt, daß man bei ordnungsgemäßem Vorgehen eine vertraglich fixierte Vergütung hätte zahlen müssen, wird in dieser Entscheidung aber noch relativiert, und zwar durch den Hinweis auf einen möglichen Bereicherungswegfall nach § 818 III BGB. Dieser Hinweis, der im Ergebnis auch nicht zum Tragen gekommen ist, ist eher als Milderung für die Schärfe der Abkehr von der früheren Ansicht der Nichterstattungsfähigkeit von Zinsen zu interpretieren, denn als ernst zu nehmender Einwand. Die normative Setzung des Vertrages mit einem von der Rechtsprechung über die Kategorien der Ortsüblichkeit oder Angemessenheit verwalteten Inhalt verträgt wegen des Ersparnisgedankens das Argument eines möglichen Bereicherungswegfalls nicht. Es ist nämlich nicht ersichtlich, wie eine Ersparnis wieder wegfallen sollte, die doch gerade normativ aus der Unrechtmäßigkeit des Verhaltens des Kondiktionsschuldners gewonnen wurde. Die Hypostasierung des Prinzips des faktischen Vertrages als Bemessungsgrundlage für die Wertberechnung ist ein Postulat aus Gerechtigkeitsgründen, eine Wertung, die sich — in Grenzen — von alternativen Interpretationen der Realität frei machen kann und muß. Erst im Rahmen einer Analyse der Kriterien für die Wertberechnung wird deutlich, daß das Problem des Bereicherungswegfalls unter der Prämisse des faktischen Vertrages an Relevanz verliert. Es ist demnach nur konsequent, wenn der BGH in der Flugreiseentscheidung (Z 55, 128) erklärt hat, daß auch dann, wenn der Kondiktionsschuldner sich die Leistung nicht anderweitig verschafft hätte, dieser gleichwohl so behandelt werden müsse, als hätte er die dafür übliche bzw. angemessene Vergütung erspart, dies jedenfalls bei Bösgläubigkeit.

Setzt man erst einmal das Denkmuster des Vertrages voraus, um im Rahmen der bereicherungsrechtlichen Wertberechnung den Wert des Kondiktionsgegenstandes zu bestimmen, dann muß der Kondiktionsschuldner an dem hypostasierten Vertrag auch festgehalten werden, d.h. er hat die als angemessen erklärte Leistung zu erbringen, unabhängig davon, ob der fingierte Vertrag ihm reale Vorteile erbracht hat oder nicht. Nur so ist auch der vom BGH (in Z 55, 128, 130) zitierte Satz

---

Konstruktion nicht auf dem Prinzip des faktischen Vertrages beruhte. Eine bezüglich des Surrogationsgedankens ähnliche Argumentation findet sich in RG Z 136, 135. Das RG hatte auch hier eine Zinszahlungsverpflichtung nach dem Prinzip des faktischen Vertrages abgelehnt und ausgeführt, ersparte Zinsen seien keine gezogenen Nutzungen im Sinne des § 818 I BGB. Auch hier liegt ein Fall vor, in dem durch die Anwendung des einen Prinzips ebenfalls das andere Prinzip ausgeschlossen wurde — ohne daß ein Präferenzkriterium sichtbar würde.

Hinsichtlich der Zinszahlungsverpflichtung nach dem Prinzip des faktischen Vertrages hat das RG in RG Z 151, 123, 127 seine Rechtsprechung geändert. Zuvor war in RG WarnRspr. 1933, Nr. 39 unter Hinweis auf RG Z 136, 135 eine Verzinsung von Geldkapital noch abgelehnt worden.

des Berufungsgerichts zu erklären, der besagt, daß ein späterer Wegfall der Bereicherung begrifflich ausgeschlossen sei, da die tatsächliche Inanspruchnahme nicht ungeschehen gemacht werden könne. Auf der anderen Seite muß dann auch — entgegen der Ansicht des BGH — betont werden, daß dieses Prinzip des fingierten Kontrakts mit einem Vermögensfluß oder der Ermittlung einer gegenständlich noch vorhandenen Bereicherung *nichts* mehr zu tun hat. Die Anwendung des Vertragsmusters durch die Rechtsprechung hat jedenfalls bei Bösgläubigkeit des Kondiktionsschuldners Sanktionscharakter, aber nicht nur hier, sondern überall dort, wo ersparte Aufwendungen den Bemessungsmaßstab für den Wert von unrechtmäßig gezogenen Nutzungen abgeben, geht es um die Aufrechterhaltung bzw. den Schutz einer als gerecht empfundenen Ordnung, nicht um die Rückerstattung von Vermögensgegenständen, die sich noch in der Hand des Kondiktionsschuldners befinden. Diese Ordnung aber setzt voraus, daß man, bei der Inanspruchnahme fremder Vermögensgegenstände, sich mit dem Berechtigten in Verbindung setzen muß, um dessen Zustimmung für die Nutzung zu erzielen; rechtmäßiges Handeln ist demnach vertragsmäßiges Handeln, unrechtmäßiges Handeln drückt sich ökonomisch als Ersparnis dessen aus, was bei ordnungsgemäßem Vorgehen hätte entrichtet werden müssen, nämlich des *Preises* für die Inanspruchnahme des fremden Vermögensobjektes oder der fremden Leistung. Der objektive Wert ist deckungsgleich mit dem Preis, den jedermann bezahlen muß, der einen fremden Vermögenswert nutzen will.

Die skizzierten Beispiele[37] mögen genügen, um die Wirksamkeit und die Relevanz des Prinzips des faktischen Vertrages für die bereicherungs-

[37] Weitere Entscheidungen, die das Prinzip des faktischen Vertrages zugrunde legen, sind: BGH JR 1954, 460 und BGH WM 61, 1149, 1151 und III. In JR 1954, 460 wurde unter Anwendung des Prinzips des faktischen Vertrages in Gestalt einer Pachtzahlungsverpflichtung für die unbefugte Nutzung einer Fabrikanlage das Ertragsprinzip, und damit verbunden ein Anspruch auf Auskunftserteilung abgelehnt, ohne daß ein Präferenzkriterium benannt wurde. In BGH WM 61, 1149 (1151 und III 1) hatten die Beklagten Grundstücke gekauft, deren Übereignung wegen Parzellenverwechslung nicht durchgeführt werden konnte. Der BGH erkannte eine Rückzahlungsverpflichtung der Kl. hinsichtlich des Kaufpreises an. Die Beklagten hatten vorgetragen, die Kl. haben mit dem Kaufpreis ein Haus gekauft, aus dem Nutzungen gezogen worden seien. Die Revision war der Ansicht, alle Nutzungen müßten herausgegeben werden. Der BGH lehnte dies ab, er führte insoweit in Übereinstimmung mit der bisherigen Rechtsprechung (vgl. oben FN 36) zu § 818 I 2. Halbs. aus, die mit dem Kondiktionsgegenstand rechtsgeschäftlich erworbenen Gegenstände (Vorteile) seien nicht zu berücksichtigen, auch seien nicht die ersparten Zinsen für die Kapitalnutzung maßgebend, (sic!), sondern der übliche Zinssatz (!) sei als Wertersatz für den Vorteil, hier die Erlangung des Geldkapitals zu zahlen. Diese Ausführungen machen deutlich, daß der V. Senat sich der Struktur und der Bedeutung der Regel des faktischen Vertrages nicht bewußt ist, sonst könnte er nicht in einem Atemzug die Nutzungsentschädigung wegen ersparter Zinsen und damit das Prinzip des faktischen Vertrages in abstracto ablehnen, um es dann über die Kategorie der ortsüblichen Vergütung wieder anzuwenden.

rechtliche Wertberechnung nachzuweisen. Im nächsten Schritt werde ich versuchen, die in keiner Entscheidung vollständig explizierte Regel des faktischen Vertrages zu formulieren, zu charakterisieren, um dann, über weitere Fallanalysen, eine Analyse des Präzisionsgrades der Regel vorzunehmen.

3.1.1 Explizite Formulierung der Regel des faktischen Vertrages

Ausformuliert lautet die Regel des faktischen Vertrages wie folgt: „Berechne die Höhe des zu leistenden Wertersatzes für unrechtmäßige Nutzungen, indem du feststellst, welchen Preis der Kondiktionsschuldner am Ort der bereicherungsrechtlich relevanten Handlung durchschnittlich hätte aufwenden müssen, um ohne Rechtsverstoß, d.h. im Rahmen einer vertraglichen Vereinbarung, in den Genuß der Nutzung zu kommen."

Bei der Formulierung der Regel fällt bereits auf, daß sie mindestens zwei Funktionen erfüllt, bzw. erfüllen soll. Sie ist einmal Ausgangspunkt für die Bemessung des Wertersatzes, sie ist ferner Kriterium für die Beurteilung der Unrechtmäßigkeit, die Bereicherung genannt wird. Diese letztere Funktion ist wohl auch der maßgebliche Grund dafür, daß ein Wegfall der Bereicherung in dieser Regel eigentlich nicht gedacht werden kann. Außer in der frühesten Entscheidung, die diese Regel anwendet (RG Z 53, 363) ist die Möglichkeit des Bereicherungswegfalls noch in RG Z 151, 123 und in RG JW 1932, S. 1044 Nr. 7 thematisiert worden. Zu einem tatsächlichen Abzug der Vermögensminderung kam es aber auch in diesen Fällen nicht. Ebensowenig möglich wie die Berücksichtigung des Bereicherungswegfalls ist im Rahmen des Prinzips des faktischen Vertrages die Berücksichtigung hypothetischer Kausalverläufe, die von dem Kondiktionsschuldner in der Absicht vorgetragen werden, die Effektivität seiner Vermögensmehrung zu bestreiten. Im Gleisanlagefall (RG Z 97, 310, 312) hatte das RG dem Bereicherungsschuldner das Argument verwehrt, er hätte bei Kenntnis seiner nunmehr festzustellenden Ersatzpflicht (bzw. „Wertherausgabepflicht") die Gleisanlage nicht über Gebühr benutzt, sondern sich anderweit beholfen und den gleichen Erfolg erzielt. Im Rahmen des Prinzips des faktischen Vertrages kommt es allenfalls auf die Tatsächlichkeit der Nutzung selbst, nicht aber auch die Wirklichkeit eines aus der Nutzung erzielten Ertrages an, die Berechnung ersparter Aufwendungen für eine Nutzung thematisiert diese Nutzung nicht als einen Kausalfaktor oder als Ursache für eine künftige, effektive Vermögensmehrung auf seiten des Kondiktionsschuldners. Sie thematisiert vielmehr die Nichtzahlung der üblicherweise zu zahlenden Vergütung als für die Unrechtmäßigkeit relevantes Unterlassen und schaltet dieser Nichthandlung über die Kategorie der Ersparnis einen Vermögenswert zu, der jedenfalls bei realisierter Nutzung als bereicherungsrechtlicher Wertersatz herauszugeben ist. In dieser Konstruktion fallen unrechtmäßiges Unterlassen und bereicherungsrechtlicher Wertzuwachs im Zeitpunkt der Nichtzahlung der ortsüblichen Vergütung zusammen, so daß es auf Kausalitätsfragen nicht mehr ankommt, denn die Kategorie der Kausalität setzt zwischen Ursache und Wirkung eine Zeitspanne, d.h. auch unterschiedliche Zeitpunkte voraus. Die Irrelevanz der Wirklichkeit eines Ertrages setzt ferner das Vermögensflußdogma außer Kraft. Wenn bereits die Realität eines Ertrages infolge der Nutzung, mithin auch die Effektivität der Vermögensmehrung auf seiten des Bereicherungsschuldners vernachlässigt werden kann, so kann die Vermögensminderung auf seiten des Bereicherungsgläubigers keine Rolle spielen.

Daß es auf Kausalitätsfragen im Rahmen der Regel des faktischen Vertrages nicht ankommen kann, folgt ferner aus den im Vertragsrecht fixierten Möglichkeiten der Problemthematisierung. Verträge, auch faktische Verträge, müssen nämlich eingehalten werden, und zwar prinzipiell unabhängig davon, ob der („Kondiktions-")Schuldner durch den Vertragsschluß einen Vermögensvorteil erhalten hat, und unabhängig davon ob, unterstellt dies ist der Fall, der Vermögensvorteil auch jetzt noch vorhanden ist. Die Entwicklung und die Höhe der Vermögenswerte, deren Austausch Gegenstand der Vereinbarung geworden sind, sind für die Rechtsgültigkeit eines Vertragsschlusses ohne Bedeutung und fallen demzufolge aus einem kontraktsrechtlich begrenzten Aufmerksamkeitsfeld heraus.

3.1.2 Zur Analyse des Präzisionsgrades der Regel

Auch die Frage des Präzisionsgrades der Regel des faktischen Vertrages soll anhand einer Urteilsanalyse besprochen werden.

In BGH WM 61, 177 hatte der Kläger zur Wiederherstellung des durch Kriegseinwirkung beschädigten Hauses finanziell beigetragen und im renovierten Erdgeschoß des Hauses, das seine Mutter und die Beklagte zu 1 auch weiterhin bewohnten, eine Praxis errichtet, die er 1950 eröffnete. In den Jahren 1953/54 ließ der Kläger Neubauten und Aufstockungsarbeiten durchführen. Für ein für die Bauten von einer Bausparkasse gegebenes Darlehen in Höhe von DM 12.240,— bestellte die Mutter auf ihrem Grundstück eine Grundschuld. Der Kläger hatte vor Baubeginn mit seiner Mutter vereinbart, daß er nach ihrem Tode das Grundstück erben sollte, ferner sollte er für die Benutzung der erbauten Räume kein Entgelt bezahlen und seine Geschwister nach Eintritt des Erbfalles auszahlen, andererseits auch keine Darlehenszinsen beanspruchen können. Im notariellen Testament vom 11.1.54 traf die Mutter eine Teilungsanordnung, deren Befolgung der Kläger ablehnte. Für diesen Fall hatte die Mutter den Kläger auf den Pflichtteil gesetzt.

Die Parteien waren darüber einig, daß der Kläger für die Wertsteigerung des Grundstücks, als Pflichtteil und als Nutzungsentgelt für eine kleinere Darlehensgewährung von DM 400,— insgesamt DM 32.032,59 zu beanspruchen habe. Streitig waren aber Grund und Höhe der von dem Kläger zu leistenden Nutzungsentschädigung.

Das Berufungsgericht hatte für den Zeitraum bis zum Eintritt des Erbfalls den Kläger unter dem rechtlichen Gesichtspunkt des § 812 Abs. 1 S. 2 BGB zur Entschädigung für die Gebrauchsvorteile verurteilt, die mit der Nutzung der Gebäude verbunden waren. Der mit der Vereinbarung Kläger-Mutter bezweckte Erfolg sei nicht eingetreten, da sich die Parteien über die Durchführung der Teilungsanordnung nicht hätten einigen können. Für die Zeit nach dem Erbfall ergebe sich die Verpflichtung des Klägers zur Zahlung einer Nutzungsentschädigung aus der Rechtsgrundlosigkeit seines Besitzes nach §§ 987, 988, 812, 818 BGB. Hinsichtlich der Höhe des zu leistenden Wertersatzes folgte das Berufungsgericht dem Prinzip des faktischen Vertrages auf folgende Weise:

1. Für die Nutzung der Wohnung habe der Kläger einen Mietzins erspart und zu zahlen, dessen Höhe (es handelte sich um preisgebundenen Wohnraum) sich nach dem Gutachten der Preisbehörde richtete.
2. Für die Praxisnutzung legte das Berufungsgericht ebenfalls einen angemessenen Mietpreis zugrunde, ebenso für die Garagennutzung und kam so bis zum Zeitpunkt der letzten mündlichen Verhandlung (am 31. Mai 1959, am 1. Mai 1954 hatte der Kläger die neu errichteten Gebäude bezogen) zu einem Gesamtbetrag von ca. DM 12.000,—.

Demgegenüber hatte die Revision zugunsten des Klägers das Ertragsprinzip geltend gemacht und ausgeführt, die Nutzungen stellten den Ertrag der Aufwendungen des Klägers dar, den er so lange behalten dürfe, als er selbst noch keine Entschädigung für seinen Rechtsverlust erhalten habe.

Diese Lösung bewirkte faktisch für den Zeitraum bis zum Erbfall das Aufrechterhalten der ursprünglich zwischen Kläger-Mutter getroffenen Vereinbarung mit Ausnahme des Eigentumsüberganges und der Verpflichtung des Klägers zur Entschädigung seiner Geschwister (der Beklagten) für den Eigentumsübergang.

Diese Lösung lehnte der BGH in dreifacher Hinsicht ab, erstens dem Grunde nach, zweitens den Prinzipien der bereicherungsrechtlichen Wertermittlung nach, drittens im Rahmen des Ertragsprinzips der Höhe nach.

Zugunsten des Klägers kommt nach Ansicht des BGH eine Nutzungsentschädigung nicht in Frage, weil der Eigentumsübergang nach § 946

BGB bewirke, daß dem Eigentümer auch die Nutzung der neu errichteten Gebäude zustünde. Die einzelnen Begründungsschritte für diese Lösung mögen hier zunächst dahinstehen. Eminent wichtig ist, daß diese Interpretation des § 951 BGB bewirkt, daß eine bereicherungsrechtliche Rückerstattung für gezogene Nutzungen zugunsten des Klägers überhaupt nicht stattfindet. Dies hat der BGH auch ausdrücklich formuliert

> „Für den Bereich der §§ 946, 951 BGB ist demnach mit der Gewährung einer Geldentschädigung der Umfang der Verpflichtung des Bereicherten so abgegrenzt, daß für eine Anwendung des Absatzes 1 des § 818 kein Raum mehr ist."
>
> (S. 178, linke Sp., letzter Absatz)

Äußerst wichtig ist im Rahmen der grundsätzlichen Frage, ob eine bereicherungsrechtliche Rückabwicklung zugunsten des Klägers stattfinden soll oder nicht, daß die negative Entscheidung dieser Frage ebenfalls die Nichtanwendung des faktischen Vertragsrechts bewirkt, und zwar sowohl in der Form, in der es die Revision angewendet hatte, als auch in der Form, in der es das Berufungsgericht angewendet hat, als auch in der Form, in der es als Kriterium für die Berechnung des bereicherungsrechtlichen Wertersatzes des weiteren angewendet werden könnte, nämlich als Zinszahlungsverpflichtung der Beklagten für das vom Kläger in die Bauten investierte Geldkapital.

Diese Möglichkeit hat der BGH zwar benannt (S. 178 rechte Sp. dritter Absatz von unten) aber „mangels Substantiierung" abgelehnt. Die Ansicht des Klägers, daß ihm eine Verzinsung von Gesetzes wegen zustehe (§ 818 I BGB) verwarf der Senat unter Hinweis auf die Notwendigkeit eines diesbezüglichen Antrags. Hiermit hat der Senat eine weitere Möglichkeit der Anwendung des faktischen Vertragsrechts, jenseits der Konstruktionen der Vorinstanzen, nämlich die Saldierung der gegenseitig bestehenden Ansprüche auf Nutzungsentschädigung, ausgeschlossen. Die Anwendung der Saldotheorie hätte nämlich bewirkt, daß die Mietzahlungsverpflichtungen des Klägers mit der Zinszahlungsverpflichtung der Beklagten verrechnet worden wären, vermutlich mit dem Ergebnis der Summe Null, dieses Ergebnis wiederum hätte die realen Folgen der ursprünglich zwischen Kläger und Mutter abgeschlossenen Vereinbarung mit Ausnahme des Eigentumsübergangs des Grundstücks an den Kläger und der daraus resultierenden Herauszahlungsverpflichtung aufrecht erhalten, somit wären die wesentlichen Folgen, somit wären die ursprünglich intendierten Regelungen, nämlich die unentgeltliche Nutzung der Bauten und die zinslose Darlehensgewährung herbeigeführt worden, und damit faktisches Vertragsrecht im Rahmen der Saldotheorie angewendet worden.

Es ist notwendig, hier einen Moment nachzudenken: die Verwirrung wird nunmehr anscheinend grenzenlos, offenbar gibt es vier Möglichkeiten der Anwendung des faktischen Vertragsrechts, des weiteren habe ich gesagt, daß die Anwendung des Ertragsprinzips (!) seitens der Revision die Aufrechterhaltung wesentlicher Regelungen der Vereinbarung Kläger-Mutter bewirke, also faktisch deren Vertrag stabilisiere. Daß diese scheinbare Konfusion gar nicht existiert, ergibt sich aus einigen wichtigen Unterscheidungen. Die erste Unterscheidung lautet: faktisches Vertragsrecht dem Grunde nach (fV_G) und faktisches Vertragsrecht im Rahmen der bereicherungsrechtlichen Wertberechnung (fV_B). Im Rahmen der Regel (fV_G) findet eine bereicherungsrechtliche Wertberechnung nicht statt. Im Rahmen der Regel (fV_B) existiert ein weiterer Unterschied: einmal kann der Wert einer Nutzungshandlung isoliert berechnet werden (fV_{B1}), des weiteren können zwei Nutzungshandlungen berechnet und deren Wert saldiert werden (fV_{B2}). Diese Anwendung des faktischen Vertragsrechts nennt man Saldotheorie.

Bisher wurde immer von (fV_{B1}) gesprochen, wenn von der bereicherungsrechtlichen Wertberechnung nach dem Prinzip des faktischen Vertrages die Rede war. Dies soll auch beibehalten werden.

Der Satz: die Anwendung des Ertragsprinzips durch die Revision habe faktisch die Aufrechterhaltung des ursprünglich Vereinbarten bewirkt, läßt sich nunmehr folgendermaßen präzisieren: die Anwendung des Ertragsprinzips durch die Revision führte zu einigen Folgen, zu denen die Anwendung der Regel (fV_G) auch geführt hätte. Die Folgen beider Regeln sind aber nicht identisch. Daß dies nicht zur Aufgabe der Unterscheidung der Regeln (fV_{B1}) und (Rt G) (Regel des tatsächlich erzielten Gewinns) führt, liegt auf der Hand. Weniger offensichtlich und deswegen möglicherweise eines Hinweises wert ist aber, daß man aus der Tatsache, daß das Rechtsinstitut des faktischen Vertrages in so unterschiedlichen Formen existiert, nicht folgern kann, die Regel fV_{B1} sei unpräzise. Der Kontext dieser Regel kann so beschaffen sein, daß die Schwierigkeiten der Formendifferenz des Rechtsinstituts, das diese Regel inkorporiert, keine Rolle spielen. Ob dies der Fall ist, muß selbständig im Rahmen dieser Regel untersucht werden.

Der BGH hat, wie bereits ausgeführt, dem Kläger keinerlei Ansprüche auf Nutzung der von ihm errichteten Gebäude zugebilligt. Aber selbst wenn man grundsätzlich den Ausgangspunkt des BGH bejahen sollte, daß im Rahmen eines Anspruchs aus §§ 946, 951 BGB dem Eigentümer alle Nutzungen zustehen, die mit den neu errichteten Gebäuden zusammenhängen, so ist es doch nicht ausgeschlossen, dem Kläger für das investierte Geld einen Anspruch auf Zinszahlung zuzusprechen; dies hätte freilich konstruktiv, vermittelt über den Topos „ersparte Aufwendungen", die Anwendung der Regel (fV_{B1}) in Form eines Darlehens vorausgesetzt. Diese konstruktive Möglichkeit lag angesichts der Entscheidung RG Z 151, 123, 127, auf die der BGH extensiv eingegangen ist (S. 178 linke Spalte letzter Absatz), nicht allzu fern.

Die Revision hatte dem Kläger die Nutzung der Räume unter dem Gesichtspunkt des Ertrages seiner Leistungen zugesprochen. Es ist klar, daß die Negation der Anwendbarkeit des Bereicherungsrechts durch den BGH ebenfalls die Negation des Ertragsprinzips beinhaltete. Gleichwohl ist der BGH auf die von der Revision angewendete Berechnungsmethode eingegangen, und zwar auf die Differenzierung des Ertragsprinzips nach den Kausalfaktoren. Die Nutzungen stellten nicht nur den Ertrag der Leistungen des Klägers dar, sie beruhten auch auf der Bereitstellung von Grund und Boden.

Im Ergebnis hat der BGH für die Wertberechnung der gezogenen Nutzungen zu Lasten des Klägers das Prinzip des faktischen Vertrages angewendet, und zwar in der Form der Mietzahlungsverpflichtung des Klägers. Das Argument der Revision, nach dem Todeszeitpunkt der Mutter könne vom Kläger deshalb keine Nutzungsentschädigung verlangt werden, weil er ein Zurückbehaltungsrecht an den Gebäuden so lange habe, wurde vom BGH zwar akzeptiert, in den realen, finanziellen Folgen aber ausgehöhlt mit dem Hinweis, daß auch ein Zurückbehaltungsrecht nicht zur unentgeltlichen Nutzung berechtige. Der BGH wandte auch für diesen Zeitraum das Prinzip des faktischen Vertrages (fV_{B1}) an und verurteilte den Kläger zur Mietzahlung auch nach dem Todeszeitpunkt der Mutter.

Auf der Ebene des Verhältnisses der Regeln (fV_G) und (fV_{B1}) läßt sich durch die Anwendung, die die Revision von (fV_G) gemacht hat, zeigen, daß die Anwendungsgebiete der beiden Regeln sich zwar überschneiden können, daß sie sich aber nicht decken. Die Revision hatte die bereicherungsrechtliche Rückabwicklung erst mit dem Zeitpunkt beginnen lassen, an dem feststand, daß der zwischen Mutter und Kläger erstrebte Erfolg nicht eintreten werde. Bis zu diesem Zeitpunkt sollte keine Nutzungsentschädigung geleistet werden, weder vom Kläger, noch von den Beklagten. Genau dies hatten — jedenfalls für diesen Zeitraum — der Kläger und seine Mutter auch vereinbart. In diesem Argumentationszusammenhang findet eine bereicherungsrechtliche Rückabwicklung nicht statt, mithin findet auch eine bereicherungsrechtliche Wertberechnung nicht statt.

Die Revision war des weiteren der Regel (fV_G) über § 815 BGB, eine Norm des Bereicherungsrechts, die die bereicherungsrechtliche Rückabwicklung gerade ausschließt, gefolgt. Die Mutter habe durch die Testamentserrichtung den Eintritt des mit der Vereinbarung bezweckten Erfolges verhindert. Auch insofern hatte die Revision die ursprüngliche vertragliche Regelung beibehalten, auch insofern kam es nicht zu einer bereicherungsrechtlichen Rückabwicklung. Wenn man dies berücksichtigt, läßt sich durch die Anwendung, die die Revision vom „Ertragsprinzip“ gemacht hat, feststellen, daß dieses Ertragsprinzip dazu dient, eine bereicherungsrechtliche Rückabwicklung gerade auszuschließen, und nicht dazu, den Wert einer unrechtmäßigen Nutzung im Rahmen des Bereicherungsrechts zu berechnen. Das Prinzip wird demnach aus seinem rechtlichen Kontext gelöst und verselbständigt, um die von der Revision für gerecht gehaltene Regelung so weitgehend zu stabilisieren, wie es möglich ist. Daraus folgt, daß das Ertragsprinzip in dieser Form seiner Anwendung nicht mit anderen Prinzipien der bereicherungsrechtlichen Wertberechnung kollidieren kann, eben weil es auf einer anderen Ebene liegt. Denn hier geht es nicht um die Frage der Wirklichkeit eines Ertrages (Gewinns) aufgrund einer rechtswidrigen Nutzung. Der „Gewinn“, den der Kläger erzielt hatte, nämlich die kostenlose Gebäudenutzung, war unstreitig. Die Revision führte nur aus, daß die Gebäudenutzung dem Kläger zustehe, weil diese Nutzung der „Ertrag“ des Geldkapitals sei, das der Kläger investiert hatte. Dies ist eine andere Fallkonstellation als die, in der mangels Tatsächlichkeit eines Ertrages die Bereicherungsherausgabe abgelehnt wird, ohne auf das Prinzip (fV_{B1}) einzugehen. Im letzteren Fall findet ein Bereicherungsausgleich nur dann nicht statt, wenn kein Ertrag erzielt wurde. Im vorliegenden Fall führte die Anwendung des Ertragsprinzips trotz der Tatsächlichkeit des Ertrages zum Ausschluß der Bereicherungsherausgabe. Insofern liegen Ertragsprinzip (in dieser Anwendung durch die Revision) und alle anderen Prinzipien der bereicherungsrechtlichen Wertberechnung auf unterschiedlichen Ebenen. Das Ertragsprinzip der Revision ist m.a.W. keine Regel zur Berechnung des bereicherungsrechtlichen Wertersatzes. Die Kollision ist ausgeschlossen. Dies gilt jedenfalls für die Möglichkeit der Kollision der Regeln (fV_{B1}) und Ertragsprinzip. Ob eine Kollision der Regeln Ertragsprinzip und (fV_{B2}) möglich ist, hängt von der Funktion der letzteren Regel ab. Käme man im Rahmen einer Untersuchung der Saldotheorie zu dem Ergebnis, daß diese Regel ebenfalls die Aufgabe hat, die bereicherungsrechtliche Rückabwicklung gerade auszuschließen (und dafür spricht einiges vgl. H. G. Leser: Von der Saldotheorie zum faktischen Synallagma) so wäre eine Kollision denkbar, weil dann beide Regeln auf derselben Ebene liegen. Praktisch bedeutsam würde die Kollision, die theoretisch allemal von Bedeutung ist, in den Fällen, in denen das von der Revision angewendete Ertragsprinzip zu anderen Ergebnissen führt als die Saldotheorie. Dies ist aber nicht Gegenstand meiner Untersuchung, hier geht es zunächst um die Wertberechnung von unrechtmäßigen Nutzungen, und in diesem Zusammenhang muß eine Nutzungshandlung erst einmal isoliert betrachtet werden.

Was den Präzisionsgrad der Regel (fV_{B1}) angeht, so scheint es hier eine Fraglosigkeit oder Selbstverständlichkeit der Regelbefolgung zu geben und demzufolge auch Präzision. An sich läßt die Regel ja offen, welcher Vertragstypus für die bereicherungsrechtliche Wertberechnung zugrunde zu legen ist, ob Miete, Pacht, Darlehen etc. Gleichwohl gibt es für uns im Rahmen der Berechnung des Werts der Nutzungen des Klägers keine Zweifel. Wohnungen oder Räumlichkeiten mietet man, die pachtet man nicht und die Möglichkeit einer Erbbaurechtsbestellung zwischen Kläger und Mutter anzunehmen, ist deswegen kaum gegeben, weil keinem einzigen der Formerfordernisse genüge getan worden ist, und schon hier ist ersichtlich, daß diese Präzision sich nicht objektiv ergibt, daß die Handlungen nicht aus den Regeln folgen, so wie der Zug den Gleisen folgt, daß sie noch nicht einmal logisch folgen, denn wenn die Regel, die explizite Regel, gar nichts über den Vertragstypus sagt, so kann der Vertragstyp im konkreten Fall auch nicht erschlossen werden. Gleichwohl kann man auch hier von „folgen" sprechen, allerdings unter der Voraussetzung, daß man das gesamte Geflecht des zivilrechtlichen Vertragsrechts in seiner Ausdifferenzierung und der dogmatischen Spezifikationen in die Prämissen packt. Das ist sehr voraussetzungsvoll, möglicherweise sogar zirkulär, aber ich weiß nicht, ob es sehr viel voraussetzungsloser wäre, zu sagen auf „eins" folge „zwei", ich weiß nicht, ob es weniger zirkulär wäre, von einem Satz, den man anhand der Wahrheitswerttabellen überprüft hat, zu sagen, er sei logisch wahr (dies analog dem Wittgensteinschen Beispiel, das besagt, daß man sich von der Realität eines in der Zeitung berichteten Ereignisses nicht dadurch überzeugen kann, daß man zwei oder drei weitere Zeitungen liest).

3.2 Das Prinzip des tatsächlich erzielten Gewinns

3.2.1 BGH Z 35, 356

Wegen der Ähnlichkeit mit dem zuvor behandelten Fall sollen die Analysen mit dem Urteil BGH Z 35, 356 fortgeführt werden. Das Urteil ist komplex, es betrifft mehrere Probleme, nämlich

1. die Frage, ob dem Gläubiger eines Anspruchs aufgrund der §§ 946, 951 BGB auch die Nutzungen der von ihm aufgeführten Bauten zustehen,
2. die Frage, welcher Zeitpunkt für die Berechnung des Wertersatzes für die Bauten zugrundezulegen ist,
3. die Frage, wie, d.h. nach welchen Prinzipien, die Wertberechnung für die gezogenen Nutzungen vorzunehmen ist.

Der Entscheidung lag folgender Sachverhalt zugrunde: der Kläger war mit den beklagten Schwiegereltern, den Inhabern einer Heimstätte, übereingekommen, daß er und seine Ehefrau ein Gebäude ausbauen und daran einen Seitenflügel anbauen sollten. Der Kläger führte die Bauten aus (es handelte sich um eine Wohnung, einen Laden, ein Lager, zwei Nebenräume sowie Wirtschaftsräume) und bezog am 1.5.1952 die Wohnung. Der Kläger nutzte die Wohnung selbst und vermietete das Lager und die Nebenräume an eine Brauerei. Er wurde aber nicht Eigentümer des Grundstücksteils, auf dem die Bauten ausgeführt worden waren, da die Ausgeberin der Heimstätte einer Grundstücksteilung nicht zustimmte. Am 30. Juni 1957 zog der Kläger aus. Gegen seinen Wertersatzanspruch in Höhe von ca. DM 10.000,— rechneten die Beklagten mit Gegenforderungen auf, und zwar

1. mit einer Forderung in Höhe von DM 3.280,— für das Wohnen des Klägers auf der Heimstätte,
2. mit einer Forderung in Höhe von DM 1.320,— für vereinnahmte Miete.

Die erste Frage (oben I 3.2.1) entschied der VII. Senat — im Gegensatz zu der Entscheidung des V. Senats in WM 61, 177 — dahingehend, daß dem Kläger die Nutzung der von ihm errichteten Gebäude zustand. Konstruktives Mittel war im Rahmen der Rechtsgrundverweisung des § 951 auf § 812 BGB die Entscheidung, daß dem Kläger ein Anspruch auf Leistungskondiktion wegen Nichteintritts des mit der Leistung bezweckten Erfolges zustand. Dies führte zu einer Modifizierung der Beantwortung der Frage 1 des Inhalts, daß dem Kläger die Nutzung der von ihm errichteten Bauten jedenfalls so lange zustand, als er noch mit einem Eigentumserwerb rechnen konnte. Auf gleiche Weise hatte die Revision § 812 Abs. 1 S. 2 BGB im WM 61, 177 angewendet, und dieser Regelbefolgung hatte der V. Senat (WM 61, 179 linke Sp., vierter Absatz unter 3 a) Verkennung der rechtlichen Natur des von den Beklagten geltend gemachten Anspruchs bescheinigt.

Die zweite Frage (Zeitpunkt der Wertberechnung) entschied der Senat, seiner konstruktiven Prämisse des § 812 Abs. 1 S. 2 entsprechend, so, daß der Zeitpunkt der Wertberechnung auf das Datum zu fixieren sei, an dem die Ausgeberin der Heimstätte ihre Zustimmung zur Grundstücksteilung endgültig verweigert hatte, denn an diesem Zeitpunkt sei der Nichteintritt des mit der Leistung bezweckten Erfolges offenbar geworden. Diese Wahl des konstruktiven Ausgangspunktes bewirkte eine Erhöhung des Wertersatzanspruches des Klägers, denn im Verhältnis zum Zeitpunkt der Errichtung der Bauten waren die Grundstückspreise gestiegen.

Die dritte und im Rahmen dieses Abschnittes interessanteste Frage nach der Höhe des zu leistenden Wertersatzes für die vom Kläger gezogenen Nutzungen entschied der Senat unter Berufung auf das Prinzip des tatsächlich erzielten Ertrages (Gewinns). Das Berufungsgericht hatte eine Wertberechnung nach dem Prinzip des faktischen Vertrages (fV_{B1}) vorgenommen. Es hatte den Betrag von ca. DM 10.000,— zugrundegelegt und erklärt, der Kläger könne 4 % Zinsen aus diesem Betrage beanspruchen. Der BGH lehnte dies ab, und zwar mit zwei Argumenten, einmal im Wege der Gesetzesinterpretation, zweitens im Wege der Präjudizieninterpretation. Er erklärte die Wertberechnung des Berufungsgerichts für unzulässig, weil nur die *gezogenen* Nutzungen herauszugeben seien, es sei aber „nicht ersichtlich, inwiefern die Beklagten die Werterhöhung als ‚Kapital' tatsächlich genutzt und auf diese Weise Zinsen aus einem Kapital gezogen haben sollten" (S. 360 u. 2, die erste Hervorhebung von mir, P.E.). Der BGH erklärte ferner das Prinzip des faktischen Vertrages jedenfalls in der Variante eines faktischen Darlehens nicht für anwendbar und die Berufung auf RGZ 151, 123 nicht für stichhaltig. Dort sei nämlich ein Fall eines nichtigen Darlehensvertrages zu entscheiden gewesen, und diese Fallkonstellation unterscheide sich wesentlich von der vorliegenden. Es komme eine Verzinsung auch im vorliegenden Falle in Betracht, denn die Beklagten hätten nach Entstehung des Bereicherungsanspruchs erfahren, daß der mit der Leistung des Klägers bezweckte Erfolg nicht eingetreten sei. Diese Kenntnis müßte wie die vom Mangel des Rechtsgrundes behandelt werden.

Die Formulierungen im Irrealis lassen offen, ob der BGH tatsächlich eine Verzinsungspflicht nach § 819 BGB angenommen hat, die weiteren Argumentationsschritte deuten eher auf das Gegenteil, im Ergebnis kann die Beantwortung dieser Frage aber auch dahinstehen, denn es ist klar, daß diese Art von Zinszahlungsverpflichtung aufgrund einer gesetzlichen Vorschrift erfolgt, also eben keinen weiteren Rechtsgrund erfordert, während das Prinzip des faktischen Vertrages den Rechtsgrund in den Rahmen von Parteivereinbarungen verlegt.

Die Anwendung des Ertragsprinzips erfolgte schließlich im Wege einer logisch etwas seltsam anmutenden Argumentation, die sich folgendermaßen aufbaut:

1. Das Berufungsgericht habe den Beklagten gegen den Kläger Ansprüche auf Nutzungsentschädigung zugebilligt, demzufolge den Bereicherungsanspruch des Klägers um DM 3.800,— gekürzt.
2. Es lasse sich nicht leugnen, daß damit (!) die Beklagten Nutzungen aus dem Wertzuwachs zögen.
3. Dies treffe aber nicht auf den gesamten Betrag von DM 3.800,— zu.
4. Dem Kläger stünden während der Schwebezeit (d.h. in der Zeit, in der der Nichteintritt des mit der klägerischen Leistung bezweckten Erfolges noch nicht feststand) die Nutzungen zu, die aus dem Gebäude resultierten, den Beklagten diejenigen Nutzungen, die auf Grund und Boden zurückzuführen seien.

5. In dieser Zeit habe er die Gebäude als Ertrag der eigenen Leistungen genutzt.
6. Deswegen sei der Anspruch des Klägers auf Nutzungsersatz anzuerkennen.

Schon beim ersten Hinsehen fällt auf, daß Argument 2 nicht aus Argument 1 folgt. Daraus, daß das Berufungsgericht den Beklagten einen Abzug in Höhe von DM 3.800,— gestattet hatte, kann man nicht schließen, daß die Beklagten aus dem vom Kläger errichteten Gebäudeteil tatsächlich Nutzungen gezogen haben, denn das Urteil des Berufungsgerichts ist nicht rechtskräftig, und die Frage der Höhe des zu leistenden Wertersatzes, in die auch die Frage der abzugsfähigen Größen eingeht, steht gerade zur Debatte.

Die Argumente 3—6 stehen in keinem deduktiven Zusammenhang. Argument 6 ist nicht so zu verstehen, daß dem Kläger nunmehr ein Anspruch auf Entschädigung für die Gebäudenutzung zuerkannt werden könnte, denn es war der Kläger, der diese Räume genutzt hat, sondern entweder so, daß ihm für das investierte Geldkapital ein Anspruch auf Nutzungsentschädigung zuerkannt werden soll, oder so, daß ihm die Raumnutzung ohnehin zusteht. Der BGH redet aber nie vom Ertrag des Geldkapitals, sondern immer nur vom Ertrag des Grundstücks, und meint damit sowohl das Wohnen auf dem Grundstück als auch die vereinnahmte Miete (vgl. S. 361 u. 4). Eine Nutzungsentschädigung dem Kläger dafür zuzuerkennen, daß er selbst das Gebäude bzw. dessen Räume genutzt hat, ist aber offenbar eine Absurdität, ebenso absurd ist es, dem Kläger eine Entschädigung dafür zuzusprechen, daß er Mieten vereinnahmt hatte.

In der Sache geht der BGH mit völlig undeutlicher Argumentation so vor: er legt als Ertrag des Gebäudes die Summe zugrunde, die das Berufungsgericht den Beklagten als Nutzungsentschädigung zugesprochen hatte. Diesen Betrag spaltet er auf in einen Ertrag des Grundstücks und in einen Ertrag der Gebäude, den einen Teil spricht er den Beklagten, den anderen dem Kläger zu. Der dem Kläger zugesprochene Teil ist nach den Worten des BGH der der Wertsteigerung entsprechende Teil. Daraus folgt, daß der Nutzungsersatzanspruch der Beklagten nicht in voller Höhe anerkannt wird.

Die Entscheidung zeichnet sich dadurch aus, daß sie die unterschiedlichen Prinzipien der bereicherungsrechtlichen Wertberechnung überhaupt benennt. Des weiteren liegt eine Fallkonstellation vor, in der durch die Applikation des einen Prinzips die Anwendung des anderen Prinzips ausgeschlossen wurde. Hinsichtlich des Prinzips des faktischen Vertrages erklärt der BGH die mangelnde Ersichtlichkeit tatsächlich gezogener Nutzungen zum Kriterium für den Ausschluß der Anwendung des Prinzips. Er übersieht dabei, daß die Anwendung dieser Regel einen wirklichen Ertrag nicht voraussetzt, nicht einmal immer den Nachweis der tatsächlichen Nutzung. Letzteres wird gerade auch in dem relativ ausführlich in der BGH Entscheidung herangezogenen Urteil RG Z 151, 123, 127 deutlich, denn dort wurde die tatsächliche Nutzziehung nicht einmal thematisiert und dennoch zur Zahlung des ortsüblichen Zinssatzes verurteilt. Der BGH spricht in seiner Beurteilung des Prinzips des faktischen Vertrages auch nicht von ortsüblicher Vergütung für das investierte Geldkapital und in dieser Hinsicht von ersparten Aufwendungen, sondern von tatsächlicher Nutzung und davon, daß Zinsen aus dem Kapital tatsächlich gezogen werden müssen. Hier wird deutlich, daß der BGH nicht nur die tatsächliche Nutzung, sondern auch noch einen wirklichen Ertrag aus der Nutzung als Voraussetzung für die Anwendung des Prinzips (fV_{B1}) fordert, mithin Forderungen erhebt, die für die Anwendung dieses Prinzips keine Bedeutung haben können, denn das, was man durch rechtswidriges Vorgehen erspart hat, ist nicht identisch mit dem, was man durch die Nutzung des Kondiktionsgegenstandes erzielt hat.

Definiert man Präjudizien von der Ebene der Regeln ausgehend, so ließe sich Präjudizienbindung als konsistente Regelanwendung vorläufig fassen. Daß damit noch keine hinreichende Definition gegeben ist, liegt auf der Hand, denn die Probleme der Ähnlichkeit von Sachverhalten, die Probleme der Präzision von Regeln fallen allesamt in den Konsistenzbegriff und müssen in diesem Rahmen erörtert werden. Es ist aber ebenso klar, daß von inkonsistenter Regelanwendung gesprochen werden *muß* (und insofern ließe sich hier eine notwendige Bedingung des konsistenten Regelbefolgens und damit auch der Präjudizienbindung festmachen), wenn der entscheidende Senat den Inhalt der Regel selbst ändert, und dies tut er dann, wenn er, wie hier, Bedingungen für die Anwendung der Regel formuliert, welche entweder mit der Regel unverträglich sind, oder aber wenn er solche Bedingungen fordert, welche die Regel gerade nicht voraussetzt.

Was die Präzision der Regel (fV_{B1}) angeht, so ist oben (S. 52) bereits darauf hingewiesen worden, daß die Regel selbst keine Bestimmung darüber enthält, welcher Vertragstyp zugrunde zu legen ist. Das Berufungsgericht hatte eine Zinszahlungsverpflichtung der Beklagten über die Figur eines Darlehens konstruiert, in erster Linie deshalb, weil es sich bei den Investitionen des Klägers primär um Geldkapital handelte. Eine Zinszahlungsverpflichtung der Beklagten läßt sich konstruktiv auch kaum anders begründen, dies hat auch die eingangs analysierte Entscheidung BGH WM 61, 177 gezeigt. Insofern gibt es anscheinend hinsichtlich des Vertragstyps keinen Zweifel. Schon eher zweifelhaft scheint im Rahmen eines Anspruchs aus den §§ 812, 951, 946 BGB zu sein, was eigentlich Kondiktionsgegenstand ist: der Wert der Gebäude, oder die in Geld ausgedrückte Summe der Geld-, Arbeits-, Material-, Zeit- und sonstigen Aufwendungen, die der Kondiktionsgläubiger für die Errichtung der Gebäude hatte. Der Wert (sprich: Marktpreis) der Gebäude braucht nicht mit der Summe der Aufwendungen identisch zu sein. Der BGH ist im vorliegenden Fall einen dritten Weg gegangen: Kondiktionsgegenstand ist für ihn das Gebäude selbst, ansonsten wäre es sinnlos, permanent von den Nutzungen des Gebäudes, dem Ertrag des Gebäudes bzw. der neu errichteten Räume zu sprechen. Setzt man aber das Gebäude selbst als Kondiktionsgegenstand, so kommen allenfalls Miete oder Pacht als Vertragstypen im Rahmen der Regel (fV_{B1}) in Frage. Mithin gibt es eine Abhängigkeit der Fraglosigkeit, mit der wir innerhalb der Regel des faktischen Vertrages den Vertragstyp bestimmen, von der vorgängigen Bestimmung des Kondiktionsgegenstandes. Gebäude kann man eigentlich nur mieten, Geld kann man nur darlehensweise empfangen, wenn es nicht zu einem Eigentumsübergang kommen soll, etc., jedenfalls in unserem Kontext, d.h. in diesen Fällen.

Wichtig ist, daß im Rahmen eines Anspruchs aus § 951 BGB auch die explizite Regel des faktischen Vertrages nicht über den Kondiktionsgegenstand, sondern über die Nutzungen des Kondiktionsgegenstandes spricht. Dies ist ein weiteres Argument dafür zu sagen, daß sich die Fraglosigkeit, mit der wir die Regel des faktischen Vertrages befolgen, keinesfalls aus der Regel des faktischen Vertrages ergibt.

Der BGH hat sich unmittelbar zu den Handlungsspielräumen bei der Anwendung des faktischen Vertrages nicht geäußert, sondern die Anwendung des Prinzips insgesamt abgelehnt. Die Art und Weise, wie der BGH in einem zusätzlichen Argumentationsschritt die Einschlägigkeit von RG Z 151, 123, 127 verneint hat, läßt immerhin vermuten, daß er die Anwendung des Prinzips (fV_{B1}) in der reichsgerichtlichen Entscheidung für geboten hielt. Letzteres wiederum läßt eine Charakterisierung des Prinzips in der vom VII. Senat bestätigten Art und Weise der Verwendung zu. Die Anwendung des Vertragsprinzips, auch des faktischen. gestattet nämlich in der Entscheidung RG Z 151, 123, 127 die Bezugnahme auf den wenn auch rechtsunverbindlichen Willen der Parteien. Eine willentliche Übereinstimmung war zumindest irgendwann einmal existent. Überträgt man dies in die nunmehr erweiterte Formulierung des Prinzips (fV_{B1}), so läßt sich diese Regel formulieren: Lege bei Anwendung des Prinzips (fV_{B1}) den Vertragstyp zugrunde, den die Parteien, wenn auch rechtsunverbindlich, vereinbart hatten. Aus der Zustimmung, mit der der BGH die reichsgerichtliche Entscheidung zitiert hat, läßt sich folgern, daß der BGH die Anwendung dieses Prinzips jedenfalls dann für geboten hält, wenn eine solche Vereinbarung irgendwann einmal existent war. Aus der Ablehnung der Einschlägigkeit der reichsgerichtlichen Entscheidung durch den BGH läßt sich vermuten, daß der Senat die Anwendung des Prinzips nicht für geboten hält, wenn eine solche Übereinstimmung nie existent war. Folgern läßt sich dies allerdings nicht. Denn einmal ist der Umkehrschluß nur in dem Falle möglich, wenn in der später umzukehrenden Prämisse das Wort „nur" steht oder aber zumindest ergänzt werden kann, ferner hat der BGH in Z 35, 356 nur die Einschlägigkeit des reichsgerichtlichen Urteils verneint, aber nichts explizit über die Regel des faktischen Vertrages geäußert. Sollte meine Vermutung allerdings zutreffen — der Kontext dieser Entscheidung legt dies nahe — so hätte der Senat eine zusätzliche, *konstitutive* Bedingung für die Anwendung des Prinzips (fV_{B1}) gefordert, die bisher nicht existent war. Auch in der Parkplatzentscheidung und im Gleisanlagenfall hatte bisher die Rechtsprechung das Prinzip (fV_{B1}) angewendet, ohne daß irgendeine Vereinbarung hinsichtlich der Nutzung des Gegenstandes getroffen worden war. Ebensowenig gab es eine Vereinbarung über den Pachtzins in RG Z 97, 245, oder in BGH Z 22, 395 eine Vereinbarung über einen Mietzins bei einer Reklamenutzung eines Bauzaunes.

Ruft man sich die explizite Formulierung des Prinzips (fV_{B1}) ins Gedächtnis zurück, so läßt sich erkennen, daß die Regel in erster Linie den Fall trifft, in dem der Kondiktionsschuldner den Gegenstand ohne irgendeine vertragliche Vereinbarung genutzt hat, denn gerade hierin liegt ja die Rechtswidrigkeit seines Handelns begründet. Mit dieser Regel unverträglich ist eine Forderung, die die Existenz eines, wenn auch unverbindlichen, Kontrakts zur konstitutiven Bedingung der Regelanwendung macht. Würde man nämlich die Existenz eines solchen Kontrakts als konstitutive Bedingung fordern, so müßte in den oben zitierten Fällen freigesprochen werden, da in diesen Fällen überhaupt keine Vereinbarung existent war.

Verträglich mit der Regel hingegen ist die Forderung, bei Existenz eines Vertrages den von den Parteien gewählten Vertragstyp auch für den faktischen Vertrag für maßgeblich zu erklären. Insofern ließe sich die oben (S. 45) formulierte Regel (fV_{B1}) wie folgt erweitern:

Berechne die Höhe des zu leistenden Wertersatzes für zu Unrecht gezogene Nutzungen, indem du feststellst, welchen Preis der Kondiktionsschuldner am Ort der bereicherungsrechtlich relevanten Handlung durchschnittlich hätte aufwenden müssen, um ohne Rechtsverstoß, d.h. im Rahmen einer vertraglichen Vereinbarung, in den Genuß der Nutzung zu kommen. Haben die Parteien einen wenn auch rechtsunverbindlichen Vertrag hinsichtlich der Nutzung abgeschlossen, so lege den von den Parteien gewählten Vertragstyp zugrunde.

Diese Präzisierung enthält keine inhaltliche Änderung der eingangs formulierten Regel, da es unverfänglich ist, eine nichtige Parteivereinbarung einer real nicht existenten Vereinbarung gleichzustellen, dies jedenfalls auf der Ebene des Rechts.

Geht man davon aus, daß der VII. Senat in Z 35, 356 die Existenz einer vertraglichen Vereinbarung als konstitutive Bedingung für die Anwendung des Prinzips (fV_{B1}) gefordert hat, so liegt hier ein zweiter Verstoß gegen die Konsistenz in der Regelanwendung vor, denn auch in diesem Falle hätte der Senat den Inhalt der Regel geändert, und zwar in einer Weise, daß mit einer solcherart expliziten Regel die Fälle, die die Rechtsprechung bisher mit dem Prinzip (fV_{B1}) entschieden hat, nunmehr anders, und d.h. gegenteilig zu entscheiden wären. Daß so eine Bindung an Präjudizien ausgeschlossen ist, liegt auf der Hand. Die Anwendung des Ertragsprinzips hat hinsichtlich eines mit ihm erzielten Ergebnisses, der Wertberechnung des Postens „vereinnahmte Miete", gezeigt, daß die Anwendung dieses Prinzips zum gleichen Ergebnis führen kann, wie bei Anwendung des Prinzips (fV_{B1}). Der Grund hierfür liegt darin, daß bei Wohnungen der Ertrag in einem vertraglich fixierten Entgelt besteht, dessen Rechtsgrund Miete auch bei Eigennutzung im Rahmen des Prinzips (fV_{B1}) für die Bestimmung des Vertragstyps maßgeblich wäre, so daß in diesem Falle beide Wertberechnungen zu dem gleichen Ergebnis führen könnten.

Dies nötigt aber nicht zur Aufgabe der Unterscheidung beider Regeln, denn die Identität der Ergebnisse stellt sich nicht notwendig in jedem Falle her. Die Anwendung des Ertragsprinzips hat ferner gezeigt, daß dann, wenn es auf die tatsächlich erzielten Einnahmen ankommt, immer noch Differenzierungen möglich und geboten sind; im vorliegenden Fall sind diese Differenzierungen erreicht worden durch die Kategorie der Kausalität, die eine Zuschaltung von Teilen des Ertrages an Grund und Boden und Teilen des Ertrages an die neu errichteten Gebäude zuließ.

Allerdings klärt diese Spezifikation die Regel nicht, sie schafft im Gegenteil zusätzliche Handlungsspielräume, denn die an sich richtige These, daß bei einem Anspruch aus den §§ 951, 812, 818 I BGB die Erträge sowohl auf Grund und Boden als auch auf die errichteten Gebäude entfallen, erlaubt ja keinesfalls die Fixierung eines quantifizierenden Kriteriums oder die Zuschreibung von Geldsummen auf die zusammen wirkenden Kausalfaktoren. Die Regel: Berechne den Wert der bereicherungsrechtlich relevanten Nutzung, indem du feststellst, welche Erträge der Kondiktionsschuldner als Gewinn aus dem Kondiktionsgegenstand tatsächlich gezogen hat, traf im vorliegenden Fall auf einen in gewisser Hinsicht querstehenden Sachverhalt. Kondiktionsschuldner waren hier in erster Linie die Beklagten, denen infolge der §§ 946, 951 BGB das Eigentum an den Bauten zugefallen war. Setzt man, wie dies der V. Senat in WM 61, 177 ff. getan hat, das Eigentum auch in der Hinsicht absolut, daß auch im Rahmen des § 951 BGB die Nutzungen des Rechtsobjekts dem Eigentümer zustehen, so ist ausschließlicher Kondiktionsgegenstand die Vergütung für den Verlust der Einbauten. Dies schließt allerdings die Anwendung des Ertragsprinzips nicht aus, bei seiner Anwendung müßte man untersuchen, in welchem Umfang Geld aus dem alten Gelde geflossen ist.

Diesen Weg ist der BGH zumindest konstruktiv nicht gegangen, sondern er hat, der gesetzlichen Vorschrift des § 946 BGB folgend, zwar den Eigentumsübergang der An- und Umbauten an die Beklagten anerkannt, aber im Rahmen der Rechtsgrundverweisung auf § 812 BGB die Nutzung der Gebäude verselbständigt und abgekoppelt, und so konnten die Gebäude Ausgangs- oder Bezugspunkt des Ertrages und als Kondiktionsgegenstand gegenüber den Beklagten festgehalten werden. Unverkennbare Schwierigkeiten ergeben sich hier aber daraus, daß nicht die Beklagten, sondern der Kläger tatsächlich die neu errichteten Gebäude genutzt haben, diese Schwierigkeit überwindet der BGH durch eine Differenzierung des Ertrags nach den Kausalfaktoren Grund und Boden einerseits und Gebäudenutzung andererseits. Das Interessanteste aber ist, daß der BGH eine Summe als Ertrag zugrundelegt, nämlich die vom Berufungsgericht ermittelten DM 3.800,—, von der ein Teil gar nicht nach dem Ertragsprinzip ermittelt worden sein kann.

Die Anwendbarkeit des Ertragsprinzips scheint problemlos, soweit der Kläger aus der Vermietung der von ihm errichteten Räume Einnahmen erzielt hat. Ich habe bereits darauf hingewiesen, daß in diesem Falle durch die Anwendung des Prinzips (fV_{B1}), die Identität des Kondiktionsgegenstandes vorausgesetzt, dasselbe Ergebnis (der gleiche Wert) erzielt werden könnte. Die Anwendung des Ertragsprinzips wird aber äußerst problematisch, soweit es um eine Entschädigung der Beklagten für das Wohnen des Klägers in den von ihm erstellten Räumen geht, denn diese Art der Nutzung konnte dem Kläger keinen Ertrag bringen, denn hier handelt es sich nicht um Kapitalnutzung oder betriebliche Nutzung von Geld, sondern um Konsumtion, Verbrauch, darüber hinaus um unproduktive Konsumtion. Wollte man den Geldwert oder den Preis für die Wohnraumnutzung des Klägers ermitteln, so müßte man fragen, welchen Betrag er durch die vertragslose Nutzung des Wohnraums erspart hat, und genau dies ist die Fragestellung, die zur Fixierung eines Mietpreises und damit zwingend auch zum Prinzip des faktischen Vertrages führt, da in dieser Wertberechnung keine weitere Aufspaltung auf Grund und Boden einerseits und Gebäude andererseits erfolgen kann.

Hieraus kann man für das Prinzip des tatsächlich erzielten Ertrages folgern, daß dieses Prinzip dann nicht angewendet werden kann, soweit reine Konsumgüter betroffen sind, oder aber solche Güter, die einer kapitalmäßigen Verwendung zwar offen stehen, die aber tatsächlich, nach der Sachverhaltsbeschreibung, nicht als Kapitalgüter genutzt worden sind. Demgegenüber ist das Prinzip (fV_{B1}) auch bei Gütern anwendbar, die zum Zwecke der Produktion weiterer Güter oder zur anderweitigen Wertneuschöpfung verwendet werden können und tatsächlich verwendet worden sind. Sogar bei Nutzung einer Fabrikanlage ist es möglich, den Pachtzins als bereicherungsrechtlichen Wert zugrunde zu legen (vgl. RG Z 97, 245). Es steht ferner außer Frage, daß das Prinzip des faktischen Vertrages auch bei Konsumgütern angewendet werden kann. Mithin zeichnet sich das Prinzip (fV_{B1}) gegenüber dem Ertragsprinzip durch eine größere Reichweite aus, oder dadurch, daß der Umfang der Handlungen, die dieses Prinzip gebietet oder gestattet, größer ist als der Umfang der Handlungen, die das Prinzip des tatsächlich erzielten Ertrages gestattet. Man kann auch sagen, daß die Extension der Regel (fV_{B1}) größer ist als die Extension der Regel des tatsächlich erzielten Ertrages. Aus diesem Befund läßt sich, insbesondere unter dem Blickwinkel des Wirtschaftsrechts fordern, sich vor der Anwendung der Regeln für die bereicherungsrechtliche Wertberechnung die ökonomische Natur (Beschaffenheit) des Kondiktionsgegenstandes anzusehen.

Dies hat der BGH im Falle nicht getan, sondern er hat, unter Berufung auf das Ertragsprinzip (diese Berufung wird vor allem deutlich auf S. 362, denn dort spricht der BGH wiederholt vom Ertrag des Grundstücks und identifiziert diesen Begriff mit dem der Nutzungen) soweit eine Nutzungsentschädigung für das Wohnen betroffen war, den notwendigerweise nach dem Prinzip des faktischen Vertrages errechneten Betrag als solchen gelten lassen, nachdem er zuvor das Prinzip des faktischen Vertrages unter Berufung auf das Ertragsprinzip abgelehnt hatte.

Man kann demzufolge kaum von einem Triumph konsistenter und reflektierter Regelanwendung sprechen, auch nicht von einer Bindung an Präjudizien, gleichwohl aber von vernünftigen und tragbaren Ergebnissen, wenn man die Handlungen, d.h. hier die Entscheidung, isoliert betrachtet, kann man sagen, daß der BGH dort, wo es unumgänglich war, der Regel des faktischen Vertrages gefolgt ist, allerdings ohne es zu wissen.

Praxis ist blinde Regelbefolgung, und das Fascinosum ist, daß man einer Regel folgen kann, ohne es zu wissen, man kann sogar meinen, das eine zu tun, während man das andere verwirklicht. Denn einer Regel zu folgen glauben, ist nicht dasselbe, wie einer Regel zu folgen (vgl. Wittgenstein PU § 202). Es ist aber unbestreitbar, daß man sich mit richtigem Handeln allein nicht zufrieden geben kann, sondern fordern muß, daß dieses richtige Handeln auch auf der Ebene der Intersubjektivität thematisierbar und kognitiv und nicht nur adaptiv lernbar wird, insofern kann man sich mit einem bloßen Abrichten nicht zufrieden geben, auch nicht mit einem Einschleifen in Lebensformen; dabei ist noch fraglich, ob Abrichten im Sinne Wittgensteins ohne Kognition möglich ist.

Hinsichtlich des Ertragsprinzips bleibt insbesondere wegen der unzureichend differenzierten Behandlung der einzelnen Nutzungsobjekte, d.h. Gebäudeteile oder Räume eine Unklarheit. Nach dem Urteilstatbestand hatte der Kläger neben der Wohnung einen Laden und neue Wirtschaftsgebäude errichtet, es ist aus dem Sachverhalt nicht ersichtlich, ob der Kläger diese Räume gewerblich genutzt hat. Dies ist auch hinsichtlich des vom Kläger errichteten Lagerraums unklar, von dem im Tatbestand gesagt ist, daß er nur zeitweise an eine Brauerei vermietet worden war.

Wenn der Kläger diese Räume selbst gewerblich genutzt haben sollte, ließe sich die Anwendung des Ertragsprinzips im Rahmen der Raumnutzung nur bezogen auf den Ertrag des Gewerbebetriebs verwirklichen, und hier käme man wieder zu dem bereits bekannten Problem der Transformierbarkeit des Kausalfaktors „Räumlichkeit" in ein Summenquantum, man müßte also entscheiden, inwiefern und in welcher Höhe der in dem gesamten Gewerbebetrieb erzielte Ertrag auf der Raumnutzung beruht. Das Prinzip des tatsächlich erzielten Ertrages ist hinsichtlich dieser Frage hoffnungslos unklar, die Regel gestattet bisher — d.h. soweit die Rechtsprechung bislang analysiert ist — ausschließlich die Fixierung des Ertrages in seiner Gesamtheit. Hinzu kommt, daß sich bisher nicht, wie etwa beim Prinzip (fV_{B1}), Mechanismen feststellen ließen, die den Mangel an Präzision kompensieren. Man wird deshalb in dieser Richtung weitersuchen müssen.

3.2.2 Ertragsprinzip: der zweite Fall

Eine weitere Wertberechnung nach dem Prinzip des tatsächlich erzielten Ertrages findet sich in der Entscheidung BGH LM Nr. 7 zu § 818 II BGB. In dieser Entscheidung hatte die Militärregierung den Beklagten als Leiter eines Filmtheaters bestätigt, das unter Treuhandverwaltung der Stadt H. stand. Der Beklagte war durch diese Stadt zunächst als Geschäftsführer eingesetzt worden, nach Erteilung einer damals erforderlichen Registrierurkunde der Besatzungsmächte führte der Beklagte das Filmtheater auf eigene Rechnung. Auf die Klage des Eigentümers hin verurteilte der BGH den Beklagten zur Gewinnherausgabe (vermutlich auch zur Rechnungslegung), wies aber gleichzeitig darauf hin, daß im Einzelfall beurteilt werden müsse, ob der Gewinn, den der Beklagte erzielt hatte, auf die persönlichen Fähigkeiten des Geschäftsführers zurückzuführen sei oder auf den Betrieb selbst. Im

Falle hielt der BGH besondere Fähigkeiten des Beklagten für nicht dargetan. Er erkannte dem Beklagten lediglich ein Entgelt für seine Tätigkeiten als Geschäftsführer zu. Der BGH hat demnach zwei unterschiedliche Prinzipien der Berechnung des bereicherungsrechtlichen Wertersatzes angewendet, das Prinzip (fV_{B1}) soweit das Entgelt für die Geschäftsführertätigkeit des Beklagten betroffen war, das Prinzip (Rt G) soweit die Wertberechnung für die aus dem Geschäftsbetrieb gezogenen Nutzungen betroffen war.

Die Erklärung, daß das Ertragsprinzip anwendbar sei, steht im Widerspruch zum definitiven Ausschluß dieses Prinzips in Z 7, 208[38]. Der II. Senat konnte — trotz aller Bemühungen, die Unterschiedlichkeit beider Fälle herauszuarbeiten — nicht umhin, dahinzustellen, ob der Begründung des IV. Senats (Z 7, 208) in allen Punkten beizutreten sei.

In beiden Entscheidungen ist das zentrale methodische Problem der Gewinnherausgabe bei rechtsgrundlos gezogenen Nutzungen, nämlich die Unentscheidbarkeit der Kausalitätsfrage, behandelt. Im Kausalitätssyndrom zusammenwirkender Umstände läßt sich nur dezisionistisch festsetzen, ob und in welchem Umfang der erzielte Gewinn primär auf dem rechtsgrundlos genutzten Objekt oder auf anderen Ursachen beruht. Man kann noch nicht einmal nachträglich feststellen, ob der erzielte Ertrag im wesentlichen auf den Geschäftsbetrieb oder mehr auf die

---

[38] In BGH Z 7, 208, war der Beklagte aufgrund einer Einweisungsverfügung des Bezirksbürgermeisters am 4. Mai 1954 in den Besitz der Geschäfts- und Wohnräume des im Krieg gefallenen Fleischermeisters C gekommen. Dessen Frau verkaufte, zugleich als gesetzliche Vertreterin ihres Sohnes (des Klägers) vorbehaltlich der Zustimmung des Vormundschaftsgerichts, die später versagt wurde, für RM 7.000,— den Betrieb des C, und zwar durch Vertrag vom 23. März 1946. Der Kläger verlangte Herausgabe des Fleischereigeschäfts nebst des einzeln verzeichneten Inventars, Auskunft und Rechnungslegung über die erzielten Erträge (Nettoerträge) gegen Rückzahlung von DM 700,—.

Der BGH behandelte hinsichtlich der gezogenen Nutzungen nicht unmittelbar einen Bereicherungsanspruch, sondern die Anwendbarkeit des §§ 990, 987, 992, 993, 988 BGB, über deren Anwendbarkeit er in casu nicht entschied. Da aber jedenfalls durch die Verweisung des § 988 BGB auf §§ 812 ff. BGB auch die Frage des bereicherungsrechtlichen Wertersatzes für gezogene Nutzungen betroffen ist, ist die Entscheidung insofern einschlägig, als sie die Gewinnherausgabe nach allen diesen Vorschriften definitiv ausschließt. Technisch wurde dieser Ausschluß in eine äußerst zweifelhafte Interpretation des § 100 BGB verpackt. Der aus einem Gewerbebetrieb gezogene Gewinn stehe den Rechtsfrüchten i.S.d. § 99 II BGB am nächsten, die §§ 987 ff. BGB könnten hier auch nicht entsprechend angewendet werden.

In NJW 1975, 1510 ff. wurden demgegenüber die Vorteile aus einer gewerblichen Nutzung von Sachkapital als Vorteile i.S.d. § 100 BGB betrachtet.

Der BGH (in Z 7, 208 ff.) wies des weiteren einen Anspruch auf Auskunftserteilung ab. Die §§ 687 II, 681, 666 BGB seien nicht anwendbar, da es sich nach dem Verkauf des Gewerbebetriebes, bei den einzelnen Geschäften um eigene Geschäfte des Beklagten gehandelt habe. Der sachliche Grund für den Ausschluß der Gewinnherausgabe besteht vermutlich darin (vgl. S. 218), daß der Beklagte Erträge nur durch großen eigenen Arbeitseinsatz erzielen konnte (Fleischereibetrieb im Jahre 1945, 1946).

persönlichen Fähigkeiten und die Intensität des Arbeitseinsatzes des Kondiktionsschuldners zurückzuführen ist, vor allem ist eine Quantifizierung der Ursachen, d.h. ihre Umsetzung in Summenbeträge, die den Wert der herauszugebenden Nutzung repräsentieren, nahezu ausgeschlossen. Die Möglichkeit, den Kondiktionsschuldner zur Rechnungslegung zu verurteilen, erleichtert lediglich die Fixierung des Ertrages insgesamt, sie löst aber keinesfalls das Quantifizierungsproblem der unstreitig zusammenwirkenden Ursachenfaktoren Betrieb, persönliche Fähigkeiten, Arbeitseinsatz und ...

Der methodische Unterschied beider Entscheidungen liegt darin, daß in Z 7, 208 das Prinzip der Gewinnherausgabe definitiv ausgeschlossen wurde, während der II. Senat in LM Nr. 7 zu § 818 II BGB das Prinzip der Gewinnherausgabe als mögliches Prinzip des bereicherungsrechtlichen Wertersatzes anerkannte, aber nicht ohne die Möglichkeit der Nichtanwendung des Prinzips zu programmieren: je nach den Umständen des Einzelfalles. Vermittelt wird diese Einzelfallgerechtigkeit in der letzteren Entscheidung über das Instrument der Kausalität, dessen Charakter eine zweifache Verwendung gestattet: haftungsbegründend im Rahmen der Frage, ob der Ertrag (Gewinn) auf die Nutzung des Geschäftsbetriebes zurückzuführen ist, mit der Beantwortung dieser Frage kann entschieden werden, ob es zu einem bereicherungsrechtlichen Wertersatz überhaupt kommt, haftungsausfüllend im Rahmen der Frage, bis zu welcher Höhe die Ursachenfaktoren als relevant anzusehen sind, mit der Beantwortung dieser Frage kann entschieden werden, welche Summe der Kondiktionsschuldner als „Wert" seiner Nutzung zu entrichten hat.

Das Prinzip der Gewinnherausgabe (Rt G), die wegen des Wechsels der Bezugssubjekte erfolgte Umkehrung der Schadensersatzidee, erlaubt also die Anwendung deliktsrechtlich spezifizierter Kausalität, in deren Zusammenhang sich auch die Beweispflicht des Geschädigten hinsichtlich des Schadensumfangs umkehrt in die Pflicht des Bereicherten zur Auskunftserteilung betreffend der Höhe des tatsächlichen Ertrages.

So wie das Prinzip des faktischen Vertrages eine Vertragsstruktur ohne Willen paradigmatisch in eine Methode der bereicherungsrechtlichen Wertberechnung transformiert, so repräsentiert die (Rt G) die Umkehrung der Schadensersatzidee ohne Schuld als Denkmuster für die Wertberechnung. Es ist zu vermuten, daß sich hier konzeptionell die Unterscheidung von Eingriffs- und Leistungskondiktion auch in die unterschiedlichen Prinzipien der bereicherungsrechtlichen Wertermittlung umsetzt. Als relevantes Sachverhaltsmerkmal bleibt für diesen Fall festzuhalten, daß es sich um die Nutzung eines Gewerbebetriebes handelte, daß also Sachkapital genutzt wurde, daß mithin eine der konstitutiven Bedingungen für die Anwendung des Ertragsprinzips erfüllt war.

3.2.3 Der dritte Fall der (Rt G)

Eine in dieser Hinsicht mindestens vergleichbare Konstellation findet sich in BGH NJW 1975, 1510 ff. In dieser Entscheidung geht es, wie bereits aus dem Leitsatz ersichtlich, um die Frage des Wertersatzes von Nutzungen, wenn der nach Bereicherungsgrundsätzen herauszugebende Kaufpreis in einem landwirtschaftlichen Betrieb investiert wurde. Ein gemeinnütziges Wohnungsbauunternehmen (Kl.) kaufte vom Beklagten für DM 40.260,— ein ca. 3050 qm großes Grundstück und zahlte den Kaufpreis und eine Aufwuchsentschädigung am 25.1.1962. Die Genehmigung nach § 19 BBauG wurde bereits im Februar 1962 versagt, der Flächennutzungsplan der Gemeinde wurde nicht genehmigt, die von der Gemeinde daraufhin angestrengte verwaltungsgerichtliche Klage in zweiter Instanz am 2.10.1970 rechtskräftig abgewiesen. Im April 1972 erfolgte Klageerhebung auf Rückzahlung des Kaufpreises, der Beklagte erkannte in Höhe von DM 37.268,— nebst Zinsen seit dem 3.10.1970 (dem Zeitpunkt der Rechtskraft des verwaltungsgerichtlichen Urteils) an, es erging dementsprechend Anerkenntnisurteil. Daraufhin verlangte die Klägerin Zahlung weiterer DM 6.042,— und Zinsen in Höhe von 7 % aus DM 43.310,— (wie es zu diesem Betrag kommt, ist unklar, man findet lediglich, daß er die Summe des Anerkenntnisbetrages und der weiter geltend gemachten DM 6.042,— darstellt, wie sich der letztgenannte Betrag ermitteln läßt, ist mir nicht klar geworden), des weiteren vom 30.1.1962 bis 20.10.1970 3 % Zinsen (das ist der Unterschied von 4 % anerkannten Zinsen zu den 7 % Zinsen, die auch für den Betrag von DM 43.310,— gefordert worden waren) aus dem Anerkenntnisbetrage, und 7 % aus DM 6.042,— ab 3.10.1970.

Das Landgericht hatte lediglich einen Restzahlungsanspruch in Höhe von DM 2.992,— (das ist der Unterschiedsbetrag zwischen der Anerkenntnissumme und dem am 25.1.1962 von der Klägerin gezalten Betrag) nebst 4 % Zinsen seit dem 23.9.1971 Zug um Zug gegen Wiedereinräumung des Grundbesitzes und Erteilung einer Löschungsbewilligung für eine Auflassungsvormerkung verurteilt. Die Klägerin blieb auch in der Berufung erfolglos, der BGH (V. Senat) hob auf und verwies zur erneuten Verhandlung zurück.

Der BGH stellte zunächst fest, daß die noch geltend gemachten Ansprüche entgegen der Formulierung des Klageantrags (vgl. dazu die Ausführungen desselben Senats in WM 61, 177, 178 rechte Spalte, 3. Absatz von unten: dort hatte der Senat die Ansicht des Klägers, daß ihm eine Verzinsung von Gesetzes wegen zustehe unter Hinweis auf das Fehlen eines Antrags auf Verzinsung des Geldkapitals abgelehnt, vgl. auch oben S. 48) nicht auf Verzugs- oder Prozeßzinsen gerichtet seien, sondern auf Wertersatz der von dem Beklagten gezogenen Nutzungen.

Für die Wertberechnung legte der V. Senat die (Rt G) zugrunde. Herauszugeben seien immer nur die *gezogenen* Nutzungen. Es sei unzutreffend, daß allgemein derjenige, der Geld empfangen habe, dieses als Kapital nutze und demzufolge zur Entrichtung der üblichen Zinsen als Wertersatz verpflichtet sei. Nur bei solchen Verwendungen, die nach der Lebenserfahrung einen bestimmten Vorteil vermuten ließen, sei der übliche Zinssatz als Wertersatz herauszugeben.

Diese Ausführungen machen deutlich, daß der Senat nicht zwischen tatsächlichem Gebrauch und dem durch den Gebrauch erzielten Ertrag differenziert. Beide Begriffe fallen unterschiedslos im Begriff der gezogenen Nutzungen oder dem des Vorteils zusammen. Der Senat redet zwar in dem unten angeführten Zitat von „unterstelltem Gebrauch". Die Ausführungen des Senats zum Bereicherungswegfall machen aber deutlich, daß spätestens seit dem Berufungsverfahren feststand, daß der Beklagte das Geld zu Aus- und Umbauten des Hauses, der Stallungen, zu Reparaturen etc. verwendet hatte. Es geht dem Senat demnach nicht um die Feststellung des tatsächlichen Gebrauchs, sondern um die Feststellung der Höhe des Ertrags durch den Gebrauch.

Die weiteren Argumente, die der Senat ausführt, machen deutlich, daß sich der Senat des Unterschieds der Regeln (fV_{B1}) und (Rt G) nicht bewußt ist. Er führt nämlich aus:

„Es geht also zunächst darum, ob etwa mit Hilfe von Erfahrungssätzen, gegebenenfalls unter Heranziehung von Statistiken, angenommen werden kann, daß der unterstellte Gebrauch des Geldes, hier durch Investitionen in dem bäuerlichen Betrieb des Beklagten, in Verbindung mit dem Umstand, daß der Landwirtschaftsbetrieb während der gesamten Verwendungszeit einen erheblichen Ertrag abgeworfen hat, unter Berücksichtigung der Eigenart dieses Betriebes und der Art der Betriebsführung durch den Beklagten diesem laufend Vorteile gewährt hat. Diese Prüfung hat das Berufungsgericht unterlassen. Das angefochtene Urteil ist daher aufzuheben. Sollte die Prüfung ergeben, daß das vom Beklagten empfangene Geld in seinem Betrieb zu dem behaupteten Ertrag beigetragen hat, so wäre die Höhe des dem Beklagten durch die Verwendung des Geldes zugeflossenen Vorteils zu schätzen (§ 287 ZPO)."

(S. 1511 linke Sp. 3. Absatz)

Diese Sätze schreiben für die unteren Instanzen eindeutig das Prinzip des tatsächlich erzielten Ertrages vor, sie fordern die Berücksichtigung der Ursachenfaktoren Eigenart des Betriebes und der Betriebsführung, die Berücksichtigung der investierten Geldsumme und die Transformation dieser Faktoren in Summenquanta des Ertrages, nachdem der Senat unmittelbar zuvor den Wertersatzanspruch in Gestalt des faktischen Vertrages unter demselben Begriff der gezogenen Nutzungen abgehandelt hatte.

Trotz des Zitats von Urteilen der höchstrichterlichen Rechtsprechung[39] von denen gezeigt werden konnte, daß sie eindeutig das Prinzip (fV_{B1}) anwenden, nimmt der Senat diese Urteile im Rahmen der eigenen Argumentation, die auf dem Ertragsprinzip basiert, als Belegstellen für die Notwendigkeit eines erlangten Vorteils i.S. des § 100 BGB in Anspruch, ohne zu sehen, daß dieser Vorteil im Rahmen des Prinzips (fV_{B1}) anders berechnet wird, als dies nach (Rt G) geschieht. Es findet sich demnach auch keine Äußerung, die die Vorzugswürdigkeit des Ertragsprinzips betrifft. Die einzige Ausführung, die in dieser Richtung gedeutet werden könnte, siedelt im Rahmen der Argumentation des Senats über die Möglichkeit des Bereicherungswegfalls nach § 818 III BGB. Vorteile, so der BGH, seien bei Betriebsinvestitionen in der Regel der hierdurch erzielte Ertrag oder die hierdurch erlangten Einsparungen (S. 1151 linke Sp. vorletzter Absatz).

Es läßt sich unschwer nachweisen[40], daß, da ein Referat der Rechtsprechung intendiert ist, diese Aussage nicht einmal mit der gegebenen Einschränkung „in der Regel“ richtig ist. Richtig ist allenfalls, daß nur bei Kapitalgütern, seien es Geld, seien es Sachkapitalien, die gewerbsmäßig verwendet werden, die Anwendung des Ertragsprinzips in Frage kommt. Die oben (I 3.2.1) bereits geäußerte Vermutung, daß die grundlegenden Regeln für die Berechnung des bereicherungsrechtlichen Wertersatzes nicht oder nur rudimentär explizit sind, läßt sich auch in diesem Urteil bestätigen, aus der Analyse des Urteils folgt darüber hinaus, daß der V. Senat entweder die Regel überhaupt nicht kennt, oder aber seine Kenntnis verschweigt.

Gleichwohl kann man auch in diesem Urteil etwas über das Prinzip (Rt G) lernen, und zwar hinsichtlich des Bereicherungswegfalls und einer mit dieser Regel kompatiblen (verträglichen) Kategorie der Ersparnis. Das Berufungsgericht hatte ausgeführt, der Beklagte sei mehr als achteinhalb Jahre nach Vornahme der Betriebsinvestitionen nicht mehr bereichert, weil dieser Zeitraum zu einem natürlichen Verschleiß der mit dem Kaufpreis finanzierten Betriebsinvestitionen geführt habe. Der BGH erklärte diese Art der Entwertung für unerheblich.

Der Anspruch sei nicht auf Erstattung des Wertes der Anschaffungen gerichtet, sondern auf Herausgabe der Vorteile, die der Beklagte durch

---

[39] Der Senat beruft sich unter anderem auf RG Z 151, 123, 127 und RG Z 53, 363, 371, also auf Entscheidungen, die das Prinzip des faktischen Vertrages anwenden, das gleiche gilt für BGH NJW 1962, 1148 soweit der Zinsanspruch aus dem Wechseldarlehen betroffen war. In WM 61, 1149, 1151 und III geht es ebenfalls um den ortsüblichen Zinssatz. Es ist bereits oben (FN 37) darauf hingewiesen worden, daß in diesem Urteil die grundsätzliche Konfusion der bisher besprochenen Regeln für die Wertberechnung von unrechtmäßig gezogenen Nutzungen zum Ausdruck kommt.

[40] Vgl. RG Z 53, 123, 127; RG Z 97, 245; BGH JR 1954; BGH WM 61, 1149.

die Verwendung des Geldes erzielt habe, dies seien die Erträge aus der Investition des Geldes oder die *Einsparungen*, die infolge der Verwendung des Geldes erzielt worden seien. Der BGH bringt die im Rahmen des Ertragsprinzips interessante Kategorie der Ersparnis in eine Gestalt, die mit dem Prinzip (fV_{B1}) nichts zu tun hat; beispielhaft wird die Einsparung aufgeführt, die durch die Verwendung von Maschinen anstelle von Zugtieren erzielt wird. Man mag diese Kontrastierung im Jahre 1975 belächeln, der BGH hat offenbar die Vorstellung, man könne durch die Verwendung von Maschinen Futter sparen oder den Tierarzt o.ä. Jedenfalls ist diese Art von Ersparnis nicht primär auf das investierte Geldkapital bezogen, sonst hätte konstruktiv ein Darlehen angenommen werden müssen und zur Zinszahlung verurteilt werden müssen, die vom BGH thematisierte Ersparnis steht in einem Kausalnexus zur Investition des Geldes, und insofern ist sie im Rahmen des Ertragsprinzip thematisierbar.

Ein weiterer interessanter Gesichtspunkt liegt im Zusammenhang des Ersparnisbegriffs mit dem Ausschluß des Bereicherungswegfalls. Das, was man erspart hat, kann zwar anderweitig verwendet werden, die Bereicherung, die in der Ersparnis liegt, und die aus ihr resultierende anderweitige Verwendungsmöglichkeit kann aber nicht wieder wegfallen, auch dann, wenn das Ersparte inzwischen anderweitig verwendet worden ist, setzt sich die Einsparung sozusagen immer als positiver Saldo zwischen Einnahmen und Ausgaben im Vermögen des Bereicherungsschuldners fort. Alle Argumente, die darauf hinauslaufen, der Kondiktionsschuldner hätte ohne die Ersparnis einen anderen Gegenstand, den er wegen der Ersparnis gekauft hat, nicht gekauft, tragen allzu offensichtlich das Signum des Eigeninteresses und werden deswegen, und weil die Behauptung des Schuldners, im Irrealis formuliert, in der Realität nicht mehr nachprüfbar ist, nicht beachtet[41].

Diesen Gedanken konnte man analog im Rahmen des Prinzips (fV_{B1}) beobachten, im Rahmen des Ausschlusses des Bereicherungswegfalls nach § 818 III BGB. Soweit der Gesichtspunkt der Ersparnis betroffen ist, liegt der Ausschluß des Bereicherungswegfalls fast auf einer begrifflichen Ebene.

Die Frage, die sich hierauf aber notwendigerweise stellt, lautet, wie denn bei einem nahezu begrifflichen Ausschluß des Bereicherungswegfalls bei Betriebsinvestitionen des Kondiktionsgegenstandes Geld eine Bereicherung überhaupt noch wegfallen kann. Eine mögliche Antwort wäre: wenn die Betriebsinvestition keinen Ertrag gebracht hat. Dies aber ist im Rahmen des Ertragsprinzips ohne Sinn, denn wenn kein Ertrag

[41] Vgl. zum Problem der Überprüfbarkeit irrealer Konditionalsätze *Stegmüller*, Probleme ... Band 1, Teil 2, S. 283 ff.

erzielt wurde, existiert auch keine Bereicherung, und wo nichts ist, kann nichts wegfallen.

Eine weitere mögliche Antwort wäre: wenn durch die Betriebsinvestition nichts erspart worden ist. Aber auch das ist im Rahmen des Ertragsprinzips ohne Sinn, jedenfalls insoweit eine Ersparnis betroffen ist, die sich mit dem Ertragsprinzip logisch verträgt. Denn diese Ersparnis bestimmt ja gerade den Umfang der Bereicherung, so daß das gleiche Argument für den Bereicherungswegfall gilt, das bereits ausgeführt worden ist. Der Versuch, den Wegfall der Ersparnis sprachlich zu fassen, führt unweigerlich zu einem irrealen Konditionalsatz, und dieser ist, wegen seiner Unüberprüfbarkeit, nicht akzeptabel. Präzisiert man dies noch einmal, nunmehr auf der Ebene der Begriffskorrelation von Ersparnis und Ertrag, so bestehen abstrakt vier Möglichkeiten:

1. Es wurde ein Ertrag erzielt, aber keine Ersparnis gemacht.
2. Es wurde kein Ertrag erzielt, aber eine Ersparnis gemacht.
3. Es wurde weder ein Ertrag erzielt noch eine Ersparnis gemacht.
4. Es wurde sowohl ein Ertrag erzielt als auch eine Ersparnis gemacht.

Geht man von der Möglichkeit 1 (Ertrag positiv, Ersparnis negativ) aus, so ist der erzielte Ertrag Ausgangspunkt für den Umfang der Bereicherung, und nach den Argumenten des BGH ist ein Bereicherungswegfall jedenfalls in der Gestalt ausgeschlossen, daß die mit den Mitteln des Geldkapitals erworbenen Sachkapitalien nunmehr durch Abnutzung entwertet werden. Die These des BGH hat auch einen guten ökonomischen Sinn, denn die in der Produktion eingesetzten und verbrauchten Ressourcen werden in der Preisbildung für die Erzeugnisse berücksichtigt und dort abgegolten.

Ein Bereicherungswegfall ist unter diesen Voraussetzungen nur noch denkbar, wenn man auch noch die kausale Entwicklung des Ertrages im Vermögen des Bereicherungsschuldners zum Gegenstand macht. Hiergegen sprechen aber einerseits psychologische Hemmnisse, andererseits auch Gründe der Symmetrie im Denkschema. Die positive Entwicklung des Ertrages ist nicht Gegenstand der Untersuchung, die negative Entwicklung ist es demnach auch nicht. Die Berücksichtigung der Ertragsentwicklung würde darüber hinaus implizieren, den in ein Summenquantum transformierten Kausalfaktor der Geldinvestition auch für die Zukunft, d.h. die zukünftige Ertragsentwicklung isoliert zu untersuchen. Dann aber wird die Fragestellung überkomplex; dies gilt auch für die Möglichkeit des Bereicherungswegfalls. Der Kondiktionsschuldner müßte nämlich dartun, daß gerade der Teil des Ertrages, der auf die Geldinvestition zurückzuführen ist, wieder weggefallen ist. Der Hinweis auf die Möglichkeit der Ersparnis durch den BGH soll diese Kausalitätsentwicklung gerade ausblenden. Eine Möglichkeit, den Bereicherungswegfall anzunehmen, ist aber im Rahmen dieser Korrelation noch denkbar, in dem Fall nämlich, daß der Kondiktionsschuldner seinen Ertrag insgesamt verschenkt, oder daß ihm der Ertrag vollständig gestohlen wird. Die Wahrscheinlichkeit für eine solche Vermögensentwicklung ist relativ gering. Ebenso gering ist demnach auch die Möglichkeit des Bereicherungswegfalls.

Die zweite Möglichkeit setzt voraus, daß kein Ertrag erzielt, aber eine Ersparnis gemacht wurde. Hier findet nach der Regel des tatsächlich erzielten Ertrages keine Wertberechnung statt, und zwar ex definitione. Die Frage des Bereicherungswegfalls wird damit gegenstandslos. Der vom BGH entschiedene Fall setzt die Wirklichkeit und den Nachweis des Ertrages voraus und schneidet mit dem Einsparungsargument die Möglichkeit des Bereicherungswegfalls ab. Bisher ist auch kein weiterer Fall ersichtlich, in dem in dieser Konstellation mittels der (Rt G) zum Wertersatz verurteilt wurde.

Geht man drittens davon aus, daß weder ein Ertrag erzielt noch eine Ersparnis gemacht worden ist, so ist von Anfang an keine Bereicherung vorhanden, die später wegfallen könnte, der Bereicherungswegfall ist somit, wie auch unter 2, ausgeschlossen.

In der vierten Konstellation sind sowohl Erträge erzielt als auch Einsparungen gemacht worden. Auch hier ist wegen der Existenz von Einsparungen die Möglichkeit des Bereicherungswegfalls ausgeschlossen.

Mithin ergibt sich unter Zugrundelegung der Ausführungen im Urteil in vier möglichen Konstellationen nur eine Möglichkeit des Bereicherungswegfalls und diese Möglichkeit ist unwahrscheinlich. Man kann daraus folgern, daß sich nach den Ausführungen des BGH eine starke Tendenz zum Ausschluß des § 818 III BGB auch im Rahmen des Ertragsprinzips ergibt, der Grund hierfür liegt in der Einbeziehung des Einsparungsgedankens in das Prinzip selbst.

Insgesamt läßt sich die Regel (Rt G) nach den Ausführungen des Senats wie folgt präzisieren:

Berechne den Wert einer Nutzung, wenn Geld in einem Betrieb investiert worden ist, indem du die Ertragslagen vor und nach der Investition vergleichst. Stellst du eine Nettoertragssteigerung fest, so schätze nach § 287 ZPO bis zu welchem Umfang die Ertragssteigerung auf der unrechtmäßigen Verwendung beruht. Untersuche weiterhin, ob die Verwendung des Geldes im Betrieb des Kondiktionsschuldners es diesem ermöglichte, Einsparungen zu machen, und zwar Einsparungen, die einmal nur auf die Geldinvestition (kausal) zurückzuführen sind, die ferner nicht mit der Verzinsung des Geldes zusammenhängen. Stellst du eine solche Einsparung fest, so ist diese Einsparung als Nettoertrag der

Nutzung des Geldes anzusehen; der Bereicherungswegfall ist dann, jedenfalls in Höhe der Einsparungen, wahrscheinlich aber insgesamt ausgeschlossen.

Die Schwierigkeiten bei der Transformation eines Kausalfaktors in eine Summe des Ertrages durch die Anwendung des § 287 ZPO zu beseitigen, impliziert einen Verzicht auf Wissenschaftlichkeit, es ist das Durchhauen des gordischen Knotens, weil es so der Praxis leichter fällt. Die objektive Problemsituation wird durch die unbefriedigende Lösung nicht beseitigt.

Abschließend sei darauf hingewiesen, daß der BGH auch zu einer Zinszahlung verurteilt hat, einer Zinszahlung, die aus § 820 BGB resultierte und demzufolge nichts mit dem Prinzip des faktischen Vertrages zu tun hatte.

3.3 Zusammenfassung und Regelvergleich

Zusammenfassend bleibt hinsichtlich der bisher besprochenen Regeln festzuhalten:

3.3.1 (fV_{B1})

1. Die Regel des faktischen Vertrages ist in der Hinsicht unpräzise, als sie es nicht gestattet, aus ihr selbst, d.h. aufgrund des Satzes, der die Regel ausdrückt, festzustellen, welcher Vertragstyp für die bereicherungsrechtliche Rückabwicklung zugrunde zu legen ist.
2. Die Bestimmung des Vertragstyps, der im Rahmen der Regel (fV_{B1}) zugrunde zu legen ist, hängt ab von der vorgängigen Bestimmung des Kondiktionsgegenstandes. Werden z.B. Wohnräume unrechtmäßig genutzt, so kommt als Vertragstyp nur Miete in Frage, wird ein Gewerbebetrieb genutzt, so muß im Rahmen der Regel (fV_{B1}) ein Pachtvertrag fingiert werden.
3. Die Fraglosigkeit, mit der wir einen bestimmten Vertragstyp auswählen, ist Resultat der fachsprachlichen Verknüpfung der Regel mit dem gesamten Geflecht des Vertragsrechts und dessen dogmatischen Spezifikationen.
4. Diese Fraglosigkeit kann ferner dadurch erhöht werden, daß man an einen Vertrag, den die Parteien, wenn auch rechtsunwirksam vereinbart haben, anknüpfen kann.
5. Die Existenz einer solchen Vereinbarung ist zwar im Rahmen der Regel (fV_{B1}) zu berücksichtigen, sie ist aber keine konstitutive Bedingung der Regelanwendung. Wird die Existenz einer solchen Vereinbarung zur konstitutiven Bedingung für die Regelanwendung gemacht, so wird eine Forderung erhoben, die mit der expliziten Regel unverträglich (inkompatibel) ist.

6. Die Anwendbarkeit der Regel (fV_{B1}) setzt nicht in allen Fällen voraus, daß die tatsächliche Nutzung nachgewiesen wird. Die Rechtsprechung geht von einer solchen Nutzung immer dann aus, wenn ein Kapitalgut dem Kondiktionsschuldner zugeflossen ist, und der Kondiktionsschuldner ein Gewerbe betrieben hat.
7. Die Anwendung der Regel setzt nie voraus, daß infolge der Nutzung irgend ein Ertrag tatsächlich erzielt worden ist. Die Regel thematisiert nur die Ersparnis der Aufwendungen, die hätten erbracht werden müssen, bevor die Nutzung rechtmäßig vorgenommen werden konnte, die ökonomische Entwicklung des Kondiktionsgegenstandes (d.i. der Nutzung, deren Wert zu vergüten ist) bleibt außer Betracht.
8. Kausalitätsfragen, sei es in Form der ökonomischen Entwicklung des Kondiktionsgegenstandes im Vermögen des Bereicherungsschuldners, sei es in Form hypothetischer Kausalverläufe, die vom Bereicherungsschuldner in der Absicht vorgetragen werden, die Effektivität seiner Vermögensmehrung zu bestreiten, bleiben im Rahmen der Regel außer Betracht.
9. Der Ausschluß der Behandlung von Kausalitätsfragen hinsichtlich der Vermögensentwicklung des Bereicherungsschuldners impliziert auch den Ausschluß des Bereicherungswegfalls nach § 818 III BGB. Diese Frage ist im Rahmen der Regel (fV_{B1}) eigentlich nicht thematisierbar. In den bisher bekannten Fällen wurde diese Frage zwar vereinzelt angesprochen, ein Bereicherungswegfall wurde aber nie angenommen.

3.3.2 (Rt G)

1. Die Regel des tatsächlichen Ertrages ist jedenfalls dann unpräzise, wenn eine Differenzierung nach den Ertragsfaktoren erforderlich wird. Eine solche Differenzierung ist nach der Rechtsprechung immer dann notwendig, wenn ein Kondiktionsanspruch aus den §§ 946, 951, 812, 818 BGB gegeben ist. Denn in diesem Zusammenhang ist der Ertrag nie allein auf die neu errichteten Gebäude, sondern zumindest auch auf das Grundstück zurückzuführen.
2. Die (Rt G) eröffnet auch jenseits von Ansprüchen aus den §§ 946, 951, 812, 818 BGB eine zusätzliche Schwierigkeit, die auf die Problematik der Kausalität zurückzuführen ist. Werden z.B. Gewerberäume oder eine gesamte Fabrikanlage zu Unrecht genutzt, so läßt sich nur in hohem Grade dezisionistisch festsetzen, inwieweit, d.h. bis zu welchem Quantum der Ertrag (d.h. der Nettoertrag oder Gewinn), der insgesamt erzielt worden ist, auf den zu Unrecht genutzten Räumen beruht. Das Gleiche gilt, wenn Geldkapital, das dem Schuldner nicht zustand, in dessen Betrieb investiert worden ist.

3. Die (Rt G) ist unanwendbar, wenn reine Konsumgüter verwendet worden sind oder aber solche Güter, die einer gewerbsmäßigen Verwendung zwar offenstehen, die aber tatsächlich nicht zum Zwecke der Gewinnerzielung eingesetzt worden sind (Sachverhalte des unproduktiven Verbrauchs).
4. Die (Rt G) thematisiert Kausalitätsfragen, die Entwicklung des Kondiktionsgegenstandes im Vermögen des Bereicherungsschuldners ist gerade ihr Gegenstand. Die Regel läßt demzufolge die Berücksichtigung des Bereicherungswegfalls im Sinne des § 818 III BGB zu.
5. Es gibt eine Begriffsverwendung der Kategorie der Einsparung, die mit der (Rt G) vereinbar ist. Hier handelt es sich um solche Einsparungen, die zeitlich nach der Investition des Geld- oder Sachkapitals anzusiedeln sind, die also ihrerseits in einem Kausalnexus zur Investition stehen, z.B. Einsparung an Arbeitskräften, weil mit dem unrechtmäßig verwendeten Geld die Produktionskapazität eines Betriebes erhöht werden konnte. Soweit ersichtlich, wurde die Kategorie der Ersparnis aber bislang nur einmal im Rahmen der Regel (Rt G) verwendet.
6. Wird die Kategorie der Ersparnis im Rahmen dieser Regel verwendet, so ist die Berücksichtigung des Bereicherungswegfalls nahezu ausgeschlossen. Die Ersparnis setzt sich gleichsam immer als positiver Saldo im Vermögen des Bereicherungsschuldners fort, dies mit der Folge, daß selbst im Falle eines Verschleißes der mit dem Kondiktionsgegenstand Geld erworbenen Produktionsmittel ein Bereicherungswegfall kompensiert werden könnte.

3.3.3 Regelvergleich (fV_{B1}) und (fV_G)

Auf der Ebene des Regelsystems läßt sich im Verhältnis der Regeln (fV_{B1}) und (fV_G) ein Unterschied in den Anwendungsgebieten beider Regeln feststellen. Wird die Regel (fV_G) angewendet, so kommt es nicht zu einer bereicherungsrechtlichen Rückabwicklung. Die Ergebnisse, die mit beiden Regeln erzielt werden, können aber gleich sein.

3.3.4 Regelvergleich (fV_{B1}) und (fV_{B2})

Die Saldotheorie (fV_{B2}) zeichnet sich gegenüber (fV_{B1}) dadurch aus, daß eine Rechenoperation vorgenommen wird, nachdem der bereicherungsrechtliche Wert der einzelnen zu saldierenden Handlungen bereits feststeht. Auch hier unterscheiden sich die Anwendungsgebiete der Regeln. Der genaue Gehalt der Regel (fV_{B2}) wird nicht weiter untersucht. Es ist denkbar, daß sich im Rahmen dieser Regel die unterschiedlichen Prinzipien der Wertberechnung gegenüberstehen, jedenfalls dann, wenn der Wert der Nutzung 1 nach dem Prinzip (fV_{B1}), der Wert der Nutzung 2 nach dem Prinzip (Rt G) berechnet wird.

3.3.5 Regelvergleich (fV_{B1}) und (Rt G)

1. Im Verhältnis der Regeln (fV_{B1}) und (Rt G) zeichnet sich die Regel des faktischen Vertrages durch eine größere Reichweite aus. Sie kann sowohl bei Konsum- als auch bei Kapitalgütern angewendet werden, während (Rt G) nur bei Kapitalgütern angewendet werden kann, die tatsächlich auch zum Zwecke der Gewinnerzielung eingesetzt worden sind.
2. Die Regeln sind unverträglich (inkompatibel). Die Regel des faktischen Vertrages gebietet eine Berücksichtigung bzw. eine Verurteilung zum Wertersatz auch dann, wenn durch die Nutzung im Vermögen des Kondiktionsschuldners kein Ertrag erzielt worden ist, die Regel des tatsächlichen Ertrages schließt in einem solchen Fall eine Verurteilung zum Wertersatz gerade aus.
3. Nur in einem einzigen Falle ist es denkbar, wenn auch noch nicht in Wirklichkeit eingetreten, daß die Ergebnisse, die mit beiden Regeln erzielt werden, gleich sein können. Hier handelt es sich um eine Konstellation, in der der Ertrag einer Gebäude- oder Grundstücksnutzung in einem vertraglich fixierten Entgelt (Miete, Pacht) besteht.
4. Die Regel (fV_{B1}) ist präziser als die Regel des tatsächlich erzielten Ertrages. Dies liegt darin begründet, daß im Rahmen der Regel des faktischen Vertrages ein hinreichend deutlicher fachsprachlicher Konnex mit dem gesamten System des Vertragsrechts existiert, und dieses System in sich hinreichend präzise ist, während im Rahmen der Regel des tatsächlich erzielten Ertrages der Verweis auf die deliktsrechtlich spezifizierte Kausalität nicht hinreichend deutlich wird und die Verweisungskategorie selbst (die Kausalität) keine Präzisierung, sondern eher eine Problemerweiterung, d.h. eine Destruktion von Präzision, bewirkt.
5. Auf der Ebene der Regelanwendung kann man feststellen, daß die Rechtsprechung kein Präferenzkriterium für die Auswahl unter beiden Regeln formuliert. Bei derart unverträglichen Regeln wie den hier behandelten, wird dadurch der Entscheidungsspielraum und der Inkonsistenzraum relativ groß, die Regeln lassen sich instrumentell verwenden.
6. Auf der Ebene der Regelanwendung läßt sich ferner feststellen, daß der VII. Senat die Anwendung des Prinzips des faktischen Vertrages durch die Festschreibung eines nur für das Ertragsprinzip konstitutiven Elements abgelehnt hat. Derselbe Senat hat ferner unter Berufung auf das Ertragsprinzip eine Summe als Wert akzeptiert, die

nur durch die Anwendung des Prinzips (fV_{B1}) berechnet worden sein kann (beides in Z 35, 356 ff.). Der V. Senat (NJW 75, 1510 ff. vgl. auch oben S. 67) nimmt des weiteren Präjudizien, die das Prinzip (fV_{B1}) verwenden, als Belegstellen für die eigene Argumentation, die auf dem Ertragsprinzip basiert, in Anspruch. Hieraus läßt sich, will man nicht eine bewußt dezisionistische Entscheidungspraxis unterstellen, vermuten, daß sich die Rechtsprechung, jedenfalls die benannten Senate nicht über die präzise Bedeutung der von ihnen selbst verwendeten Regeln im klaren sind, oder aber die Regeln instrumentell verwendet werden. Jedenfalls liegt keine konsistente Regelbefolgung vor. Konsistente Regelbefolgung ist aber notwendig, wenn man davon sprechen will, daß sich die Rechtsprechung an die eigenen Präjudizien gebunden hält. Denn Präjudizien sind Entscheidungen, die Regeln formulieren, die festlegen sollen, wie Fälle des Bezugsproblems auch in Zukunft zu entscheiden sind.

Hinsichtlich des Begriffs der Bindung an Präjudizien lassen sich folgende Bedingungen formulieren, die unverzichtbar sind (notwendige Bedingungen):

Die zugrundeliegenden Regeln müssen hinreichend präzise sein, oder aber es müssen zusätzliche Faktoren existieren, die die Vagheit des Anweisungssatzes wieder beseitigen. Stellt sich eine Fraglosigkeit wegen der hoffnungslosen Unklarheit des Anweisungssatzes nicht her, so bedeutet dies, daß man weder von einer Bindung an Präjudizien, noch von einem Verstoß gegen Präjudizien reden kann, es bedeutet, daß man von einer Orientierung an Präjudizien nicht reden kann.

Vermutlich können Regeln nur dann hinreichend präzise genannt werden, wenn sie explizit sind; bei Regeln, die zu unterschiedlichen Ergebnissen führen, muß die Rechtsprechung ein Präferenzkriterium benennen, das die Wahl unter den Regeln möglich macht. Dies gilt erst recht, wenn die Regeln unverträglich sind. Im Rahmen der Fallanalysen ist ein solches Kriterium aufgetaucht, das des Unterschiedes zwischen Konsum- und gewerblich eingesetztem Kapitalgut. Dieses Ergebnis führt zu der Erkenntnis, daß eine Bindung an Präjudizien nicht nur — im Falle konkurrierender Regeln — die Formulierung eines Präferenzkriteriums voraussetzt, sondern darüber hinaus auch die Unterscheidungskraft dieses Kriteriums. Unterscheidungskräftig ist ein solches Kriterium dann, wenn sich durch seine Anwendung alle Wertberechnungen eindeutig den konkurrierenden Regeln zuordnen lassen. Konsistente Regelbefolgung und damit auch Bindung an Präjudizien setzt ferner voraus, daß die zugrundeliegenden Regeln nicht geändert werden dürfen. Ihre Semantik darf keine Modifikation erfahren.

In keinem der analysierten Fälle wurden die Mindestbedingungen der Bindung an Präjudizien eingehalten.

3.4 Das Prinzip des mutmaßlichen Ertrages (Gewinns) als weiterer Maßstab für die Wertberechnung

Den dritten Maßstab für die Wertberechnung für zu Unrecht gezogene Nutzungen bildet das Prinzip des mutmaßlichen Ertrages (R.m.E.). Die Regel ist, soweit mir bekannt, lediglich in reichsgerichtlichen Entscheidungen verwendet worden, in der Judikatur des BGH ist sie nicht mehr zu finden.

3.4.1 RG Z 108, 120

In RG Z 108, 120 hatte die Beklagte die klagende Spediteurin mit dem Transport eines Konzertflügels nach Basel beauftragt. Die Sendung war mit einer Nachnahme von RM 15.650,— belastet. Vor Eintreffen der Sendung in Basel hatte der Kunde der Beklagten der Klägerin mitgeteilt, daß er die Annahme des Flügels wegen vertragswidriger Beschaffenheit verweigere. Inzwischen hatte die Reichsbahn die Klägerin mit der in Schweizer Franken berechneten Nachnahme (deren Umrechnung damals, 1920, RM 15.650,— betrug) belastet.

Die Klägerin ließ sich den Flügel gegen Zahlung der Nachnahme in RM aushändigen und stellte ihn der Beklagten gegen Zahlung ihrer, der Klägerin, Auslagen und Spesen zur Verfügung. 1924 verlangte die Klägerin Zahlung des Frankenbetrages bzw. des damaligen Gegenwertes dieses Betrages in RM Zug um Zug gegen Herausgabe des Flügels.

Das Reichsgericht gewährte aus § 812 BGB Rückzahlung in RM, deren Höhe sich zunächst an dem Reichsmarkbetrag im Zeitpunkt des Speditionsauftrages bemaß. Dieser Betrag wurde nach § 818 I BGB nach dem Prinzip gezogener (!) Nutzungen aufgewertet, und zwar mit folgenden Argumenten: Die Beklagte habe im Sommer 1920 RM 15.650,— erhalten. Diesen Betrag habe sie durch geschäftsmäßige Nutzung erhöht, das Aufwertungsverlangen sei daher dem Grunde nach gerechtfertigt. Eine volle Aufwertung, derart, daß der Dollarbetrag von RM 15.650,— im Jahre 1920 den Reichsmarkbetrag von 1924 bestimme, sei aber ausgeschlossen. Die Erfahrung lehre, daß ein in Deutschland befindliches Reichsmarkkapital durch reguläre Geschäftsverwendung nicht in demjenigen Wert erhalten werden könne, den es, gemessen an einem ständigen Wertmesser, im Jahre 1920 gehabt hatte. Im Ergebnis müsse man, wie bei jeder Aufwertung, auf die berechtigten Interessen beider Teile Rücksicht nehmen.

Auf den ersten Blick mag man an der Einschlägigkeit dieses Falles für das Problem des Wertersatzes im Rahmen des § 818 I BGB zweifeln. Es ist vor allem irritierend, daß hier das Primärproblem das der Aufwertung[42] ist, und daß die gezogenen Nutzungen den Maßstab für die Fixierung eines Wertes bilden, während in den bisherigen Fällen nach den Kriterien für die Wertberechnung im Rahmen gezogener Nutzungen gefragt wurde.

Gleichwohl läßt sich die Frage nach der Wertberechnung auch in diesem Falle stellen und in diesem Zusammenhang fällt auf, daß das RG den Wert gezogener Nutzungen nach dem Prinzip des mutmaßlichen Ertrages des Geldkapitals bemessen hat. Das Reichsgericht hat nämlich nicht untersucht, ob und ggf. in welcher Höhe Nettoerträge aus dem im Jahre 1920 gezahlten Reichsmarkbetrag tatsächlich erzielt wurden, sondern unterstellt, daß solche Erträge erzielt wurden, dies wohl nicht zuletzt mit Rücksicht darauf, daß die Klägerin durch Rückzahlung des blanken Nominalbetrages einen erheblichen Verlust erlitten hätte.

Den dargestellten Argumenten nach ist aber nicht auf die Klägerin als die Geschädigte, sondern auf die Beklagte abgestellt, dies wiederum läßt die Vermutung zu, daß die Regel des mutmaßlichen Ertrages (R.m.E.) auf der Einschätzung der ökonomischen Natur des Kondiktionsgegenstandes und dessen Einsatzmöglichkeit im Geschäftsbetrieb der Beklagten basiert. Hinsichtlich der Höhe des zu leistenden Wertersatzes läßt die Regel an Unklarheit nichts zu wünschen übrig, denn niemand kann auch nur mit annähernder Genauigkeit sagen, was es heißt, den berechtigten Interessen beider Teile Rechnung zu tragen, insbesondere läßt sich nicht sehen, wie sich eine solche Regel in ein Summenquantum eines Ertrages umsetzen soll, dessen Existenz ebenfalls nur eine mutmaßliche ist. Auch die Frage der Nutzung wird nicht untersucht, es geht ferner nicht darum, herauszufinden, welchen Gewinn die Beklagte tatsächlich aus dem Gelde gezogen hat, formuliert wird vielmehr ein Erfahrungs-

[42] In einer zweiten Aufwertungsentscheidung (RG JW 1927, 1364) hat das RG unter Zugrundelegung des — ich nenne es — Prinzips der Quasisurrogation die Frage der Umwandlung des Kondiktionsgegenstandes im Rahmen des § 818 III, II für beachtlich erklärt. Für den Kauf eines Rittergutes im Jahre 1919 war eine erforderliche behördliche Genehmigung versagt worden. Der Kläger (Käufer) verlangte die Aufwertung des im Jahre 1919 (das Urteil datiert im Jahre 1927) gezahlten Kaufpreises. Das RG lehnte die Anwendung des Aufwertungsgesetzes ab, es gehe um die Feststellung der Bereicherung in ihrem gegenwärtigen Bestand. Nur in diesem Rahmen sei der Schwund der Kaufkraft von Bedeutung. Es dürfte auch nicht die Behauptung des Klägers übergangen werden, daß der Beklagte mit dem Kaufpreis ein anderes Rittergut erworben habe.

Das RG hat zutreffend darauf hingewiesen, daß dies nichts mit dem Prinzip der Gewinnerzielung zu tun hat. Gewinnersatz, so das Reichsgericht, könne im Rahmen des § 818 I BGB auch nicht verlangt werden.

Die Feststellung der noch vorhandenen Bereicherung hat auch nichts mit dem Prinzip des faktischen Vertrages zu tun und betrifft nicht die Frage der Wertberechnung von unrechtmäßig gezogenen Nutzungen. Geht es nur um die Feststellung dessen, was der Kondiktionsschuldner mit Mitteln des Bereicherungsgegenstandes erworben hat, so findet hinsichtlich einer Nutzung keine Wertberechnung statt. Der Fall ist somit nicht einschlägig.

satz, der als Allsatz auf jeden möglichen Betrieb, nicht nur den der Beklagten anzuwenden ist.

Das Interessante an dieser Art der Wertberechnung ist, daß über die Konstruktion von Erfahrungssätzen, die auf jeden Betrieb zutreffen, der Umfang des Schadens, konkreter, der des entgangenen Gewinns, auf Seiten des Kondiktionsgläubigers sich dem Wert der Bereicherung, konkreter: dem nach dem Ertragsprinzip berechneten Wert der gezogenen Nutzungen auf Seiten des Kondiktionsschuldners annähert.

Eine Identität von Wert und Schaden ergibt sich jedenfalls im Negativen: dem Überschreiten eines Grenzwertes. Die akzeptable Schadenshöhe ist jedenfalls dann überschritten, wenn der geleistete Betrag von RM 15.650,—, gemessen an einem ständigen Wertmesser (Dollar) für eine Zeitdifferenz von vier Jahren aufgewertet werden sollte; denn niemand, auch der Kondiktionsgläubiger nicht, hätte im Rahmen regulärer Geschäftsverwendung die Ausgangssumme in diesem Maße wertbeständig erhalten können.

Die noch akzeptable Bereicherung findet denselben Grenzwert. Niemand kann eine solche Geldsumme in der skizzierten Höhe wertbeständig erhalten, die Höhe des mutmaßlichen Ertrages (Gewinnes) muß demnach unterhalb der durch einen ständigen Wertmesser fixierten „Grenzen" liegen. Die Summe von Ausgangsbetrag und Nettogewinn kann den Grenzwert nicht überschreiten.

Genau genommen wird nicht einmal der Grenzwert exakt formuliert, denn die durch den Dollarbetrag fixierbare Summe liegt jedenfalls über dem Grenzwert, den man nicht kennt. Man weiß nur, daß er unterhalb des Dollarbetrages liegen muß. Folglich kann man nur sagen, daß weder der Schaden, noch die Bereicherung diesen Wert erreichen dürfen, insofern sind sie vergleichbar.

Die Ausformulierung des Erfahrungssatzes durch das Reichsgericht läßt allerdings eine stärkere, strukturelle Parallelität vermuten. Sie trifft semantisch auf die Gewinnerzielungsmöglichkeit überhaupt und auf den Schadensumfang generell zu. Die Annäherungstendenz beider Beträge ist um so größer, je größer der Allgemeinheitsgrad des Erfahrungssatzes und je präziser seine Aussage ist.

Wenn man sagen könnte: Jeder Unternehmer konnte, unabhängig von dem Geschäftszweig seines Betriebes im Zeitraum 1920—1924 einen Reichsmarkbetrag von RM 15.650,— durch geschäftsmäßige Verwendung und unter Abzug aller Unkosten, d.h. netto, nur um 10 % erhöhen, weder eine Unterschreitung noch eine Überschreitung dieses Betrages war möglich, so wären entgangener Gewinn (Schaden) und als Bereicherung herauszugebender erzielter Gewinn identisch.

Wenn man sagen könnte: Im Zeitraum von 1920—1924 wurde ein durchschnittlicher Nettoertrag von 10 % des Ausgangskapitals erzielt, so wären der Durchschnitt von Schaden (entgangenem Gewinn) und Bereicherung identisch. In diesem Falle dürfte man aber eines nicht tun, nämlich fragen, welchen Gewinn der Kondiktionsschuldner tatsächlich erzielt hat, die oben skizzierte Annäherungstendenz ergibt sich bisher nur im Rahmen des mutmaßlichen Ertrages, verläßt man diese Regel so, daß man untersucht, welche Gewinne tatsächlich erzielt worden sind, so kehrt man einen nicht durch unmittelbare empirische Untersuchungen gewonnenen Allsatz um in eine empirische Fragestellung, die sich auf ein singuläres Ereignis bezieht, man erklärt des weiteren rechnerisch ermittelte Durchschnittswerte für unbeachtlich.

3.4.2 Der zweite Fall des Prinzips

Die Problematik der Annäherung von Schaden und Bereicherung läßt sich des weiteren in der Entscheidung RG Z 141, 310 verfolgen. Der Beklagte hatte ein Landgut aufgrund eines unwirksamen Vertrages an den Kläger verpachtet und das Wirtschaftsinventar und die Vorräte unter Eigentumsvorbehalt verkauft. Der Kläger leistete eine Anzahlung in Höhe von RM 6.000,—, die er verzinst zurückverlangte.

Das Reichsgericht verurteilte den Beklagten zur Rückzahlung der Anzahlung abzüglich des Wertes der Nutzungen, die der Beklagte im Zeitraum der Pacht *nicht* gezogen hatte. Es spiele keine Rolle, daß der Beklagte im Rahmen des § 993 BGB keinen Anspruch gegen den Kläger auf Erstattung der Fruchtziehung habe, es komme allein darauf an, in welchem Umfange der Beklagte noch bereichert sei und deswegen müsse die nicht gezogene Nutzung durch den Beklagten bereicherungsmindernd in Abzug kommen.

Der Betrag der Bereicherung wurde errechnet, indem aus den Unterlagen des Klägers ermittelt wurde, welche Erträge dieser tatsächlich gezogen hatte, davon wurden die Unkosten abgesetzt, die auch dem Beklagten entstanden wären.

Der Beklagte selbst hatte seinerseits für das empfangene Geld 10 % Zinsen als Wertersatz für die Nutzung zu leisten.

Die bereicherungsmindernde Absetzung der von dem Beklagten nicht gezogenen Nutzungen läßt sich unterschiedlich interpretieren: einmal auf der Ebene der Dogmatik als Flucht in die Negation, um der Spezialität des Eigentümer-Besitzerverhältnisses, insbesondere des § 993 BGB angesichts der Nichterstattungsfähigkeit des Fruchtgenusses zu entgehen[43].

[43] Seit der Entscheidung des Großen Senats für Zivilsachen in RG Z 163, 348, ist über einen Analogieschluß zu § 988 BGB die Nutzungsherausgabe bzw. der Wertersatz für gezogene Nutzungen nach den Vorschriften über eine ungerechtfertigte Bereicherung zu berechnen.

Im Rahmen des Bereicherungsrechts geht es nach Ansicht des Senats nicht um die Früchte, die der Kläger erhalten hat, und die er nach § 993 BGB behalten darf, sondern um die Nutzung (den Ertrag), die der Beklagte nicht gezogen hat, die demzufolge bereicherungsmindernd in Abzug gebracht werden muß. Beachtet man, daß die wirkliche Fruchtziehung durch den Kläger als Maßstab für die Bereicherungsminderung des Beklagten verwendet wurde, so bleiben zumindest Zweifel, ob sich das Reichsgericht nicht der Spezialität des Eigentümer-Besitzerverhältnisses durch einen Trick entledigt hat. Doch dies sei dahingestellt. Sicher ist, daß das Reichsgericht das Prinzip des mutmaßlichen Ertrages für die Wertberechnung angewendet hat. Mutmaßlich ist der Ertrag, weil daraus, daß der Kläger bestimmte Erträge aus dem Pachtobjekt gezogen hatte, nicht folgt, daß auch der Beklagte sie in gleicher Höhe gezogen hätte, die tatsächliche Fruchtziehung durch den Beklagten konnte natürlich nicht untersucht werden. Auf dem Ertragsprinzip basiert die Argumentation, weil es um Fruchtziehung geht, und Früchte als Erzeugnisse oder sonstige Ausbeute einer Sache definiert sind (§§ 99, 100 BGB), weil die Frage des Pachtzinses keine Rolle spielte, und weitere Prinzipien für die Wertberechnung nicht ersichtlich sind.

Das Prinzip des mutmaßlichen Ertrages hat des weiteren in demselben Urteil zusätzlich eine Rolle gespielt, nämlich in der zugesprochenen Kapitalverzinsung der Anzahlung, die der Kläger in Höhe von RM 6.000,— geleistet hatte. Das Reichsgericht führt in diesem Zusammenhang wörtlich aus: „Übersehen hat das Berufungsgericht dagegen, daß der Beklagte, wenn er auch nicht um volle RM 6.000,— bereichert ist, doch von diesem Betrage seit dem Empfang Nutzungen ziehen konnte, und daß diese Nutzungen selbst wieder eine Bereicherung ohne Rechtsgrund darstellen. Aus diesem Grunde hat der Senat dem Kläger weitere RM 60,— zuerkannt . . .“

Aus dem Zitat folgt, daß es nicht darauf ankommt, daß der Beklagte aus dem Gelde tatsächlich Nutzungen gezogen hat, daß es weiter nicht darum geht, welchen Betrag der Beklagte an Darlehnszinsen erspart hat, Bezugspunkt ist vielmehr die Nutzungsmöglichkeit des Geldes und diese reicht isoliert bereits aus, und zwar deshalb, weil die Nutzungsmöglichkeit allein einen Vermögenswert darstellt, dessen Entzug zu vergüten ist. Die Parallele zum Schadensrecht wird in diesem Punkt unübersehbar. Ebenso unübersehbar ist, daß sich der nach dem Prinzip des mutmaßlichen Ertrages ermittelte Wert der Nutzung, im Kontext der Feststellung der noch vorhandenen Bereicherung, mit dem Betrag des entgangenen Gewinnes deckt. Sowohl für die Ermittlung des entgangenen Gewinnes auf Seiten des Beklagten wie für die Feststellung des Werts der Nutzung des Pachtobjekts auf Seiten des Klägers (der in dieser Hinsicht Bereicherungsschuldner ist), wird die gleiche Gedankenoperation verwendet. Man geht davon aus, daß der Pachtgegenstand, betriebsmäßig genutzt, für jedermann einen bestimmten, den gleichen Ertrag bringen wird.

In dem vom Reichsgericht entschiedenen Fall war es nicht schwierig, den vom Kläger erzielten Ertrag zu ermitteln, denn der Kläger hatte die Geschäftsbücher selbst vorgelegt. Es genügte also ein Blick in die Bücher. Dies hat das Reichsgericht getan, aber nicht, um den Wert der vom Kläger gezogenen Nutzungen festzustellen, sondern um das Ausmaß der noch vorhandenen Bereicherung des Beklagten zu fixieren, und in diesem Rahmen kommt der entgangene Gewinn des Beklagten bereicherungsmindernd in Abzug, und zwar so, daß sich der Betrag des entgangenen Gewinns mit dem Betrag des tatsächlich erzielten Ertrages deckt. Freilich ist für den Beklagten der tatsächliche Ertrag des Klägers nur mutmaßlicher Ertrag. Das Spiegelbild wird deutlich: die Vermögenseinbuße auf der einen Seite wird zur Bereicherung auf der anderen Seite und umgekehrt. Wichtig ist, daß die Wertfixierung nur auf seiten des Beklagten real wurde im Rahmen eines Abzugs.

Nun liegt ein Argument, das man gegen meine Ausführungen geltend machen könnte, auf der Hand, nämlich das Argument der fehlerhaften Klassifikation. Man könnte sagen, daß dieser Fall, weil, soweit die Wertermittlung der Nutzung des Pachtobjekts betroffen ist, nach dem Prinzip des tatsächlich erzielten Ertrages verfahren wurde, nicht in die Fallgruppe des mutmaßlichen Ertrages gehört. Soweit der Kläger Nutzungsersatz zu leisten hatte, wurde ja nichts gemutmaßt, sondern ermittelt, welche Erträge tatsächlich erzielt worden sind.

Das Argument ist zutreffend, würde aber die prozessuale Situation, innerhalb deren der Anspruch des Klägers siedelt, umkehren, wenn es als ausschlaggebendes Klassifikationskriterium verwendet würde. Der Kläger war derjenige, der die Anzahlung entrichtet hatte, der das Pachtobjekt und das Inventar genutzt hatte. Der Beklagte war derjenige, der das Geld empfangen hatte. Bereicherungsschuldner ist demnach prozessual der Beklagte. Nun wurde dessen Bereicherung einmal zweifelsfrei in Höhe der erhaltenen Anzahlung von RM 6.000,— festgestellt. Der Wert der Nutzung des Geldes wurde nicht nach dem Prinzip des tatsächlich erzielten Ertrages ermittelt, das oben angeführte Zitat zeigt, daß die Nutzungsmöglichkeit isoliert bereits ausreichte, um den Beklagten zu einer zehnprozentigen Verzinsung des Geldes zu verurteilen. Die Nutzungsmöglichkeit stellt einen Vermögenswert dar; auf ihre Realisierung kommt es nicht an, ihr Entzug muß aber vergütet werden.

Man sieht bereits hier, daß diese Art der Berechnung sehr viel mehr mit dem Schaden des Klägers zu tun hat, als mit einer realen Vermögensmehrung des Beklagten. Auch hier entspricht der Wert der Nutzung dem entgangenen Gewinn. Die Transformation in das Bereicherungsrecht gelingt hier mit Hilfe der Saldotheorie, deren Anwendung materiell mit dem Gedanken der Billigkeit begründet wurde. Das Denkmuster, das zum bereicherungsmindernden Abzug der vom Kläger gezogenen Nutzungen auf seiten des Beklagten führte, ist ebenfalls viel eher schadensrechtlicher Natur: es handelt sich um eine compensatio lucri cum dammno. Der Bereicherungsgläubiger (Kläger) soll nicht sowohl eine Verzinsung des Geldkapitals erlangen als auch seinerseits entschädigungslos im Genuß der Erträge des Pachtobjekts verbleiben. Nur hat diese Art der Saldierung nichts mit dem Prinzip des faktischen Vertrages zu tun[44], die Parteien werden im Gegenteil so gestellt, als ob es zu den unwirksamen Verträgen nie gekommen wäre. Auch hier liegt eine deutliche Parallele zum Schadensrecht. Primärer Gegenstand weiterer Überlegungen werden hypothetische Kausalverläufe. Wäre es zu den Verträgen nämlich nicht gekommen, so hätte der Kläger sein Geldkapital weiter nutzen können und vermutlich einen Ertrag von 10 % erzielt, der Beklagte hätte sein Landgut weiter nutzen können und vermutlich denselben Ertrag erzielt, den auch der Kläger erzielt hat, vermutlich dieselben Unkosten zu tragen gehabt etc.

Das Reichsgericht denkt in den Kategorien des Schadensrechts und spricht mit den Worten des Bereicherungsrechts mit dem Ergebnis, daß Schaden und Bereicherung deckungsgleich werden. Der Grund hierfür liegt im heimlichen Wechsel der Bezugsperson, dieser Wechsel wird aber nur möglich, wenn der Wert der Bereicherung für beide Teile derselbe wäre, denn nur dann decken sich entgangener Gewinn und Wert der gezogenen Nutzungen. Man kann, um zu diesem Ergebnis zu kommen, mindestens eine Gedankenoperation nicht vornehmen, nämlich für beide Parteien die reale Entwicklung der jeweils betroffenen Vermögensmassen unter dem Gesichtspunkt realer Erträge untersuchen, denn dann ist nicht gewährleistet, daß sich die Summe der Erträge deckt. Eine Identität von Schaden und Bereicherung läßt sich nur im Rahmen einer Verobjektivierung erzielen, entweder so, daß der erzielte Ertrag des einen auch für den anderen, als mutmaßlicher Ertrag verwendet wird oder so, daß die Tatsächlichkeit eines Ertrages überhaupt nicht untersucht wird, sondern stattdessen allgemeine Erfahrungssätze verwendet werden.

Man kann sagen, daß die Regel des mutmaßlichen Ertrages durch die Regel der Feststellung des entgangenen Gewinns ersetzt werden kann, ohne daß sich befürchten ließe, daß unterschiedliche Summen ermittelt würden. Beide Operationen siedeln methodisch auf der Ebene der Mutmaßung, die in der Sprache der Gerichte „Lebenserfahrung" heißt.

---

[44] Zu den unterschiedlichen Bedeutungsgehalten der Saldotheorie vgl. *H. G. Leser:* Von der Saldotheorie zum faktischen Synallagma.

3.4.3 Explizite Formulierung, Präzisionsgrad und Regelvergleich

Explizit formuliert lautet die Regel des mutmaßlichen Ertrages wie folgt:

Berechne den Wert gezogener Nutzungen, in dem du im Wege der Schätzung festsetzt, welcher Ertrag durch die Nutzung erzielt wurde. Eine Schätzung setzt voraus, daß der Kondiktionsgegenstand gewerblich genutzt wurde. Von einer solchen Nutzung kannst du ausgehen, wenn der Kondiktionsschuldner Unternehmer ist. Deine Mutmaßung bezieht sich demnach einmal darauf, daß tatsächlich ein Ertrag erzielt wurde, zweitens darauf, in welchem Umfang der erzielte Ertrag auf dem Gebrauch des Kondiktionsgegenstandes beruht.

Es ist geboten, die dem Kondiktionsschuldner entzogene Nutzung bereicherungsmindernd in Abzug zu bringen. Wenn du den Wert der entzogenen Nutzung ermitteln willst, so gehe von dem Ertrag aus, den der Kondiktionsgläubiger erzielt hat und lege den so ermittelten Wert auch als Wert für die entzogene Nutzung zugrunde.

Besteht ein solcher Anhaltspunkt nicht (d.h., hast du keine empirischen Informationen darüber, wie hoch der Wert der Nutzung des Kondiktionsgläubigers ist), so schätze auch diesen Wert, wenn möglich nach allgemeinen Erfahrungssätzen.

Hinsichtlich des Präzisionsgrades der skizzierten Regel ist entscheidend, ob die angeordnete Schätzung aus „freier Überzeugung“ (§ 287 ZPO) vorzunehmen ist, oder ob sie zusätzlichen Rationalitätskriterien genügen muß. Sind keine weiteren Rationalitätskriterien zu beachten, so entscheidet die Anwendung, die die höchstrichterliche Rechtsprechung von der Regel des § 287 ZPO macht darüber, ob die Regel des mutmaßlichen Ertrages als präzise anzusehen ist. Läßt die Rechtsprechung Schätzungen der Untergerichte gelten, so kann die Regel als präzise angesehen werden, denn dann kann man von jeder Schätzung sagen, daß sie insoweit die Regel befolgt. Daß Schätzungen in hohem Maße dezisionistisch sind, steht der Präzision einer Regel, die eine dezisionistische Handlung gebietet, nicht entgegen.

Vergleicht man die Regeln (Rt G) und (R.m.E.), so ergibt sich, daß (R.m.E.) die Realität eines Ertrages nicht notwendig voraussetzt. Hieraus folgt wiederum, daß (R.m.E.) nicht notwendig, d.h. in jedem Falle ihre Anwendung, mit dem Prinzip des faktischen Vertrages (fV_{B1}) unverträglich ist. Sie ist es nur in dem Maße, wie der nach der Lebenserfahrung vermutete Ertrag wirklicher Ertrag ist. (R.m.E.) ist ebenso wie (Rt G) nur bei Kapitalgütern anwendbar, die gewerblich genutzt werden können. Die Extension der (R.m.E.) ist demzufolge kleiner als die der Regel (fV_{B1}).

(R.m.E.) bewirkt faktisch eine Beweislastumkehr bei einer gewerblichen Nutzung des Kondiktionsgegenstandes. Sie geht nämlich in diesem Falle von der Realität eines Ertrages aus. Wurde kein Ertrag erzielt, hat dies der Kondiktionsschuldner darzulegen und zu beweisen.

(Rt G) und (R.m.E.) gestatten die Behandlung von Kausalitätsfragen und die Berücksichtigung des Bereicherungswegfalls. Hierin unterscheiden sich beide Regeln von (fV_{B1}).

(R.m.E.) unterscheidet sich von den beiden anderen Regeln, die bisher behandelt worden sind dadurch, daß sie ohne Ergebnisdifferenz durch dic Bcrcchnung des entgangenen Gewinns ersetzbar ist.

3.5 Das Prinzip der Bodenrente oder der Sachkapitalverzinsung

Die vierte und letzte Möglichkeit der Wertberechnung für unrechtmäßig gezogene Nutzungen liegt in der Sachkapitalverzinsung oder der Bodenrente. Eine solche Wertberechnung ist in BGH MDR 1963, 577 durchgeführt worden.

Die Beklagte (Stadtgemeinde) besaß ein Grundstück aufgrund eines nichtigen Vertrages. Der V. Senat berechnete die Vorteile, die der Besitz des Baugrundstücks gewährte, nach dem Ersparnisprinzip. Dabei wurde die Höhe der Ersparnis in Anlehnung an landesgesetzliche Vorschriften, die eine Entschädigung für eine Grundstücksnutzung im Zusammenhang mit einer Enteignung in Höhe von 6 % des Bodenwertes vorsehen, vorgenommen. Die Anwendung dieser Berechnungsmethode wurde mit der Ähnlichkeit begründet, die der gesetzlich vorgesehene Sachverhalt mit dem vorliegenden Sachverhalt aufwies. Im zu entscheidenden Fall hatten die Parteien im Laufe eines Enteignungsverfahrens eine Vereinbarung über eine vorläufige Besitzausübung getroffen, die wegen Formmangels nichtig war.

Der Senat thematisierte die konkurrierende Regel des faktischen Vertrages in Gestalt einer Verpflichtung zur Zahlung eines Erbbauzinses und stellte fest, daß der im Rahmen dieser Regel zu erstattende Betrag erfahrungsgemäß nicht über dem vom Senat gebilligten Zinssatz liege.

Der Senat forderte des weiteren eine Berücksichtigung der Entwicklung der Bodenpreise, die die Ausgangsgrößen für die Verzinsung darstellten.

Die Entscheidung ist vereinzelt geblieben. Alle weiteren Entscheidungen, die hinsichtlich des Sachverhalts vergleichbar sind (vgl. BGH NJW 62, 1441; BGH Z 37, 269 ff.), wurden unter Ausschluß bereicherungsrechtlicher Grundsätze nur nach enteignungsrechtlichen Vorschriften entschieden. Auf eine Analyse des Urteils, das aber wegen der Anwendung einer vierten Berechnungsmethode wenigstens zu benennen war, kann verzichtet werden. Anzumerken ist nur noch, daß in diesem Falle wenigstens einmal das Konkurrenzproblem unterschiedlicher Berechnungsregeln angesprochen wurde, aber ebenfalls, ohne ein Präferenzkriterium anzugeben, und ohne daß alle in Frage kommenden Regeln benannt worden wären.

Die oben (S. 76) getroffene Feststellung, daß unter diesen Voraussetzungen von einer Bindung an Präjudizien nicht gesprochen werden kann, bestätigt sich auch für die Fälle der beiden letztgenannten Berechnungsmethoden.

3.6 Zur schematischen Darstellung der Urteile

Die schematische Darstellung der Urteile wird zunächst nach den einzelnen Regeln geordnet. In der Rubrik „angewendet“ werden diejenigen Urteile aufgeführt, die auf der Regel basieren, liegen mehrere Wertberechnungen vor, werden die einzelnen Wertberechnungen und die entsprechenden Urteile benannt.

Diese Rubrik könnte man erweitern durch Urteile, in denen die Regel abstrakt bestätigt, aber wegen Kollision mit anderen Normen nicht angewendet worden ist. Solche Urteile sind z.B. im Rahmen der Regel (fV_{B1}) u.a. RG Z 164, 52 und BGH MDR 62, 646, beide Entscheidungen sind in FN 35 berichtet. Entscheidend für die Nichtdurchführung der Wertberechnung war in diesen beiden Fällen eines wucherischen Darlehens § 817 BGB. Auf der gleichen Ebene liegt BGH NJW 62, 1909. Der Grund für die Nichtaufnahme in das Schema liegt darin, daß die Rechtsprechung in diesen Fällen nicht in Anspruch nahm, eine Wertberechnung durchführen zu wollen, die Feststellung des Wertes einer Nutzung also als entbehrlich ansah, ohne daß hierbei die Regel verworfen wurde, sie wurde im Gegenteil sogar bestätigt, aber eben nicht angewendet.

Die Rubrik „gewerbliche Nutzung“ wurde eingeführt, um die Notwendigkeit zu demonstrieren, ein „Präferenzkriterium“, das im Wege der Analyse gefunden wurde, auf seine Unterscheidungskraft hin zu untersuchen. Man sieht anhand des Schemas sofort, daß das benannte Kriterium nicht unterscheidungskräftig ist, da es im Rahmen beider Regeln (fV_{B1}) und (Rt G) sowohl in der Anwendung als auch in deren Negation auftaucht.

Die Rubrik „abgelehnt“ bedeutet: die Regel wurde benannt, aber verworfen, mit der Folge, daß eine Wertberechnung nicht stattfand. Die erste Ausnahme bildet hier BGH JR 54, 460, in dieser Entscheidung wurde (Rt G) abgelehnt, aber dennoch, bezogen auf dieselbe Nutzungshandlung eine Wertberechnung, diesmal nach dem Prinzip (fV_{B1}) durchgeführt. Die zweite Ausnahme bildet BGH Z 35, 356 hinsichtlich der vereinnahmten Miete. Hier wurde eine Wertberechnung nach (fV_{B1}) abgelehnt und nach (Rt G) berechnet. Im Schema erkennt man diese Konstellation daran, daß die Wertberechnungen zweimal erscheinen, sowohl innerhalb (fV_{B1}) als auch innerhalb (Rt G).

Die auf die Rubrik „abgelehnt“ folgende Rubrik „gewerbliche Nutzung“ ist auf die Negationsrubrik (abgelehnt) zu beziehen, der Zweck liegt wie bereits angedeutet, in der Untersuchung der Unterscheidungskraft des Kriteriums.

Die danach folgende Rubrik (im Rahmen [fV_{B1}]): Argument des t.E. untersucht, ob ein nur für die Regel (Rt G) konstitutives Element, das der Tatsächlichkeit eines Ertrages, als Ablehnungsgesichtspunkt für (fV_{B1}) verwendet wurde. Da (fV_{B1}) die Tatsächlichkeit eines Ertrages nicht voraussetzt, wird durch die Auflistung die Frage beantwortet, wie häufig die Regel (fV_{B1}) semantisch modifiziert wurde, und deshalb eine der notwendigsten Bedingungen für die Bindung an Präjudizien nicht eingehalten wurde. Es ist klar, daß sich diese Rubrik der semantischen Modifikation nur auf die Negationsrubrik beziehen kann.

Das gleiche Verfahren wurde auch im Rahmen (Rt G) angewendet, und zwar um eine einheitliche Schematisierung zu gewährleisten. Hier lautet die Rubrik dann (fV_{B1}).

Sowohl auf Anwendung, wie auch auf Ablehnung bezieht sich dann wieder die Rubrik „Präferenzkriterium“, hier wird untersucht, ob sich in der Rechtsprechung — nach ihren eigenen Aussagen — ein solches Kriterium finden läßt. Da die beiden Regeln (mutmaßlicher Ertrag und Sachkapitalverzinsung) aus pragmatischen Gründen ausgeschlossen werden können, die beiden Regeln (fV_{B1}) und (Rt G) unverträglich sind, läßt sich hier ablesen, *daß in keinem der analysierten Fälle eine notwendige Bedingung für die Bindung an Präjudizien erfüllt wurde. Daraus folgt, daß in dem von mir analysierten Bereich von einer Bindung an Präjudizien nicht gesprochen werden kann. Man kann nicht sagen, daß sich die Rechtsprechung an Präjudizien orientiert. Damit erübrigt sich eine weitergehende Konsistenzanalyse.*

Rein quantitativ kann man feststellen, daß (fV_{B1}) 16mal angewendet und 7mal abgelehnt wurde, während (Rt G) 3mal angewendet, 2mal abgelehnt wurde. Die Quote lautet demnach (16:7) : (3:2). (fV_{B1}) wurde in 23 Fällen thematisiert, (Rt G) in nur 5 Fällen, daraus ergibt sich deutlich, daß (fV_{B1}) als herrschende Meinung aufzufassen ist.

Das Prinzip (Rt G)

angewendet	gewerbl. Nutz.	abgelehnt	gewerbl. Nutz.	Argument des (fV Bl)	Präferenzkr.
1. BGH LM Nr. 7 zu 818 II BGB Ertrag des Kinos	+	1. BGH Z 7, 208	+	–	–
2. BGH Z 35, 356 (vereinnahmte Miete)	+	2. BGH JR 54, 260	+	+	–
3. BGH NJW 75, 1510	+				

Das Prinzip des mutmaßlichen Ertrages

angewendet	gewerbl. Nutz.	Präferenzkr.
1. RG Z 108, 120	+	–
2. RG Z 141, 310 (Ertrag des Kinos)	+	–
3. RG Z 141, 310 (Ertrag der Anzahlung)	+	–

Das Prinzip der Sachkapitalverzinsung (Bodenrente)

angewendet	gewerbl. Nutz.	Präferenzkr.
1. BGH MDR 63, 577	–	–

Das Prinzip (fV B1)

angewendet	gewerbl. Nutz.	abgelehnt	gewerbl. Nutz.	Argument des t. E.	Präferenzkr.
1. RG Z 53, 363	+	1. RG Z 72, 152	–	+	–
2. RG Z 97, 245	+	2. RG Z 133, 283	+	+	–
3. RG Z 97, 310	+	3. RG Z 136, 135	–	+	–
4. RG Z 122, 229	–	4. RG WarnR 1933, Nr. 39	–	+	–
5. RG Z 151, 123	+				–
6. BGH JR 54, 460	+	5. BGH WM 61, 177 (f. d. Nutzung des v. Kl. invest. Geldes)	–	–	–
7. BGH Z 20, 270	–				–
8. BGH Z 22, 395					–
9. BGH WM 61, 177 (Nutzung d. Kl.)	+	6. BGH Z 35, 356 (hins. verein-nahmter Miete)	+	+	–
10. BGH WM 61, 1149, 1153 III 1	+	7. BVerwG WM 65, 854	–	+	– –
11. BGH Z 35, 356 (Eigennutz. des Kl. -Wohnen-)	–				–
12. BGH WM 63, 1066 1068, 1069, II 2	–				–
13. BGH WM 66, 369, 371, V 3	+				–
14. BGH NJW 68, 197	+				–
15. BGH Z 55, 128	–				–
16 BGH LM Nr. 7 zu 818 II BGB (Entgelt für Geschäftsführer-tätigkeit)	+				–

3.7 Die Transformation der Regeln der bereicherungsrechtlichen Wertberechnung in das Immaterialgüterrecht: die Dreifache Schadensberechnung (DSB)

Die Überschrift des Kapitels bezeichnet ein Problem: wenn von Transformation die Rede ist, werden Fragen der Gestaltveränderung zum Gegenstand, und Umbildungen setzen voraus, daß die ursprüngliche Identität jedenfalls noch zu erkennen ist. Genau um diese Frage der Existenz bzw. Nichtexistenz von Umbildungen und ggf. um deren Ausmaß geht es, und es liegt nahe, daß die analytische Hauptkategorie dieser Arbeit, die der Regel, beibehalten wird, ferner, daß die mit Hilfe der Analytik gewonnenen empirischen Regeln als Vergleichsgesichtspunkte beibehalten werden. Die Frage, die es zu beantworten gilt, lautet demnach: inwieweit sind die Regeln der bereicherungsrechtlichen Wertberechnung mit den Regeln der DSB identisch?

Möglicherweise lassen sich durch die Beantwortung dieser Frage zwei traditionelle Probleme der Rechtsdogmatik neu bearbeiten, die Frage nach der rechtsdogmatischen Einordnung der DSB und damit zusammenhängend die Frage, ob das Bereicherungsrecht in den unterschiedlichen Gebieten des Immaterialgüterrechts angewendet werden sollte.

Ich versuche, die Frage der Identität/Nichtidentität der DSB mit den Regeln der bereicherungsrechtlichen Wertberechnung im Rahmen von Urteilsanalysen zu beantworten und führe, als Beispiel, nur eine Urteilsanalyse aus, Gegenstand ist die Ariston Entscheidung (RG Z 35, 63).

In RG Z 35, 63 hatte die Beklagte Kompositionen des Klägers auf mechanisch abzuspielende Notenscheiben abgedruckt, und zwar ohne Genehmigung des Klägers und, wie der Kläger behauptete, auch vertrieben. Der Kläger verlangte aufgrund des UrhG 1870 Schadensersatz, dessen Höhe er nur vorläufig bezifferte.

Das Berufungsgericht hatte das Vorliegen des Schadens verneint, eine Bereicherung der Beklagten für vorliegend erachtet, die die Beklagte aber wegen der Nichtexistenz des Schadens behalten durfte. Das RG definierte den Begriff des Schadens im Ausgangspunkt zunächst im Sinne der Differenzhypothese, als Unterschied zwischen effektiver und hypothetischer Güterlage und korrelierte als beschädigendes Ereignis die Übertragung der Komposition auf das Ariston überhaupt. In diesem Zusammenhang werden Kausalitätsfragen von Bedeutung, vor allem hypothetische, die ausschließlich auf das Vermögen des Klägers bezogen sind. Die kausale Entwicklung des Beklagtenvermögens spielt keine Rolle. Die Thematisierung hypothetischer Kausalverläufe und deren Vergleich mit der wirklichen Vermögenslage des Klägers gebietet auch die Berücksichtigung vermögenswerter Vorteile, die ihm durch die Rechtsgutverletzung der Beklagten zugeflossen sind, im Wege der compensatio lucri cum dammno. Das RG gesteht zu, daß dem Kläger in dieser Hinsicht Vorteile (Bekanntwerden seiner Komposition, höhere Veräußerungsanzahl der vom Kläger selbst vertriebenen Kompositionsdrucke) entstanden sind, und das RG streitet nicht ab, daß diese Vorteile die Nachteile, die ja nur durch die rechtswidrige Vervielfältigung entstanden sein dürfen, deren vermögensmäßige Folge allein zur Debatte steht, überwiegen. Daraus folgt aber zwingend, daß im Sinne der 1. Berechnungsmethode, die im folgenden (S diff) genannt wird, kein Schaden entstanden ist. Auch dies streitet das RG nicht ab:

> „Von diesem Gesichtspunkte aus haftet also die Beklagte dem Kläger zwar für den entstandenen Schaden nur bis zur Höhe ihrer Bereicherung; ... ohne daß für sie geltend gemacht werden kann, dem Kläger sei ein Schaden nicht entstanden, wenn man den Schaden nach dem oben unter 1 bezeichneten Ereignisse bemißt." (S. 71)

Dieser Satz stellt die Irrelevanz eines Schadens (S diff) für die Anwendung der DSB fest, diese Art von Schaden ist demnach keine konstitutive Bedingung ihrer Anwendung. Wichtig ist ferner die genaue Beachtung der Handlung, die als das beschädigende Ereignis festgehalten wird, das Abdrucken auf Ariston und dessen Negation. Im Rahmen der Negation des beschädigenden Ereignisses ist die Nichtexistenz eines Schadens (S diff) logische Folge.

Im Kontext der zweiten Berechnungsregel (S liz) ist das ähnlich. Zunächst erhält das beschädigende Ereignis zwei Denotate. Hier sind als beschädigendes Ereignis zwei Handlungen bezeichnet, erstens der Abdruck, zweitens die Nichteinholung der Genehmigung. Negiert man diesen Ausdruck, so gibt es zwei mögliche Interpretationen: erstens, der Abdruck ist nicht existent, dies hätte zur Folge, daß auch im Rahmen dieser Regel kein Schaden (S liz) existieren kann, denn hätte die Beklagte überhaupt nicht nachgedruckt, so wäre es sinnlos, davon zu reden, daß dem Kläger eine Lizenz entgangen ist, und es käme auf das Nichteinholen der Genehmigung nicht mehr an. Die zweite Negation bezieht sich auf das Unterlassen, negiert man diesen Ausdruck, so ergibt sich kein Schaden i.S.d. (S liz). Dessen Negation hätte weiter zur Folge, daß die DSB überhaupt als Möglichkeit ausscheidet, denn wäre eine Genehmigung eingeholt worden, so läge kein rechtswidriges Handeln vor, und hier findet sich ein erster wesentlicher Unterschied zu (S diff). Während ein Schaden im Sinne von (S diff) für die Durchführbarkeit der DSB ohne Bedeutung ist, ist ein Schaden im Sinne von (S liz) unverzichtbar, denn im Rahmen dieser Regel werden zwei Aufgaben bewältigt, bzw. erfüllt, erstens werden Ansatzpunkte für die Höhe des Schadens geliefert, zweitens bezeichnet die Regel implizit ein Kriterium rechtmäßigen Handelns, nämlich den Vertragsschluß. Dieselbe Funktion hatte ich oben (I 3.1.1) auch im Rahmen der Regel (fV_{B1}) konstatiert. Man sieht, daß die explizite Formulierung von (fV_{B1}) ohne weiteres anstelle von (S liz) treten kann, ohne daß sich irgend etwas ändert. Für rechtmäßiges Handeln ist ein Vertragsschluß erforderlich, der Kläger hätte einen solchen Vertrag nicht geschlossen, wenn er kein Entgelt erhalten hätte, es hätte also ein Preis entrichtet werden müssen, um ohne Rechtsverstoß in den Genuß der Nutzung zu kommen. Thematisiert werden ersparte Aufwendungen der Beklagten, deren Vermögen wird unter dem Gesichtspunkt der Ersparnis behandelt, und deswegen kommt es auf hypothetische Kausalverläufe nicht an. Dies wird deutlich auf S. 68. Dort führt das RG aus, die Beklagte werde mit dem Einwand nicht gehört, daß sie keine Lizenz eingeholt haben würde, sondern sich dann anderweit beholfen hätte.

„Hat die Beklagte rechtswidrig gehandelt, so kann sie nicht ablehnen, daß unterstellt wird, sie wäre auch imstande gewesen ohne Verletzung fremder Rechte zu handeln. Und es ist dann die Frage selbständig zu beantworten, wozu sich die Beklagte entschlossen haben würde, wenn sie auf diesem korrekten Standpunkte gestanden hätte. Würde sich auf diesem Wege eine bestimmte Licenzgebühr nicht ergeben, so wäre eine *angemessene* Gebühr zu arbitrieren, wie sie die Beklagte hätte zahlen müssen, wenn sie sich redlich der Kompositionen des Klägers bedienen wollte.“ (S. 68)

Auch hier kommt es also auf diese Art der hypothetischen Vermögensentwicklung der Beklagten nicht an. Die Regeln (fV_{B1}) und (S liz) sind identisch.

Im Rahmen der dritten Berechnungsmethode häßt sich das beschädigende Ereignis in eine Sequenz von drei Handlungen zerlegen: den Nachdruck, das Unterlassen des Einholens der Genehmigung und die gewerbliche Verwertung des Nachdrucks auf eigene Rechnung. Im Rahmen der Negation wird deutlich, daß es auf die letzte der drei Handlungen ankommt. Dies hat das RG auf S. 70 deutlich formuliert. Das beschädigende Ereignis, so das RG, besteht darin,

„... daß die Beklagte sich durch den so erfolgten Nachdruck die Früchte des geistigen Eigentumes des Klägers, das ihr eben nicht zusteht, zu *ihrem Vorteile* aneignen und daß sie, wenn sie in gutem Glauben und ohne Verschulden gehandelt hat, diese Früchte behalten will, auch nachdem sie erkannt hat, daß sie sich ohne Recht aus fremdem Gute bereichert hat.“

Negiert man das im Sinne der dritten Regel der DSB beschädigende Ereignis mit der Folge, daß kein Gewinn erzielt wurde, so schließt dies nicht die Anwendbarkeit der DSB aus. Schäden im Sinne von (S diff) und (S Gew) können hinweggedacht werden, ohne daß die Möglichkeit der DSB entfiel, Schäden im Sinne von (S liz) hingegen nicht. Man kann demnach sagen, daß (S liz) die inhaltlich dominante Regel der DSB ist.

Die Verwendung des Ausdrucks „Früchte“ im Rahmen von (S Gew) macht deutlich, daß es hier um das Prinzip des Ertrages geht, genauer: der Schaden besteht in dem dem Kläger rechtswidrig vorenthaltenen Gewinn, dem Nettogewinn, der sich aus der Differenz von Fremd- und

Eigengeschäftsführung ergibt (vgl. S. 71). Die Kausalfaktoren „Generalkosten", die kausale Bedeutung des Patents für die Gewinnerzielung (vgl. S. 75 letzter Absatz) müssen errechnet und vom Gesamtgewinn in Abzug gebracht werden, so daß auch im Rahmen dieser Berechnungsregel, trotz der Möglichkeit der Rechnungslegung allenfalls dezisionistisch zu entscheiden ist, bis zu welcher Höhe der erzielte Ertrag auf die Rechtsgutverletzung, und bis zu welcher Höhe er auf das Leistungspotential der Eingreiferin zurückzuführen ist. Auch im Rahmen dieser Regel (S Gew) kommt es auf die Vermögensentwicklung des Klägers nicht an. Des weiteren ist die Regel unabhängig davon und ohne Ergebnisdifferenz anzuwenden, gleichgültig, ob die Eingreiferin schuldhaft gehandelt hat oder nicht, jedenfalls für den Bereich des Urheberrechts (vgl. S. 70, 74). Man kann demnach von der Identität der Regeln (Rt G) und (S Gew) ausgehen.

Hieraus ergibt sich, daß zwei der drei Regeln der DSB mit den relevanten Regeln der bereicherungsrechtlichen Wertberechnung identisch sind, so daß die Ausführungen über den Präzisionsgrad der beiden Regeln auch in diesem Zusammenhang gelten, Des weiteren sind die Antecedensbedingungen der Regeln gleich. Sie können sowohl bei Vorliegen als auch bei Nichtvorliegen der Schuld angewendet werden, ohne daß eine Ergebnisdifferenz ersichtlich wäre. Eine Differenz ergibt sich erst auf der Ebene des Regelsystems, d.h. konkret auf der Ebene der Wahl unter den unterschiedlichen Regeln. Während im Bereicherungsrecht kein Präferenzkriterium ersichtlich ist, ist die Wahl unter den verschiedenen Berechnungsmethoden der DSB in das Belieben des Klägers gestellt, so daß in diesem Rahmen Konsistenzprobleme der Rechtsprechung nicht auftreten.

Nun sind diese Ergebnisse erst anhand einer einzigen Entscheidung gewonnen. Es ist erforderlich zu untersuchen, ob sie insgesamt, d.h. für alle (mir) bekannten Urteile der höchstrichterlichen Rechtsprechung bestätigt werden können. Diese Urteile sollen im folgenden in einem Schema erfaßt werden.

Für die Einschlägigkeit dieser Fälle gibt es im Prinzip zwei Kriterien, die sich aus dem Problemkontext der rechtsdogmatischen Einordnung der DSB ableiten lassen. Einschlägig sind erstens die Fälle, in denen unter Zugrundelegung der Möglichkeit der DSB entweder nach einer der Berechnungsmethoden verurteilt worden ist, oder in denen eine der drei Regeln angewendet worden ist. Angewendet soll eine der drei Berechnungsmethoden dann heißen, wenn der Kontext, die Sätze des Urteils, es deutlich machen, daß nur eine der drei Methoden in Frage kommt, ohne daß aber eine definitive Entscheidung in Form einer Verurteilung stattgefunden haben muß.

Die nach diesem Einschlägigkeitskriterium erfaßten Fälle werden in vier verschiedenen Hinsichten untersucht. Es wird zunächst festgestellt, nach welcher Berechnungsmethode verurteilt worden ist oder welche der Regeln angewendet worden ist. Dann wird in allen Fällen untersucht, ob sich die angewendeten Methoden des Schadensrechts mit denen des Bereicherungsrechts decken, d.h. ob sie semantisch gleichwertig sind. Im nächsten Schritt werden die Berechnungsmethoden gezählt und hinsichtlich ihrer Häufigkeit korreliert. Des weiteren wird untersucht, ob in den Fällen, die nach dem DSB Kriterium einschlägig sind, das Verschulden des Eingreifers relevant war. Diese Frage ist nicht, jedenfalls nicht in erster Linie, empirisch zu beantworten, denn Relevanzbehauptungen sind immer Ergebnisse von Interpretationen, deren Problematik aber insofern etwas reduziert werden kann, als man ein zusätzliches empirisches Kriterium einfügt, nämlich eine Rubrik, unter der zu erkennen ist, ob im Urteil überhaupt etwas zum Verschulden ausgesagt worden ist. Daß damit, daß etwas über das Verschulden ausgesagt worden ist, noch nicht feststeht, daß das Verschulden auch entscheidungsrelevant wurde, bedarf, glaube ich, keiner weiteren Ausführung. Als relevant wird eine Aussage über das Verschulden im folgenden nur dann angesehen, wenn die höchstrichterliche Instanz das Verschulden des Beklagten als Problem behandelt, und dies tut sie dann, wenn sie die Ausführungen der Untergerichte entweder als richtig bestätigt oder als unzutreffend verwirft.

Dies führt zu dem zweiten Einschlägigkeitskriterium, dem des Verschuldens. Urteile sollen auch dann einschlägig sein, wenn eine Verurteilung nach einer der drei Regeln der DSB beantragt worden war, die Klage aber mangels Verschuldens des Beklagten abgewiesen wurde[45]. Irrelevanzaussagen über das Verschulden, die entweder explizit oder implizit durch Verurteilungen nach §§ 812 ff. BGB in der höchstrichterlichen Rechtsprechung enthalten sind, werden zwar im Schema aufgeführt, die Urteile werden aber nicht als einschlägig behandelt, und zwar deshalb nicht, weil eine der zentralen Fragestellungen die rechtsdogmatische Einordnung der DSB ist, und das Bereicherungsrecht als Einordnungskategorie in Frage kommt, so daß die Einschlägigkeitsbehauptung dieser Fälle sich dem Verdacht der Zirkularität aussetzen würde.

Insgesamt sind Einschlägigkeitsbehauptungen immer ein Problem, dem ich versucht habe, Rechnung zu tragen, und zwar insofern, als auch Fälle

[45] Es werden demnach nur die Fälle erfaßt, in denen bereits ein Betragsverfahren eingeleitet war, denn nur in diesen Fällen ist eine DSB überhaupt möglich. Feststellungsanträge fallen also aus dem Schema, infolgedessen wird nicht die Relevanz des Verschuldens im Immaterialgüterrecht und UWG überhaupt untersucht. Vgl. dazu Fälle, in denen ein Verschulden verneint wurde: RG GRUR 1928, 213; MuW 29, 454; GRUR 1935, 39; BGH Z 17, 266, 295; Z 18, 44, 57, 58; Z 27, 264; Z 39, 356, 358; GRUR 69, 487, 491; GRUR 72, 616 hier wurde in einem GEMA-Fall ein Bereicherungsanspruch auf die einfache Lizenz gewährt. Eine unzureichende Begründung des Verschuldens durch die Instanzgerichte wurde moniert in: RG MuW 29, 216; MuW 29, 348; MuW 31, 535; MuW 37, 368; GRUR 39, 915; GRUR 42, 207; BGH GRUR 71, 251 (Beweisantritt über entschuldigende Behauptung übergangen).

im Schema aufgeführt werden, die ich nicht für einschlägig halte, die man aber für einschlägig halten könnte. Der Leser mag sich dann selbst ein Urteil bilden.

Die Abkürzungen bedeuten:

Urt.	=	Urteil
(S diff)	=	Berechnung nach der schadensrechtlichen Differenzhypothese
(S liz)	=	Schaden nach der Lizenzvergütung
(fV_{B1})	=	Faktischer Vertrag, Berechnungsregel 1
(Rt G)	=	Regel des tatsächlich erzielten Gewinns
(S Gew)	=	Schaden, berechnet nach dem erzielten Gewinn
Vbe	=	Verschulden behandelt
Vre	=	Verschulden relevant
Gesm	=	Gesetzesmaterie
e/ne	=	einschlägig/nicht einschlägig

Die Zeichen + bedeuten die Anwendung der einzelnen Berechnungsmethode (als Möglichkeit), wenn die Pluszeichen unterstrichen sind, wird die DSB angewendet, um dann nach einer der Methoden zu verurteilen.

Urt.	(S diff)	(S liz) / (fV B1)	(Rt G) / (S Gew)	Vbe	Vre	Gesm	Bemerkungen	e/ne
ROHG Z 22. 338	–	–	+	+	–	UrhG	Noch nicht DSB, Gewinnherausgabe über GOA	ne
RG Z 21. 68	–	–	–	+	+	PatG	RG fordert wissentliche Patentverletzung, §§ 812 ff. BGB abgelehnt, V re. Noch nicht DSB	ne
RG JW 1890. 162	+	–	–	–	–	PatG	Noch nicht DSB, nach S diff verurteilt, S liz aber als mögl. angesehen.	ne
RG Z 35. 63 möglich verurteilt	+	+	+ +	+	–	UrhG	DSB begründet	e1
RG Z 43, 56 möglich verurteilt	+	+	+ +	+	–	PatG		e2
RG Z 47,100	–	–	–	–	–	WZG	DSB bei Warenzeichenverletzung abgelehnt	ne
RG Z 50, 111 möglich verurteilt	+	+	+ +	–	–	GebrMG		e3
RG Z 58, 321	+	–	–	–	–	WZG	DSB bei Warenzeichenverletzung abgelehnt	ne
RG Z 62. 320	–	–	–	+	+	PatG	DSB mangels Verschuldens abgelehnt	e4

Urt.	(S diff)	(S liz) / (fV B1)	(Rt G) / (S Gew)	Vbe	Vre	Gesm	Bemerkungen	e/ne
RG Z 70, 249 möglich verurteilt	+	+	+ / +	+	–	PatG	Relevanz des V. nur für Rechnungslegung untersucht	e5
RG Z 84, 370 möglich verurteilt	+	+ / +	+	+	–	PatG		e6
RG Z 95, 220 möglich verurteilt	+	+ / +	+	–	–	PatG		e7
RG JW 1900, 316 möglich verurteilt	+	+	+ / +	+	–	PatG		e8
RG Z 90, 137 Erika-Muster	–	–	–	–	–	KUG	Zur Herausgabe der Bereicherung = Gewinn verurteilt	ne
RG Warn Rspr. 1908 Nr. 658 Sternenhimmel	–	–	–	+	+	PatG	Lizenz gefordert, DSB mangels Verschuldens ablehnt, auch kein Anspruch aus §§ 812 ff. BGB, da das PatG, das damals mindest. grobe Fahrl. voraussetzte, als abschließende Regelung angesehen wurde	e9
RG JW 1912, 407 möglich verurteilt	+	+ / +	+	–	–	PatG		e10

Urt.	(S diff)	(S liz) / (fV$_{B1}$)	(Rt G) / (S Gew)	Vbe	Vre	Gesm	Bemerkungen	e/ne
RG JW 1914, 406 Nr. 8	–	–	–	+	+		Gewinn gefordert, DSB mangels Verschuldens abgelehnt	e11
RG Z 108, 1	–	–	–	–	–	WZG	DSB bei Warenzeichenverletzung abgelehnt	ne
RG Z 121, 258 Frauenberufe	–	–	–	+	–	LitUrhG	Bereicherungshaftung (Gewinnherausgabe) des schuldlos handelnden Eingreifers	ne
RG Z 126, 127 möglich angew.	+	+ +	+ +	+	–	PatG	Es handelt sich um einen Feststellungsantrag, zur Schadensersatzleistung wurde demnach nicht verurteilt, das RG handelt aber die Regeln S liz, S Gew fallbezogen ab.	e12
RG Z 130, 108 möglich verurteilt	+	+	+ +	–	–	PatG		e13
RG Z 136, 320 möglich verurteilt	+	+ +	+	–	–	PatG		e14
RG Z 144, 187 Beregnungsanlage möglich angew.	+	+ +	+	–	–	PatG	Es war Lizenz beantragt, Verurteilung hing von weiteren Feststellungen ab. S liz expliziert.	e15

Urt.	(S diff)	(S liz) / (fV B1)	(Rt G) / (S Gew)	Vbe	Vre	Gesm	Bemerkungen	e/ne
RG MuW 1929, 454	–	–	–	+	+	GebrM	DSB mangels Verschuldens abgelehnt	e16
RG MuW 1930, 24 möglich verurteilt	+	+	+ +	+	+	PatG		e17
RG GRUR 1934, 627 möglich verurt.	+	+ +	+	–	–	PatG		e18
RG Z 156, 65 möglich angew.	+ +	+	+	+	–	PatG	Kl. berechnet fehlerhaft entgangenen Gewinn, hilfsweise nach S liz, RG behandelt Kumulationsverbot	e19
RG Z 156, 321 möglich verurt.	+	+	+ +	–	–	PatG		e20
RG GRUR 1942 149 Grubenexplosion möglich verurt.	+	+ +	+	–	–	PatG		e21
RG GRUR 1942, 316 Trockenluft möglich verurt.	+	+ +	+	–	–	PatG		e22

Urt.	(S diff)	(S liz) / (fV B1)	(Rt G) / (S Gew)	Vbe	Vre	Gesm	Bemerkungen	e/ne
RG GRUR 1944, 132 möglich verurteilt	+	+ +	+	–	–	PatG		e23
RG MuW XXXV, 59	–	–	–	–	–	WZG	DSB bei Warenzeichenverletz. abgelehnt	ne
BGH Z 5, 116 möglich angew.	+	+ +	+	+	–	LitUrhG	Rechnungslegungsanspr., der aber, wie aus dem Kontext ersichtl., auf Lizenz geht. Neben DSB auch Bereicherungs A. gewährt und Verschulden f. irrelevant erklärt.	e24
BGH GRUR 154, 80	–	–	–	–	–	VerlG, UrhG	Es liegt eine Konstellation vor, in der weder nach S diff, noch nach S liz, noch nach S Gew ein Schaden entstanden ist. Bereicherungs A liegen ebenfalls nicht vor.	ne
BGH Z 20, 345 P. Dahlke	–	+	–	+	–	KUG	DSB als Möglichkeit nicht benannt, S liz angewendet und in dieser Hinsicht deutlich Parallele zur DSB, außerdem Bereicherung nach fV B1 gewährt.	ne

Urt.	(S diff)	(S liz) / (fV B1)	(Rt G) / (S Gew)	Vbe	Vre	Gesm	Bemerkungen	e/ne
BGH GRUR 1957, 336	–	–	–	–	–	PatG	Urteil behandelt ausschließlich den Umfang des Rechnungslegungsanspruchs	ne
BGH Z 26, 349 Herrenreiter	–	+	–	–	+	KUG, 847 BGB	Ähnlich wie P. Dahlke, in S liz deutliche Parallelen zur DSB, die aber nicht als möglich bezeichnet wird	ne
BGH GRUR 1958, 288 Dia Rähmchen II möglich verurteilt	+	+ +	+	–	–	PatG		e25
BGH GRUR 1959, 379 Gasparone möglich verurteilt	+	+	+ +	+	+	LUG	Anforderungen für Verschulden außerordentlich gering	e26
BGH Z 30, 7 Catarina Valente	–	–	–	–	–	823, 847 BGB	Inkonsistente Verwendung von S liz; ggü. Herrenreiter u. P. Dahlke kommt es darauf an, ob Kl. der Namensnennung tatsächlich zugestimmt hätte	ne
BGH Z 34, 320 Vitasulfal möglich verurteilt	+	+	+ +	–	–	WZG		e27
BGH GRUR 1960, 554, Haco Handstrickverfahren	–	–	–	–	–	UWG	Nach BGH kein Fall der DSB	ne

Urt.	(S diff)	(S liz) / (fV_{B1})	(Rt G) / (S Gew)	Vbe	Vre	Gesm	Bemerkungen	e/ne
BGH GRUR 1962, 401, Kreuzbodenventilsäcke III möglich verurteilt	+	+ +	+	–	–	PatG		e28
BGH GRUR 1962, 509, Dia-Rähmchen III möglich verurteilt	+	+ +	+	–	–	PatG		e29
BGH GRUR 1963, 640 Plastikkorb möglich angewend.	+	+	+ +	+	+	GeschM	Es geht um einen Feststellungsantrag. Der Kontext macht deutlich, daß die Kl. Gewinnherausgabe fordern. Die Verschuldensanforderungen sind außerordentlich gering. Bekl. hatte sogar anwaltlichen Rat eingeholt.	e30
BGH Z 36, 252 Gründerbildnis	–	–	–	–	–	UWG/ BGB	Es geht um das Verhältnis von UWG zu BGB Verjährung	ne
BGH Z 38, 356	–	–	–	+	–	LitUrhG KUG	Fall ist einschlägig wegen des Ausschlusses der DSB mangels Verschuldens; es kommt dennoch nach §§ 812 ff. BGB zur Verurteilung, und zwar nach fV_{B1}, wobei diese Regel S liz ohne Ergebnisdifferenz ersetzt.	e31

Urt.	(S diff)	(S liz) / (fV B1)	(Rt G) / (S Gew)	Vbe	Vre	Gesm	Bemerkungen	e/ne
BGH Z 39, 352	–	–	–	+	–	UWG	Keine Urheberrechtsverletzung, sondern Ausnutzen einer Veranstalterleistung. Zur Lizenz verurteilt. DSB stand nicht zur Debatte.	ne
BGH LM Nr. 18 zu 47 PatG Laux Kupplung II möglich verurteilt	+ +	+	+	–	–	PatG	Es wurde nicht nach S diff verurteilt, weil der Kl. die Ursächlichkeit der Rechtsverletzung für den entgangenen Gewinn nicht dargetan hatte.	e32
BGH Z 44, 372 Meßmer Tee II möglich verurteilt	+ +	+ +	+	–	–	WZG	BGH erkennt neben der Verurteilung zu Lizenz einen unselbständigen Marktverwirrungsschaden an, damit liegt vierfache Schadensberechnung vor, da das Kumulationsverbot aufgehoben ist. Herrenreiter falsch zitiert. Auf S. 375 gewinnt man den Eindruck, als sei in Z 26, 349 nicht zur Lizenz verurteilt worden.	e33
BGH Z 56, 317 Gasporone II möglich verurteilt	+	+ +	+	+	–	LitUrhG 195, 812 BGB		e34

Urt.	(S diff)	(S liz) / (fV B1)	(Rt G) / (S Gew)	Vbe	Vre	Gesm	Bemerkungen	e/ne
BGH Z 57, 116 Wandsteckdose II möglich verurteilt	+	+ +	+	–	–	UWG, BGB	Fall sklavischer Nachahmung, der nach BGH ein immaterialgüterrechtsgleiches Recht verletzt.	e35
BGH Z 59, 286 Doppelte Tarif gebühr	–	–	–	+	+	UrhR, KUG	GEMA- Fälle sind nicht einschlägig, weil DSB (S diff, S Gew) explizit (S. 290/292) als inadäquat abgelehnt wird. Es kommt **nur** doppelte Lizenzgebühr in Frage, d. h. es besteht eben keine Wahlmöglichkeit, die aber für DSB gerade konstitutiv ist	ne
BGH Z 60, 206 Modeneuheit möglich verurteilt	+ +	+ +	+	–	–	12 BGB 16 UWG	Auch hier gewährt der BGH einen unselbständigen Marktverwirrungsschaden neben S liz.	e36
BGH GRUR 75, 85 Clarissa möglich verurteilt	+	+ +	+	–	–	Gesch-MG		e37
BGH LM Nr. 5 zu § 97 UrhG möglich verurteilt	+	+ +	+	–	–	UrhG		e38

Urt.	(S diff)	(S liz) / (fV Bl)	(Rt G) / (S Gew)	Vbe	Vre	Gesm	Bemerkungen	e/ne
BGH Z 68, 90 Kunststoff-hohlprofil	–	–	–	–	–	GebrMG	BGH erklärt Bereicherungsrecht für anwendbar, demnach Verschulden für irrelevant	ne
BGH NJW 1979, 101 Straßendecke	–	–	–	–	–	PatG	Wie zuvor, auch für das Patentrecht Bereicherungsansprüche gewährt.	ne

3.7.1 Ergebnisse

Von 59 im Schema aufgeführten Fällen sind 38 einschlägig. Hiervon sind nach dem DSB Kriterium 33, nach dem Verschuldenskriterium 5 Fälle einschlägig. In allen Fällen nach dem DSB Kriterium einschlägigen Fällen ist (S liz) mit (fV_{B1}) und ist (S Gew) mit (Rt G) identisch, d.h. ihre Definitionen sind semantisch äquivalent, die Regeln können in der Entscheidung ersetzt werden, ohne daß sich etwas am Entscheidungsergebnis ändert.

In den 33 Fällen der Verurteilung nach einer der im Rahmen der DSB möglichen Regeln der Schadensberechnung wurde lediglich viermal die Regel (S diff) verwendet, davon wurde diese Regel zweimal in der Form eines unselbständigen[46] Marktverwirrungsschadens angewendet, und zwar neben einer Verurteilung nach (S liz), zweimal wurde die Regel in der Form des entgangenen Gewinns angewendet. Wird (S diff) in der Form eines unselbständigen Marktverwirrungsschadens angewendet, wie es in den beiden Entscheidungen (BGH Z 44, 372 und BGH Z 60, 206) der Fall war, wird der Rahmen der Dreifachen Schadensberechnung gesprengt, und zwar deshalb, weil ein unselbständiger Marktverwirrungsschaden zusätzlich zu den anderweit (d.h. nach [S liz] oder [S Gew] oder [S diff] in Form des entgangenen Gewinns) berechneten Schäden geltend gemacht werden kann, während ansonsten lediglich das nach den je unterschiedlichen Regeln errechnete Maximum gefordert werden darf, d.h. eine Addition der ermittelten Summen in einem Gesamtschaden ausgeschlossen ist. Die Anerkennung eines unselbständigen Marktverwirrungsschadens führt demnach zu einer Erweiterung der DSB, zu einer Vierfachen Schadensberechnung. Diese Erweiterung liegt auf der Ebene der Metaregeln, die die Kombinationsmöglichkeiten und das Konkurrenzverhältnis der Primärregeln betrifft.

In den beiden anderen Fällen der Anwendung von (S diff) wurde nicht zum Schadensersatz verurteilt, sondern im Gegenteil eine Verurteilung nach (S diff) abgelehnt (BGH LM Nr. 18 zu § 47 PatG — Laux Kupplung II und RG Z 156, 65). Die Anwendungsquote von (S diff) zu den beiden anderen Methoden der Schadensberechnung beträgt demnach 4:33, d.h. 33mal (S liz) oder (S Gew), viermal (S diff), wobei der Marktverwirrungsschaden mit einbezogen ist. Hieraus folgt die relative Irrelevanz dieser Berechnungsmethode.

---

[46] Zur Differenzierung zwischen selbständigem und unselbständigem Marktverwirrungsschaden vgl. *Ullmann,* GRUR 78, 615. Zum Marktverwirrungsschaden als Begründungstopos für das Feststellungsinteresse i.S.d. § 256 ZPO siehe: GRUR 1954, 457 ff. (Irus/Urus); GRUR 1957, 222 (Sultan), GRUR 61, 535 (arco), GRUR 68, 367 (corrida); siehe weiter GRUR 1959, 331 (Dreigroschenroman); GRUR 1973, 518 (Spielautomat II); GRUR 1965, 679 (Nevada).

Im Rahmen der 33 nach dem DSB-Kriterium einschlägigen Fälle war das Verschulden lediglich in drei Urteilen als Problem relevant, hierbei waren die Verschuldensanforderungen gering. Nur in fünf von insgesamt 38 Fällen wurde mangels Verschuldens eine Verurteilung nach einer der Regeln der DSB abgelehnt. Daraus folgt die relative Irrelevanz des Verschuldens als Verurteilungsvoraussetzung, die in der neueren Rechtsprechung immer stärker wurde, denn vier dieser fünf mangels Verschuldens ablehnenden Entscheidungen entstammen der reichsgerichtlichen Rechtsprechung, nur eine der BGH Rechtsprechung. Im Ergebnis läßt sich daher die relative Irrelevanz des Verschuldens und der Differenzhypothese bei einer semantischen Äquivalenz der bereicherungsrechtlichen Wertberechnungsregeln mit denen der DSB feststellen, so daß aus diesen Ergebnissen die Folgerung gezogen werden kann, daß die Rechtsprechung auf der Ebene der Regelanwendung, d.h. möglicherweise ohne es zu wissen, die DSB bereicherungsrechtlich einordnet. Es nimmt daher nicht sonderlich wunder, daß der BGH in neuerer Zeit das Bereicherungsrecht zunehmend im Gebiete des Immaterialgüterrechts für anwendbar erklärt[47], denn in diesen Fällen erklärt die Rechtsprechung nur das für anwendbar, was sie ohnehin anwendet.

Akzeptiert man den Satz, daß es sinnlos ist, von jemandem das zu fordern, was er ohnehin zu tun im Begriffe ist, so läßt sich sagen, daß diejenigen, die den BGH auffordern, das Bereicherungsrecht im Gebiete des Immaterialgüterrechts anzuwenden, oder die dies zumindest bis zu den neueren Entscheidungen des BGH[47] getan haben, etwas Sinnloses fordern oder gefordert haben.

Diejenigen, die den BGH auffordern, das Bereicherungsrecht nicht im Rahmen der DSB anzuwenden, fordern zwar nichts Sinnloses, sie müssen sich aber darüber im klaren sein, daß die Nichtanwendung des Bereicherungsrechts eigentlich nicht vor der Aufhebung der Regeln (fV_{B1}) und (Rt G) in Gestalt von (S liz) und (S Gew) halt machen darf, es sei denn, sie lehnen entweder (fV_{B1}) oder (Rt G) als für das Bereicherungsrecht inadäquat ab. Ich werde im Rahmen der Rekonstruktion der Lehre noch darauf zurückkommen.

Die erzielten Ergebnisse sind m.E. eindeutig. Gleichwohl soll dies nicht dazu führen, Unterschiede zu verdecken oder Probleme zu retuschieren. Unterschiede zwischen DSB und den Regeln der bereicherungsrechtlichen Wertberechnung liegen auf der Metaebene, der der Präferenz oder Wahlfreiheit unter den Berechnungsmethoden, die im Rahmen der DSB als Möglichkeit existiert, einerseits und der tatsächlichen Wahl der Berech-

[47] Vgl. für das Gebrauchsmusterrecht BGH Z 68, 90 (Kunststoffhohlprofil) und für das Patentrecht BGH NJW 1979, 101, im Urheberrecht ist die Möglichkeit der bereicherungsrechtlichen Rückabwicklung seit langem anerkannt.

nungsmethoden andererseits, und hier auf der Ebene des quantitativen Verhältnisses.

Im Rahmen der DSB kann der Gläubiger auch nach der Differenzhypothese berechnen, im Bereicherungsrecht hingegen nicht. Nur ist es kein Zufall, daß der in seinem Immaterialgüterrecht Verletzte in aller Regel *nicht* nach der Differenzhypothese berechnet, denn eine unmittelbare Vermögenseinbuße liegt meist nicht vor und einen entgangenen Gewinn nachzuweisen, hält die in diesem Handlungskontext in hohem Maße einflußreiche Rechtsprechung für schwierig, zuletzt hat der BGH in LM Nr. 18 zu 47 PatG eine Verurteilung nach (S diff) mangels Substantiierung abgelehnt.

Es ist oben (I 3.2.3) dargetan, daß auch die Berechnung des Verletzergewinns nicht an Schwierigkeiten zu wünschen übrig läßt, ohne daß die Rechtsprechung dies aber für allzu schwierig hält, es ist ferner dargetan (I 2), daß die Inkonsistenz der Rechtsprechung, die sich auf der Ebene der Unverträglichkeit der Regeln (fV_{B1}) und (Rt G) abbildet, in einer advocatorischen Strategie überwindbar wird, und zwar dadurch, daß man die nach beiden Regeln berechnete Bereicherung — hilfsweise — geltend macht. Hieraus ergibt sich, daß die Unterschiede auf der Ebene der Präferenz oder Wahlfreiheit nicht allzu gravierend sind.

Im Rahmen der DSB ist die Häufigkeit von (S liz) höher als die von (S Gew), das Verhältnis beträgt 20:12 für die Rechtsprechung insgesamt. Es ist hochinteressant, daß sich dieses Verhältnis in der BGH Rechtsprechung erheblich verschiebt. Hier beträgt das Verhältnis 10 (S liz) zu 4 (S Gew), die zweite Berechnungsmethode ist demnach ähnlich dominant, wenn auch nicht in gleichem Ausmaße wie (fV_{B1}) gegenüber (Rt G) im Bereicherungsrecht (16 zu 3).

Des weiteren bestätigt sich die oben (S. 91) durch die Negationsoperation festgestellte inhaltliche Dominanz von (S liz) hierdurch auch statistisch. Insgesamt sind auch auf der Ebene der Regelanwendung die Unterschiede nicht allzu groß. Es läßt sich festhalten, daß die Rechtsprechung die DSB bereicherungsrechtlich einordnet, wobei aber besonders hinsichtlich der Berücksichtigung eines unselbständigen Marktverwirrungsschadens die Tendenz besteht, das Regelgeflecht der DSB zu sprengen und in eine Vierfache Schadensberechnung zu erweitern. Diese Erweiterungstendenz zeigt sich ferner in den Fällen der einfachen Schadensberechnung, in denen die DSB legitimatorisch in bezug genommen wird. Nur beispielsweise sei hier auf BGH Z 59, 286, 292 verwiesen. Dort hatte der BGH unter Bezugnahme auf (S liz) und deren Kontext eine doppelte Tarifgebühr unter dem Gesichtspunkt der Angemessenheit als Regelbefolgung von (S liz) erklärt, wobei die *Un*möglichkeit von (S diff) und (S Gew) vom entscheidenden Senat selbst konstatiert wurde. Es ist ohne weiteres ersichtlich, daß hier von Systematik nicht mehr die Rede sein kann, denn hier wird neben dem Regelgeflecht der DSB sogar der fachsprachliche Kontext des faktischen Vertragsrechts und damit auch die Regel (S liz) gesprengt, freilich nicht ohne Grund. Die rechtspolitische Notwendigkeit eines effektiven Rechtsgüterschutzes gebiete eine Verurteilung zur doppelten Tarifgebühr, weil praktisch, d.h. auf der Ebene der Rechtsanwendung, ein Schaden nach allgemeinen Grundsätzen (d.h. im Sinne der Differenzhypothese) in aller Regel ausscheide und ein Verletzergewinn sich nicht feststellen lasse (vgl. S. 290).

Dies mag richtig sein, sicher ist, daß diese Art der Schadensberechnung *nichts* mehr mit der DSB gemeinsam hat.

Sicher ist ferner, daß dann, wenn die Rechtsprechung — wie sie es tut — faktisch, d.h. auf der Ebene der Regelanwendung, die DSB bereicherungsrechtlich einordnet, genau dasselbe einmal Wert, das andere Mal Schaden nennt, bzw. nennen muß, wobei die Explikationskategorie des Bereicherungsrechts ihrerseits nicht gerade von rechtssystematischer Eigenständigkeit durchdrungen ist.

Man kann aber festhalten, daß sich sowohl auf dem Gebiet des Immaterialgüterrechts als auch auf dem des Bereicherungsrechts zwei Regeln abzeichnen, die dieses gesamte Rechtsgebiet strukturieren, nämlich (fV_{B1}) oder (S liz) einerseits und (Rt G) oder (S Gew) andererseits.

Es soll im folgenden untersucht werden, in welcher Weise die Lehre mit diesen beiden Regeln umgeht. Bei dieser Untersuchung bietet es sich an, die bisherige Trennung der Wertberechnungen innerhalb der DSB und im Bereicherungsrecht aufrecht zu erhalten und die empirisch gefundenen Regeln als Werkzeuge der Rekonstruktion zu verwenden.

Die Auswahl der Autoren, die die juristische Lehrtradition repräsentieren, richtet sich nach einem Kriterium, das dazu dient, die Theorien insgesamt zu charakterisieren. In diesem Zusammenhang ist entscheidend, ob die besprochenen Autoren alle Bereicherungsansprüche aus einem einheitsstiftenden Prinzip ableiten, oder ob sie grundsätzliche Differenzen zwischen Leistungs- und Engriffskondiktionen sehen.

Das zweite Kriterium für die Wahl der besprochenen Autoren hängt mit dem bereits benannten zusammen. Entscheidend ist, wie die Vertreter der Lehre mit dem historischen Erbe, das uns überliefert ist, umgehen. Hinsichtlich der Tradition ist der Ausgangspunkt vorgegeben, nämlich die Lehre von F. C. v. Savigny. Fritz Schulz setzte diese Tradition als Einheitslehre verändert fort. Seine Theorie wird zwar wegen ihrer Erfolglosigkeit nicht behandelt, sie bildet aber den methodischen und systematischen Bezugspunkt, auf dem vermittelt über Werner Flume ‚moderne' Bereicherungstheorien fußen.

Gemeint sind die Arbeiten von Horst Heinrich Jakobs und Jan Wilhelm. Jakobs nimmt das Erbe von Fritz Schulz explizit auf, und Wilhelm schafft eine neue Einheitslehre; die Arbeiten beider Autoren zeichnen sich ferner durch eine extensive Auseinandersetzung mit dem Erbe Savignys aus, die Unterschiede in ihren Theorien lassen sich als Folge veränderter Savignyinterpretationen erklären. Es ist also deutlich, daß diese Arbeiten eine Lehrtradition verkörpern.

Different und bereits im Ausgangspunkt unterschiedlich sind die Arbeiten v. Caemmerers, die ihrerseits auf der Lehre Wilburgs von der ungerechtfertigten Bereicherung (1934) aufbauen. Wilburgs Lehre ist in der Theorie v. Caemmerers in einem solchen Umfange enthalten, daß ich glaubte, auf eine Reformulierung der Arbeiten Wilburgs verzichten zu können. Methodisch nehmen beide Autoren die Arbeitsweise Ernst Rabels in Bezug. Dies kommt dadurch zum Ausdruck, daß Wilburg und v. Caemmerer eher mit Fallgruppen arbeiten, das amerikanische Case-Law in ‚Typenbildungen' umsetzen, die dann jeweils in ihren Eigengesetzlichkeiten diskutiert werden. Auch v. Caemmerers Arbeiten stehen demzufolge in einer Tradition, die sich durch die Kriterien von Einheits- oder Mehrheitskondiktionen beschreiben läßt. Des weiteren sind gerade v. Caemmerers Arbeiten in hohem Maße von der Rechtsprechung rezipiert worden und schon aus diesem Grunde zu berücksichtigen.

Es ist kein Zufall, daß sich diese Traditionen auch mit Hilfe der Regeln der bereicherungsrechtlichen Wertberechnungen unterscheiden lassen. Dies soll im folgenden gezeigt werden.

II. Kapitel

Die Lehre

1. Die Rekonstruktion der Lehre

1.1 Gegenstand und Umfang der Bereicherung, die privatrechtliche Theorie v. Savignys

Vorbemerkung

Zur Methode der Rekonstruktion der Savignyschen Position zum Umfang des Bereicherungsanspruchs ist bereits ausgeführt, daß beabsichtigt ist, die bereits gefundenen Regeln (Rt G) und (fV_{B1}) als Werkzeuge der Rekonstruktion zu verwenden. Savignys Aussagen werden auf diese Regeln bezogen, es wird untersucht, ob anhand dieser Regeln alle Fallentscheidungen, die Savigny präsentiert, erfaßt werden können, d.h. ob alle diese Entscheidungen als Befolgung dieser Regeln aufzufassen sind. Dies muß natürlich nicht der Fall sein, es ist möglich, daß weitere Regeln in der Savignyischen Konzeption existieren, die es ggf. dann herauszuarbeiten gilt.

Des weiteren wird bei der Rekonstruktion insofern auf die bereits erzielten Ergebnisse zurückgegriffen, als das Ergebnis der Unverträglichkeit von (Rt G) und (fV_{B1}) die Frage nach dem Präferenzkriterium auch in der Savignyschen Konzeption provoziert, wenn und soweit diese beiden Regeln betroffen sind.

Drittens muß untersucht werden, ob die Savignyschen Regeln untereinander verträglich sind, oder ob sie in der Anwendung widersprüchliche Handlungen gebieten. Diese Untersuchung impliziert die Frage, ob bei der Interpretation des Textes im Falle widersprüchlicher Regeln eine Präferenzordnung sichtbar wird, welche diese Widersprüchlichkeit wieder beseitigt.

Viertens ist beabsichtigt, zu untersuchen, ob und ggf. inwieweit die Regeln, die für die Umfangsbestimmung der Bereicherung relevant sind, auch für die Formulierung der Anspruchsvoraussetzung des Kondiktionsanspruchs von Bedeutung sind. Gegenstand des Interesses dieser Untersuchung ist die Einheitlichkeit der Theorie, die als eine der möglichen Formen der Konsistenzprüfung existiert.

Zum Umfang der Bereicherung

Hinsichtlich der Umfangsproblematik ist in erster Linie der vierte Band des Systems des heutigen Römischen Rechts von Bedeutung, in dem von Savigny die Bereicherung nach dem Muster der Schenkung behandelt. Untersuchungsgegenstand ist die Frage, was als Gegenstand der Schenkung, die eine Bereicherung des Empfängers impliziert, anzusehen ist.

Ich untersuche Savignys Behandlung des Umfangsproblems der Bereicherung anhand von fünf Beispielsfällen:

1. der unentgeltlichen Gebrauchsüberlassung einer Wohnung,
2. der Schenkung einer Geldsumme,
3. der Schenkung einer Sache auf den Todesfall,
4. der Schenkung eines Landgutes und eines Mietshauses,
5. der Zinszahlungspflicht bei rechtsgrundlosem Darlehen.

ad 1

Bei der unentgeltlichen Gebrauchsüberlassung einer Wohnung ist der Wert der Nutzung in der Regel gleich dem Durchschnittspreis, der für Wohnungen mit vergleichbarer Größe und Ausstattung entrichtet wird.

> „In den meisten Fällen wird der Eigenthümer, der die Wohnung unentgeldlich überläßt, gerade so viel an Miethgeld aufopfern, als der Andere an Miethgeld erspart ...“
> (System IV, 33)

In diesem Falle und nur in diesem Falle entspricht der übliche Preis dem Wert der Schenkung und mithin auch dem Umfang der Bereicherung. Anders aber in folgendem Fall:

a) „Wenn z.B. eine Wohnung, die stets zu 800 vermiethet war, demjenigen unentgeldlich überlassen wird, der, nach Verhältniß seiner Einnahme, nie mehr als 500 an Miethgeld ausgab, so sind ihm nur 500 geschenkt, weil er nur diese an Miethgeld erspart; die übrigen 300, die der Eigenthümer gleichfalls aufopfert, gehen darin auf, daß der Bewohner mehr Luxus und Bequemlichkeit zu genießen bekommt, ohne dadurch reicher zu werden.“

b) Wird umgekehrt eine Wohnung von 500 unentgeldlich einem Bewohner überlassen, der stets 800 an Miethgeld ausgab, so sind wieder nur 500 geschenkt, da der Eigentümer nur diese aufopfert. Die übrigen 300 erspart der Bewohner zwar auch, aber nicht durch die „Freygiebigkeit des Eigenthümers“, sondern durch Entbehrungen, denen er sich unterwirft. — (IV, 33, 34)

Interpretiert man diese Fallentscheidungen mit den bereits gefundenen Regeln, so läßt sich sagen, daß ein nach (fV_{B1}) ermittelter Wert allenfalls die Obergrenze der Schenkung und damit der Bereicherung (vgl. N c IV, 34) ausmacht. Es läßt sich ferner sagen, daß diese Wertberechnung nicht nach einer der beiden Regeln (fV_{B1}) oder (Rt G) durchgeführt wird. (fV_{B1}) kommt nicht in Frage, weil nicht ein durchschnittlicher Preis fixiert werden soll, (Rt G) kommt nicht in Frage, weil der Gegenstand der Bereicherung, die Nutzung der Wohnung, nicht nach Kapitalverwertungsgesichtspunkten, sondern rein konsumtiv erfolgt. Es wird vielmehr das Vermögen des Schenkungsempfängers betrachtet und hier wird ermittelt, was an Gegenleistung wirklich erbracht worden wäre (Fall a) oder was hätte erbracht werden müssen. Der *wirkliche* Wille des Beschenkten und dessen Aufopferungsbereitschaft sind entscheidend, auch im Falle b wäre der Schuldner zwar abstrakt mehr zu zahlen bereit gewesen, aber nicht für diese Wohnung. Das Prinzip, das in diesen Fallösungen zum Ausdruck kommt, läßt sich etwa als Regel der durch die Veräußerung bewirkten Vermögensmehrung bezeichnen. Die Kondiktion kann sich allenfalls darauf erstrecken, was an wirklicher Erwerbschance im Vermögen des Schenkers existent war. Im Fall b konnte der Eigentümer allenfalls 500 für seine Wohnung erzielen und demzufolge auch nur diesen Betrag veräußern, im Falle a, dem Fall des Prinzips der Opferbereitschaft, wird der Veräußerungsgedanke umgekehrt und in der Perspektive des Schuldners gewendet, er hätte nämlich allenfalls 500 für eine Wohnung aufgewendet, die ansonsten immer für 800 vermietet worden war, somit ist er nur um diesen Betrag bereichert, denn nur diesen Betrag hat er wirklich erspart.

ad 2

Die Wichtigkeit der Veräußerung als anspruchsbegrenzendes Merkmal wird auch in der Konstellation deutlich, in der 200 an Geld verschenkt worden waren, wofür eine Sache im Wert von 300 gekauft worden ist. Es können nur 200 als Bereicherung gefordert werden, „denn nur diese sind aus dem Vermögen des Gebers entsprungen, das dritte Hundert ist die Frucht einer gelungenen Speculation“ (IV, 70). Gerade in bezug auf das dritte Hundert fand eine Veräußerung nicht statt.

ad 3

Bei der unwirksamen donatio mortis causa hingegen haftet der Beschenkte, der vor dem Todeszeitpunkt des Gebenden die Sache veräußert, nach Wahl des Gebers entweder auf den Erlös mit Einschluß des Gewinns oder der Früchte einerseits (Rt G) oder auf den Durchschnittspreis (fV_{B1}) andererseits. Der Grund hierfür ist im Willen des Gebers zu suchen. Hier war die Veräußerung nicht endgültig, der Gegenstand der Schenkung erst im Todeszeitpunkt des Gebers dem Vermögen und damit der Dispositionsbefugnis des Beschenkten unterstellt. In diesem Falle besteht die Haftung auf Wertersatz, wenn der Kondiktionsgegenstand durch eine „freye Handlung des Empfängers“ (vgl. IV, 256) ersatzlos untergegangen ist oder konsumiert wurde. Das Vermögensobjekt ist in diesem Falle noch nicht veräußert, sondern noch dem Zuständigkeitsbereich und der Dispositionsbefugnis des Gebers unterworfen mit der Folge, daß die mittels des Kondiktionsgegenstandes bewirkten Geschäfte ihm zuzuordnen sind. Dies gilt auch für den Fall der durch widerrechtliche Handlung bewirkten Kondiktion (V 518, 523), die dadurch ausgezeichnet ist, daß der Schuldner, dem eine Sache ohne Eigentumsübertragung anvertraut war, das Eigentum des Gläubigers zerstört und damit die Vindikationsklage ihres Gegenstandes beraubt hat.

Die negotiorum gestio schließt sich hier zwangslos an, denn die Möglichkeit der Kondiktion liegt eben darin begründet, daß die rechtszuständigkeitsändernde Veräußerung nicht stattgefunden hat, der Schuldner dennoch das Vermögensobjekt des Gläubigers gegen bzw. ohne dessen Willen für eigene Zwecke nutzt.

Alle bisherigen Fälle ließen sich auf das Prinzip der autonomen Vermögensentscheidung zurückführen, das mit der rechtlichen Güterzuordnung verknüpft war. Eine Gewinnhaftung kommt nur in Frage, wenn der Empfänger oder Eingreifer gegen den wirklichen Willen des Rechtsinhabers Dispositionen über den Vermögensgegenstand trifft, die zu einer Erhöhung des eigenen Vermögens führen. Hier findet das Prinzip (Rt G) Anwendung. In allen sonstigen Fällen, insbesondere bei der durch Irrtum begründeten Kondiktion wird nur auf den Durchschnittspreis gehaftet; wenn das Kondiktionsobjekt ersatzlos untergegangen ist, findet eine Kondiktion nicht statt. Selbst bei der condictio indebiti versteht sich das Rückforderungsrecht des Gläubigers nicht von selbst, denn „der Zahlende hat freywillig das Geld veräußert, und es ist besondere Begünstigung aus Billigkeit, wenn ihm die Rückforderung verstattet wird" (III, 448).

ad 4

Interessant, weil möglicherweise mit dem Prinzip der Veräußerung unverträglich, ist Savignys Entscheidung der Herausgabepflicht des Ertrages bei rechtsgrundloser Schenkung eines Landgutes oder eines Mietshauses (IV, 42, 45, 46). Hier gewählt Savigny, obwohl die Erträge sich noch nicht im Vermögen des Gebers befunden hatten und trotz der Existenz der Veräußerung, die eine Eigentumsübertragung bewirkt hatte, Gewinnherausgabe, und zwar nach (Rt G), dies jedenfalls bei Rückforderung wegen groben Undanks[1]. Den Grund für diese Entscheidung findet man in § 148 (IV, 49) im Zusammenhang mit der unentgeltlichen Gebrauchsüberlassung eines „Miethshauses" oder eines Landgutes. Denn hierbei handelt es sich um

> „... Vermögenstheile, die eine productive Natur an sich tragen, so daß sie gleichsam aus inwohnender Kraft dem Inhaber einen neuen Erwerb bereiten, ohne daß es dazu eines besonderen Entschlusses von seiner Seite bedarf, ja daß es vielmehr auf ungewöhnlicher Willkür beruht, wenn ein solcher Erwerb unterbleiben soll; auch ist derselbe so wenig zufälliger Art,

[1] Bei der unwirksamen Ehegattenschenkung hingegen ist die Sache etwas zweifelhaft, *Savigny* kommt aber, wenn ich korrekt interpretiere, auch hier zum Ergebnis der Gewinnherausgabe, vgl. IV, 45, 46.

daß der Lebensunterhalt darauf regelmäßig gegründet zu werden pflegt. Dahin gehört der Miethertrag eines Hauses, der Frucht- oder Pachtertrag eines Landgutes. Die regelmäßige Natur dieser Arten der Production führt es mit sich, daß durch sie auch Dasjenige, welches noch nicht zu unserem Vermögen gehört, als Gegenstand wahrer Veräußerung, und somit auch wahrer Schenkung, betrachtet werden kann." (IV, 49)

Diese Stelle ist vor allem von Wilhelm[2] unter dem Gesichtspunkt des Vermögensflußdogmas eingehend untersucht worden; für ihn ist vor allem Savignys Aussage, daß die Erträge des Kondiktionsgegenstandes noch nicht zu unsrem Vermögen gehört haben, Anlaß, die Interpretation des Vermögensflußdogmas[3] zu widerlegen, die Savignys Ausführungen[3] im Sinne einer gegenständlichen Vermögensverschiebung mißverstehen. Nach Wilhelm geht es allenfalls um Vermögensbewegung, eine Kondiktion ist auch dann begründet, wenn mittels des Vermögensobjekts des Gläubigers — Prototyp ist die Veräußerung des Nichtberechtigten und die daraus folgende Kondiktion des für den verkauften Gegenstand erlangten Kaufpreises — eine Bereicherung des Schuldners erzielt worden ist, wenn also mit Savignys Worten in der Wilhelmschen Interpretation der Kondiktionsgegenstand zur Bereicherung des Schuldners diente. Wilhelm erkennt folglich in der Kondiktionenlehre Savignys nicht das Dogma der Vermögensverschiebung, „sondern das Prinzip der Rechtswiederherstellung gegenüber der rechtswidrigen Bereicherung durch unser Vermögensgut oder infolge unseres Vermögensguts. Die Einordnung der Kondiktion aus der Veräußerung und Vermietung fremder Sachen bietet keine Schwierigkeiten mehr"[4]. Mag sein. Diese Interpretation löst aber nicht mein Ausgangsproblem. Denn hier handelte es sich um Eigentumsübertragung am Landgut und am Mietshaus, also um Veräußerung, und für diesen Fall hatte Savigny an anderer Stelle[5, 6], für den Fall einer unwirksamen Schenkung bis zu deren Widerruf auch für den Fall der Zerstörung des Kondiktionsgegenstandes die Kondiktion sogar ausgeschlossen:

„So lange der Geber die Schenkung nicht widerrufen hatte, besaß der Empfänger mit dessen Willen; zerstörte oder veräußerte er die Sache, so

---

[2] *Wilhelm*, Rechtsverletzung, S. 33, 34.

[3] Anlaß für diese Interpretation ist folgende Stelle im System V, 526, 527: „Eben so ist es aber auch nöthig, daß Dasjenige, welches dem Andern zur Bereicherung diente, vorher schon wirklich einmal zum Vermögen Dessen gehört habe, welcher darauf eine Condiction gründen will". Vgl. dazu auch *Jakobs*, Eingriffserwerb S. 49, FN 134.

[4] *Wilhelm*, S. 35.

[5] System IV, 64. Nur der die Unwirksamkeit der Schenkung kennende Ehegatte haftet, bei wissentlicher Zerstörung, auf den Wert.

[6] Das Gleiche — ich nenne es das Prinzip der autonomen Vermögensentscheidung — findet sich bei der mortis causa donatio, denn hier kommt es zur Gewinnherausgabe, weil der Beschenkte erkennen konnte, daß der Schenker erst für den Todeszeitpunkt die Eigentumsübertragung wollte.

geschah dies also mit dem Willen des Eigenthümers, wenigstens konnte Dieses ohne Unwahrscheinlichkeit vorausgesetzt werden, und dadurch war vor allem der Dolus, dann aber auch die Anwendbarkeit aller hier angegebenen Klagen, völlig ausgeschlossen." (IV, 64)

In diesem Falle ist der Wille für den Anspruch und den Anspruchsumfang beachtlich, in den Fällen der „Eigenthumsübertragung" am Landgut und am Mietshaus aber nicht. Auch wenn man die Zurechnungspersonen austauscht, es nunmehr auf den Willen des Nehmers ankäme, löst sich das Problem nicht. Denn auch dieser Wille ist angesichts der „productiven Natur" des Kondiktionsgegenstandes, wie das oben angeführte Zitat zeigt, gerade unbeachtlich. Die Pflicht zur Ertragsherausgabe ist demnach nicht mit dem Willensprinzip, das bisher die Differenzierung zwischen Gewinn und „Wertherausgabe" steuerte, zu erklären, d.h. diese Entscheidung ist nicht als Befolgung der Differenzierungsregel: willentliche Veräußerung des Eigentümers impliziert Dispositionsbefugnis des Schuldners und Anspruchsbegrenzung auf Wert („= Durchschnittspreis-")herausgabe, mangelnder Veräußerungswille des Eigentümers impliziert Gewinnherausgabe, mindestens Wertersatz, zu deuten, mag man auch die Noch-nicht-Existenz des kondizierbaren Vermögenswertes über die Kausalität in die Vermögenssphäre des Gebers verlagern können; Savigny befolgt hier eine ganz andere Regel, er differenziert nach der ökonomischen Natur des Kondiktionsgegenstandes. Daß man aus einem Landgut Früchte zog oder es verpachtete, daß aus einem Mietshaus Mieterträge gewonnen wurden, war auch für die Römer so selbstverständlich, daß ein diesen Verhaltensweisen entgegenstehender Wille gar nicht vermutet werden konnte, wenn er nicht ohnehin als unerklärliche Privatheit abgelehnt werden mußte.

ad 5

Etwas anderes gilt offenbar für die Zinszahlungspflicht bei rechtsgrundlos hingegebenem Geld. Hier wird die Verzinsung abgelehnt. Begründet wird dies mit der willkürlichen Natur der Zinsforderung

„. . .; der Eigenthümer, der (wie oben bemerkt) das Geld vielleicht ungenutzt in seiner Kasse aufbewahren möchte, kann es vielleicht noch sicherer und bequemer finden, diese Aufbewahrung in Gestalt eines unverzinslichen Darlehens an einen wohlhabenden, zuverlässigen Schuldner zu bewirken. —" (IV, 40)

Mag man heute angesichts von Sparkonten und Festgeldkonten, Investmentanteilen, Pfandbriefen, Kommunalobligationen dieses Verhalten des Römischen Sparstrumpfes für ungewöhnlich halten, der Ausschluß der Zinszahlungsverpflichtung ist auf das Willensprinzip zurückzuführen.

Ich fasse zusammen: Savignys Lösung des Umfangproblems im Rahmen der Bereicherungsklage läßt sich im wesentlichen auf folgende Prinzipien zurückführen:

R 1

Das Prinzip (die Regel) der willentlichen Rechtsübertragung (Veräußerung) bestimmt, daß dann, wenn der Gläubiger (Eigentümer) Eigentum übertragen hat, der Schuldner — etwa im Falle des Irrtums des Gläubigers — allenfalls auf den Wert (d.i. der Durchschnittspreis) haftet, dessen obere Grenze nach (fV_{B1}) ermittelt wird, dies aber auch nur dann, wenn der Kondiktionsgegenstand nicht ersatzlos untergegangen ist. Im Falle der Schenkung einer Geldsumme z.B. darf der Beschenkte mit dieser Summe nach Belieben verfahren, weil und insofern er sich auf den Eigentumsübergang verlassen durfte.

R 2

Handelte der Schuldner, sei es durch Eingriff in das Eigentum ohne Rechtsübergang, sei es in Kenntnis der Unwirksamkeit des Rechtsübergangs dolos, erzielte er durch wissentlich eigentumsverletzende Rechtsgeschäfte einen Gewinn, so haftet er auf diesem Gewinn, mindestens auf den nach (fV_{B1}) ermittelten Wert. In diesem Falle ist auch der Wegfall der Bereicherung ausgeschlossen.

R 3

Das Prinzip der Vermögensbewegung begrenzt den Umfang der Bereicherung insofern, als nur das der Kondiktion unterliegt, was objektiv, nicht gegenständlich, als ehemaliger Rechtsgegenstand des Gläubigers zur Bereicherung des Schuldners diente. Nur das kann überhaupt veräußert werden. Die Zuordnung zum Gläubigervermögen muß eindeutig sein. Im Rahmen der dritten Regel kommt es nach Savigny auch zur Gewinn- bzw. Ertragsherausgabe, und zwar dann, wenn dem Kondiktionsobjekt eine „productive Natur" innewohnt, d.h. wenn es sich auch nach der Vorstellungswelt der Römer um Kapital handelt, das jedes vernünftige, ökonomisch denkende Subjekt als solches einsetzt, bei dem ohne besonderen eigenen Arbeitsaufwand des kapitalhaltenden Subjekts neuer Wert geschaffen wird. Solche Kondiktionsobjekte sind das Landgut (Früchte, Pacht als Ertrag) und das Mietshaus (vereinnahmte Miete als Ertrag).

R 4

Das Prinzip der Opferbereitschaft des Schuldners schränkt den Umfang des Bereicherungsanspruchs auch unter den nach (fV_{B1}) ermittelten Wert ein. Es entspricht auf der Seite des Schuldners dem Veräußerungsgedanken, der in dieser Perspektive ebenfalls anspruchsbegrenzend wirkt. Der Mieter, dem rechtsgrundlos und unentgeltlich eine Wohnung zum üblichen Mietpreis von 800 überlassen wurde, der aber nur 500 zahlen kann und will, ist nur um 500 bereichert.

Die Regeln 1 und 4 lassen sich auf willentliche Dispositionen des Gläubigers oder des Schuldners zurückführen, Regel 3 hingegen nicht. Regel 3 thematisiert in erster Linie Kausalitätsfragen (Bereicherung mit Hilfe des Kondiktionsgegenstandes) und Fragen der ökonomischen Natur des Kondiktionsobjekts. Das Interessanteste an dieser Regel ist, daß der Wille, das ansonsten die gesamte Konzeption dominierende Prinzip, im Rahmen von R 3 zu einer Funktion der ökonomischen Grundstruktur des Kondiktionsgegenstandes wird.

R 3 steht mit allen anderen Regeln in einer Präferenzordnung, R 3 geht sowohl R 1 als auch R 2 als auch R 4 vor.

R 1 und R 2 stehen ebenfalls in einer Präferenzordnung, d.h. liegen die Voraussetzungen von R 1 und R 2 vor, so gilt R 2. R 4 gilt vor R 1. Die Voraussetzungen von R 2 schließen das Prinzip der Opferbereitschaft aus (R 4). Bei dolosem Handeln kommt es grundsätzlich, nach Wahl des Gläubigers, zur Gewinn- oder Wertherausgabe, auch dann, wenn der Schuldner für die Nutzung des Kondiktionsgegenstandes nicht den Durchschnittspreis aufgewendet hätte; insgesamt hat die Präferenzordnung folgende Gestalt:

R 3 vor R 2, R 2 vor R 1, R 2 vor R 4, R 4 vor R 1.

Diese Präferenzordnung ist darüber hinaus transitiv, d.h.

R 3 vor R 2 $\wedge$ R 2 vor R 1 $\rightarrow$ R 3 vor R 1;

R 3 vor R 2 $\wedge$ R 2 vor R 4 $\rightarrow$ R 3 vor R 4;

R 2 vor R 4 $\wedge$ R 4 vor R 1 $\rightarrow$ R 2 vor R 1.

Es ergibt sich eine vollständige Präferenzordnung:

R 3, R 2, R 4, R 1.

Das aber bedeutet, daß die Savignyschen Regeln jedenfalls nicht unverträglich sind. Soweit die Regeln, isoliert betrachtet, zu unterschiedlichen Ergebnissen führen, wird diese Widersprüchlichkeit durch das Regelsystem, das durch eine Präferenzordnung bestimmt ist, wieder beseitigt. Inhaltlich steht in der Präferenzordnung R 3 an erster Stelle, eine Regel, die sich nicht auf den Willen eines der Beteiligten zurückführen läßt. Der Gläubiger kann m.a.W. nicht mehr kondizieren als das, was er veräußert hat, veräußern kann er nur Gegenstände seines Eigentums oder Gegenstände, die seiner anderweitigen Rechtszuständigkeit unterliegen. Sind diese Gegenstände kapitalintensiv, so unterliegen die Erträge des Kondiktionsgegenstandes ebenfalls der Kondiktion, ohne daß es hierbei auf den Willen des Gläubigers oder des Schuldners ankommt. Mithin ist im Rahmen der in der Präferenzordnung dominanten Regel R 3 der Wille die Funktion der Rechtsordnung und der ökonomischen Struktur des Kondiktionsgegenstandes.

In gleicher Weise kann R 2 interpretiert werden; hier kommt es auf den Willen des dolosen Schuldners nicht an. Selbst wenn der Gläubiger das Eigentum wirklich übertragen wollte, der Schuldner aber die Unwirksamkeit des dinglichen Geschäfts erkannte, haftet er, im Falle der Verfügung über den Kondiktionsgegenstand, auf den Kaufpreis mit Einschluß des Gewinns. Dasselbe gilt für den Fall der Eingriffskondiktion; hier verstößt die Disposition des Schuldners sowohl gegen die Rechtsordnung als auch gegen den (mutmaßlichen) Willen des Gläubigers, mithin ist nicht schlechthin der Wille entscheidend, der Wille entscheidet nur insoweit, als dies die objektive Rechtsordnung zuläßt. Genau dies ist aber das Prinzip der Privatautonomie, deren „Logik“ sich technisch umsetzt in die causadoktrin, jedenfalls insoweit als Änderungen der Rechtszuständigkeit betroffen sind. Denn die Lehre von der causa basiert auf den beiden gleichen Strukturprinzipien, die auch die Theorie der Privatautonomie strukturieren, nämlich der subjektiv intentionalen Zwecksetzung einerseits und der objektiven Institution der Rechtsordnung andererseits. R 4 ist ebenfalls auf dieser dogmatischen Folie zu interpretieren: das Prinzip der Opferbereitschaft des Schuldners als umfangsbegrenzendes Merkmal der Bereicherung spiegelt die Notwendigkeit der Willensübereinstimmung im Vertrag, soweit Vermögensübertragungen betroffen sind. Wäre es anders, so käme man im Wege der Kondiktion zum Institut des Zwangsvertrages mit der Folge der Haftung auf Beträge, die niemals, bei reibungslosem Ablauf, vom Schuldner in Kauf genommen worden wären. Da es aufgedrängte Verträge nicht gibt, gibt es auch eine aufgedrängte Bereicherung nicht.

Mithin gibt es drei Prinzipien, Regeln oder deontische Theoreme, die Savignys Ausführungen über die Anspruchsvoraussetzungen der Bereicherung bestimmen:

— die Regel des Schutzes der Rechtsordnung im Sinne des Rechtszuständigkeitsschutzes; im Rahmen dieser Regel ist es geboten, die der Rechtsordnung entsprechende Zuständigkeit oder Dispositionsbefugnis wiederherzustellen. Man kann insofern auch vom Bereicherungsanspruch als Rechtsfortwirkungsanspruch[7] reden; prozessual ist dann die condictio der Ersatz für die verlorengegangene rei vindicatio[8], denn der Eigentumsübergang oder die Zerstörung des Eigentums hat die rei vindicatio ihres Gegenstandes beraubt. Umfangstheoretisch setzt sich dieses Prinzip in R 3 insofern fort, als nur das der Kondiktion unterliegen kann, was rechtlich der Veräußerungsbefugnis des Gläubigers unterlag, mit den beiden Modifikationen für die Güter, die auch die Römer als kapitalintensiv ansahen.

— die Regel der Korrespondenz von autonomer Vermögensentscheidung und Verlustrisiko, die subjektiv intentionale Seite der causa. Hat der Gläubiger im Rahmen seiner Veräußerungsbefugnis und insoweit in Übereinstimmung mit der Rechtsordnung über einen Gegenstand

[7] *Wilhelm*, S. 35.

verfügt, so erstreckt sich die Kondiktion auf die noch vorhandene Bereicherung, bzw. auf den Wert des Kondiktionsgegenstandes, der sich als Durchschnittspreis fassen läßt (fV_{B1}). Diese Regel setzt sich umfangstheoretisch in R 1 und R 2 fort, in R 2 deshalb, weil diese Regel die einfache Negation von R 1 darstellt.

— die Regel der Opferbereitschaft des Schuldners, die intersubjektiv konsensuale Seite der causa, die haftungsbegrenzend nur das zum Gegenstand der Bereicherung macht, was der Schuldner seinerseits für den Kondiktionsgegenstand zu veräußern bereit gewesen wäre.

Es ist nicht erstaunlich, daß man diese Grundgedanken auch bei der Bestimmung der Anspruchsvoraussetzungen der Kondiktion wieder findet. Savigny kommt bei seiner Suche nach dem gemeinsamen Entscheidungsgrund aller Kondiktionen zu folgendem Ergebnis:

> „Alle diese Fälle also haben mit einander gemein die Erweiterung eines Vermögens durch Verminderung eines anderen Vermögens, die entweder stets ohne Grund war, oder ihren ursprünglichen Grund verloren hat."
> (V, 525)

Prototyp ist die willentliche Weggabe des ursprünglichen Eigentümers, „woran sich die übrigen Fälle blos als Erweiterungen aus innerer Verwandtschaft anschließen..." (V, 525, 526).

> ... „Man kann darauf auch den Ausdruck einer grundlosen Bereicherung des Andern aus unserem Vermögen anwenden, wenn nur der Begriff der Bereicherung auf eine gerade diesem Verhältniß angemessene, Weise begränzt wird."
> R 1 (V, 526)
>
> „Eben so ist es aber auch nöthig, daß Dasjenige, welches dem Andern zur Bereicherung diente, vorher schon wirklich einmal zum Vermögen dessen gehört habe, welcher darauf eine Condiction gründen will."
> R 3 (V, 527)

Die innere Verwandtschaft der übrigen Kondiktionsfälle, die dadurch ausgezeichnet sind, daß der Kondiktionsgegenstand „anders als durch meinen Willen in fremdes Eigenthum" (V, 523) R 2, übergegangen ist, beruht darauf, daß die objektiv institutionelle Seite der causa in der Rechtsordnung selbst ihre strukturelle Bestimmung findet, so daß der Rechtsfortwirkungsanspruch in beiden Fällen an dieselben objektiven Daten anknüpfen kann. Der in der Eingriffskondiktion zum Ausdruck kommende Rechtsverstoß ist als solcher in zwei verschiedenen Hinsichten definierbar, einmal als unmittelbare Rechtsverletzung selber, die zweitens nicht dadurch gerechtfertigt werden kann, daß der Berechtigte sich — wenn auch irrtümlich — seines Rechts zugunsten des Schuldners entäußert hat.

> „Die für diese Fälle anwendbare condictio sine causa umfaßt demnach verschiedenartige Fälle: solche, die auf dem freyen Willen des gegenwärtigen Klägers, also einem Datum beruhen (Num. VII), und solche, die durch bloßen

[8] System V, 514, 515.

Zufall, oder auch durch die Handlung des Beklagten, herbeygeführt sind." (V, 524)

Causaloser Erwerb ist demnach bei v. Savigny gleichzusetzen mit rechtsgrundlosem Erwerb. Dies ist das einheitsstiftende Prinzip, das nur derjenige als einseitiges Prinzip[9] mißverstehen kann, der die institutionell objektive Seite der causa und ihre Strukturbestimmung durch die Rechtsordnung übersieht.

Im Ergebnis bleibt demnach festzuhalten, daß von Savigny dieselben Prinzipien, die die Anspruchsvoraussetzungen der Bereicherung bestimmen, auch bei der Umfangsbestimmung der Bereicherung zur Anwendung bringt, daß insofern seine Theorie einheitlich genannt werden kann. Savignys Aussagen zum Umfang der Bereicherung inkorperieren sowohl (Rt G) als auch (fV_{B1}), ohne aber der Widersprüchlichkeit ausgesetzt zu sein, da eine Präferenzordnung diese Widersprüchlichkeit wieder beseitigt. Savigny verwendet den Ausdruck „Wert" zwar synonom mit (fV_{B1}), ohne aber die Kondiktionsklage umfangsmäßig auf dieses Prinzip allein festzulegen. Anthropologisch ruht die Konzeption auf der Vorstellung des privatautonomen Subjekts, dessen willentlichen Entscheidungen aber begrenzt werden durch objektive Daten, wie dem der Rechtsordnung und dem des Gebots ökonomischer Verhaltensweisen, die als Erwartungsstrukturen die Subsysteme des Austausches bestimmen und demzufolge auch in juristischer Perspektive dann zugerechnet werden können. Alle Beispiele, die Savigny zur Lösung des Umfangsproblems zitiert, sind binär, thematisieren Verhaltensweisen von in der Regel nur zwei Entscheidungsträgern, sind ökonomisch einfach, vermutlich, wie sich etwa bei der Entscheidung des Ausschlusses der Zinszahlungsverpflichtung bei rechtsgrundlosem Darlehen zeigt, hat Savigny auch die ökonomische Struktur, zusammen mit den Beispielen, den Quellen entnommen, ohne die Veränderung der externen Daten in wirtschaftlicher Hinsicht zu beachten.

1.2 Jan Wilhelms Spiegelung der Entreicherungskonzeption Flumes

1.2.1 Bürgerliches Recht

Wilhelms nicht nur genealogisch der Konzeption Savignys verpflichtete Inhalts- und Umfangsbestimmung des Kondiktionsanspruchs inkorporiert sowohl (Rt G) als auch (fV_{B1}), legt für das Bürgerliche Recht ein Differenzkriterium für die Wahl zwischen beiden Regeln fest und fügt, insbesondere für den Bereich des Wirtschaftsrechts, Anwendungsbedingungen für diese beiden Regeln ein, die naturgemäß nicht aus der Konzeption Savignys ableitbar sind.

[9] So *Wilburg*, die Lehre ... S. 17, dazu auch *Wilhelm* S. 23 FN 27 unter Hinweis auf den von *Wilburg* in AcP 163, 149 inzwischen selbst geänderten Standpunkt.

Für Wilhelm umfaßt der Anspruch auf Herausgabe der Bereicherung grundsätzlich auch die gezogenen Nutzungen in Gestalt des nach (Rt G) ermittelten Gewinns, denn natürliche Früchte und wirtschaftlicher Ertrag sind bereicherungsrechtlich gleichzubehandeln[10]. Auch der Ertrag ist herauszugeben, weil die geschäftliche Nutzung des Kondiktionsgegenstandes dem Eigentümer vorbehalten ist. Die Disposition des Kondiktionsschuldners über den Ertrag ist demzufolge rechtswidrige Vermögensherrschaft, jedenfalls grundsätzlich.

Zwischen §§ 818 II und 816 BGB besteht demnach kein Widerspruch[11], die Beschränkung auf den Wertersatz durch die zweite Kommission[12] bedeutet keine Definition des Gegenstandes der Vermögensverschiebung, sondern die Abwehr der Herausgabe von Vorteilen, die nicht dem Vermögensgut des Gläubigers, sondern der Person des Schuldners zuzurechnen sind.

Die milde Bereicherungshaftung auf Wertersatz beruht des weiteren, hier läßt sich für Wilhelm die Verbindung der Konzeption der Gesetzesverfasser mit Savignys R 1[13] nachweisen, darauf, daß der Eigentümer sich seines Vermögensgegenstandes willentlich entäußert hat, und nunmehr Erträge des Kondiktionsgegenstandes dem willentlichen Gebaren des Schuldners zuzurechnen sind. Dies gelte auch für einen (in Wirklichkeit nicht rechtmäßigen) Rechtserwerb kraft Gesetzes.

Diese Interpretation der Materialien[14] nimmt Wilhelm, der in Anlehnung an Savignys Einheitskonzeption des Bereicherungsrechts alle Bereicherungsansprüche aus einem Prinzip, dem des der Güterzuordnung widersprechenden und demzufolge rechtswidrigen Habens ableitet, zum Ausgangspunkt seiner Differenzierungsregel zwischen Gewinnherausgabe (Rt G) und Wertersatz (fV_{B1}).

Beruht der erzielte Ertrag auf dem Kondiktionsgegenstand, so gebührt er dem Bereicherungsgläubiger, beruht er auf der hiervon unbeeinflußten Vermögensdisposition des Bereicherungsschuldners, so gebührt diesem der Ertrag, er schuldet dem Gläubiger nur Wertersatz. Dies gilt sowohl für die Leistungs- als auch für die Eingriffskondiktion[15]. Mithin lassen sich für die Konzeption Wilhelms zwei Regeln formulieren:

---

[10] *Wilhelm*, Rechtsverletzung ..., S. 83.

[11] *Wilhelm*, S. 57, denn ein Widerspruch ist die Folge einer gegenständlichen Interpretation des Bereicherungsanspruchs.

[12] Mugdan II, 1185 und *Wilhelm*, S. 58.

[13] Vgl. *Wilhelm*, S. 59 und Hinweis auf Mugdan II, 1183, 1184.

[14] In denen die Anwendbarkeit von (Rt G) im Rahmen des § 816 BGB von der dinglichen Rechtslage abhängig gemacht wird, vgl. *Wilhelm*, S. 59, FN 188.

[15] Vgl. *Wilhelm*, S. 85, 86.

R 1

Der Bereicherungsschuldner ist zur Gewinnherausgabe verpflichtet, wenn der erzielte Ertrag dem Kondiktionsobjekt zuzuschreiben ist.

R 2

Der Bereicherungsschuldner ist nur zum nach (fV_{B1}) zu ermittelnden Wertersatz verpflichtet, wenn die Erträge aus dem Kondiktionsgegenstand der Vermögensdisposition des Bereicherungsschuldners zuzuschreiben sind, der Empfänger das Geschäft also unbeeinflußt vom causalosen Erwerb getätigt hat.

Wilhelm dreht Flumes Entreicherungskonzeption[16] um und gewinnt hieraus Kriterien für die Umfangsbestimmung des Bereicherungsanspruchs. „Das Kriterium der Vermögensentscheidung, mit dessen Hilfe Flume § 818 III konkretisiert hat, ist kein Kriterium speziell des Wegfalls der Bereicherung, kein spezielles Kriterium der Risikoverteilung bzw. Gefahrtragung. Der Gedanke, daß Vermögensbewegungen dem Vermögensherrn zuzurechnen sind, wenn sie auf seiner Vermögensentscheidung, seinem Einsatz eigenen Vermögens beruhen, ist für den am Vermögen des Schuldners orientierten Anspruch wegen ungerechtfertigter Bereicherung aus dem Vermögen des Gläubigers von allgemeiner Bedeutung.“[17]

Die Durchführung der Unterscheidung von Gewinnherausgabe und Wertersatz seitens des Gesetzgebers, der, wie die Regelungen der §§ 816 und 818 BGB zeigen, nach der dinglichen Berechtigung des Kondiktionsschuldners unterscheidet, wird als inadäquat verworfen. Auch Savignys Argument (dort in R 1), „daß die Berechtigung des Leistungsempfängers auf dem Willen des Gläubigers beruhe und es nur darum gehe, aus Billigkeit entgegen dem Willen des Gläubigers seinen Irrtum bei der Leistung durch Rückgewähr des Leistungsgegenstandes bzw. seines Wertes zu berücksichtigen, während der Veräußerungsgewinn mit Rücksicht auf den Leistungswillen des Gläubigers beim Schuldner verbleiben müsse, verleiht dem Kriterium des dinglichen Rechtsübergangs — auch bei der Leistungskondiktion — keinen generell überzeugenden materiellen Gehalt“[18]. Es kommt im Ergebnis nicht auf die Disposition des Gläubigers, sondern auf die des Schuldners an. Ist der vermögensmäßige Erfolg dem kausalosen Empfang zuzurechnen, so kommt es zur Gewinnherausgabe, hat dagegen der Schuldner, unbeeinflußt von dem rechtsgrundlosen Erwerb den Kondiktionsgegenstand eingesetzt, so gebührt ihm sowohl der Gewinn, als auch der Verlust, wenn der Kondiktionsgegenstand ersatzlos untergeht.

---

[16] *Flume,* Festschrift Niedermeyer 1953, S. 103.

[17] *Wilhelm,* S. 74.

[18] *Wilhelm,* S. 73.

Dies ist präzise das Spiegelbild der Flumeschen Entreicherungskonzeption, die ihrerseits auf einer rigiden Verselbständigung des Willensmoments ohne Bezug zu Erscheinungen des Vertragsrechts in Gestalt der Saldotheorie beruht.

Bei Wilhelm entscheidet nicht als quasiempirisches Kriterium die dingliche Berechtigung über die Differenz von Gewinnherausgabe und Wertersatz, sondern einerseits Kausalität — in der Frage, ob der Gewinn ausschließlich auf das Kondiktionsobjekt zurückzuführen ist — andererseits die Mentalverfassung des Schuldners, in der Frage, ob des Schuldners Einsatz des Kondiktionsobjekts unabhängig vom causalosen Erwerb, sozusagen aufgrund eigenen, reinen Willens erfolgte. Also auch hier Kausalität, allerdings gefiltert durch die mentale Einstellung des Schuldners.

Legt man, wie bereits bei der Analyse der Rechtsprechung, das Kriterium der Präzision der Regeln und damit verbunden, die Frage nach der Unterscheidungskraft des Präferenzkriteriums für die Beurteilung der Regeln zugrunde, so stößt man in dieser Konzeption auf eine buchstäblich hoffnungslose Vagheit. Ist nämlich der Wille des Schuldners das letztentscheidende Kriterium, so kommt man an dessen Bewußtseins- oder Gewissenserforschung nicht vorbei.

Wilhelms brillante Systematik wird also durch eine hoffnungslose Vagheit der Anweisungssätze erkauft.

1.2.2 Wilhelms Konzeption im Wirtschaftsrecht

Für den Bereich des UWG, den Wilhelm an Fällen der §§ 4 (unzulässige vergleichende Werbung, irreführende Angaben, sklavische Nachahmung), 16 (Benutzung verwechselungsfähiger Geschäftsbezeichnungen) exemplifiziert, kommt im Rahmen eines Bereicherungsanspruchs nach § 816 II BGB für dessen Umfangsbestimmung nur (Rt G) in Frage.

Wilhelm sieht das Recht des Konkurrenten, sich im Rahmen des lauteren Wettbewerbs zu bestätigen mit Fritz Schulz[19] als Recht auf den Gewinn an, dessen Verletzung zur Gewinnherausgabe verpflichtet.

> „Kraft ihres, wie Fritz Schulz es ganz einfach und zutreffend bezeichnet hat ‚Erwerbsrechts', ihres ‚Rechts auf Gewinn' kommt den Mitbewerbern, soweit ihnen der Gewinn des unlauter Handelnden entgangen ist, dieser Gewinn zu und ist die Vermögensmehrung des Unlauteren ihnen gegenüber widerrechtlich."[20]

Daß dies alles nicht ganz so einfach ist, wie Wilhelm meint, kommt in FN 91 des Wilhelmschen Textes zum Ausdruck; dort zitiert er zustimmend BGH NJW 72, 482, eine Entscheidung, in welcher der BGH wegen skla-

---

[19] *Fritz Schulz:* System der Rechte auf den Eingriffserwerb, AcP 105, 1, S. 222.
[20] *Wilhelm*, S. 87.

vischer Nachahmung nach (fV_{B1}) zur Leistung einer angemessenen Lizenzgebühr verurteilt hatte.

Unabhängig von dieser erstaunlichen Ungenauigkeit, was die Regeln der bereicherungsrechtlichen Anspruchsumfangsermittlung angeht, stellt sich, wie bereits in R 1 und R 2 der Wilhelmschen Konzeption das Präzisionsproblem in R 3 gerade wieder auf der Ebene der Kausalität. R 3 ist nämlich wie folgt zu umreißen:

R 3 In Fällen unlauteren Wettbewerbs ist (Rt G) anzuwenden, wenn und soweit dem Verletzten der Gewinn des unlauter Handelnden entgangen ist, d.h. wenn und soweit der Verletzte ohne den Wettbewerbsverstoß denselben Gewinn erzielt hätte.

Man findet einen irrealen Konditionalsatz. Der Verletzte muß nämlich behaupten: wenn der unlautere Eingriff nicht erfolgt wäre, hätte ich das Geschäft gemacht und genau den Gewinn erzielt, den auch der Verletzer erzielt hat. Dieser Satz ist nicht prüfbar, das Vagheitsproblem der Kausalität stellt sich in zweifacher Hinsicht, einmal in der Frage, ob dieses Geschäft vom Verletzten überhaupt hätte gemacht werden können (Probleme des Kundenkreises und der Absatzmärkte), zweitens in der Frage, ob der Verletzergewinn in dieser Höhe auch vom Verletzten hätte erzielt werden können (Fragen der Kostenintensität der betroffenen Betriebe, der Rationalität der Produktion etc.). Gerade die Bezugnahme auf diese Art der Kausalität (entgangener Gewinn) offenbart eine Tendenz zum Schadensersatz, die der Wilhelmschen Bereicherungskonzeption ansonsten fremd ist.

Diese Strukturabweichung und deren Fortsetzung in einer beinahe schon faszinierenden Nonchalance der Ungenauigkeit der Bestimmung des Bereicherungsumfangs findet ihre Fortsetzung in der Fraglosigkeit, mit der die Rechte der Mitbewerber auf eine faire Chance der Teilnahme am Markt als verdinglichte Rechtspositionen nach dem Muster des Eigentums gedacht werden. Rechte, auch die der Konkurrenten, sind für Wilhelm immer Dispositionsbefugnisse über einen Besitzstand, den es doch eigentlich erst zu erwerben gilt, dessen Zuordnung zu einem Vermögen doch gerade problematisch ist.

Dieses dingliche Muster der Rechtskonzeption findet besonders deutlichen Ausdruck in Wilhelms Diskussion der Kategorie des Zuweisungsgehalts im Rahmen von Warenzeichenverletzungen. Für Wilhelm hat jedes Recht einen Zuweisungsgehalt, „die Fragestellung, ob ein Recht einen Zuweisungsgehalt habe, ist als solche ohne Sinn“[21]. Es komme allenfalls die Begrenzung des Zuweisungsgehalts eines Rechts in Frage[22].

---

[21] *Wilhelm*, S. 87.
[22] *Wilhelm*, S. 95.

Die Grenzanalyse des Zuweisungsgehalts des Warenzeichenrechts führt nun hinsichtlich der Umfangsproblematik des Bereicherungsanspruchs ausschließlich zu (fV_{B1}), mithin auch zum definitiven Ausschluß von (Rt G)[23]. (R 4)

Die Begründung hierfür resultiert aus einer Inhaltsbestimmung des Warenzeichenrechts in Anlehnung an RG Z 58, 321, 325[24].

Die Beklagte hatte eigene Waren derselben Gattung unter einem Warenzeichen vertrieben, das dem der Klägerin ähnlich war. Das Reichsgericht hatte die Gewinnherausgabe und damit die DSB als *un*möglich abgelehnt, weil das Geschäft der Beklagten in einer Täuschungshandlung bestanden hatte (Täuschung der Konsumenten über die Herkunft der Waren), und die Gewinnerzielung kausal hierauf zurückzuführen war. Da die Klägerin diesen Gewinn nur mit derselben Täuschungshandlung hätte erzielen können, komme, so Wilhelm, die Herausgabe des Verletzergewinns nicht in Frage, sondern nur Lizenz. Das Warenzeichenrecht gewähre nämlich auch für den Verletzten nicht das Recht, fremde Waren mit dem eigenen Zeichen zu versehen und zu vertreiben, die Täuschung der Abnehmerkreise sei auch für den Verletzten nicht vom Inhalt seines Rechts oder dessen Zuweisungsgehalt gedeckt.

Nun gewährt § 16 UWG dem Verletzten sicherlich auch nicht das Recht zur Täuschung der Abnehmerkreise, wenn in den Schutz geschäftlicher Kennzeichen eingegriffen wurde, dennoch spricht Wilhelm in diesem Kontext Herausgabe des Verletzergewinns zu; ich sehe auch nicht, inwiefern sich ein Fall sklavischer Nachahmung hinsichtlich der Täuschung der Abnehmerkreise von dem zitierten Fall der Warenzeichenverletzung unterscheiden sollte.

Die Unverträglichkeit der Beschränkung von R 4 (im Warenzeichenrecht ist der Umfang der Bereicherung ausschließlich nach [fV_{B1}] zu ermitteln) mit R 3 (in Fällen des UWG ist der Umfang des Bereicherungsanspruchs ausschließlich nach [Rt G] zu ermitteln) resultiert u.a. aus einer inkonsistenten Verwendung der Kausalitätskategorie. Während Wilhelm im Warenzeichenrecht den Verletzergewinn ausschließlich der Täuschungshandlung zuschreibt, schreibt er im UWG den Verletzergewinn ausschließlich der Rechtsverletzung zu. Hier wird offensichtlich, welch nachgiebiges Instrument in der Kausalitätskategorie verborgen liegt, mit

[23] In FN 130, S. 97 nimmt *Wilhelm* die Ausschließlichkeit von (fV_{B1}) für die Fälle zurück, in denen eine Zeichenverletzung zugleich einen Verstoß gegen das UWG darstellt. Materiell ist eine Zeichenverletzung immer auch unlauterer Wettbewerb, formell nie, und zwar wegen des Spezialgesetzcharakters der Zeichenrechte. Das angegebene Kriterium ist demzufolge wertlos.

[24] Für sein Ergebnis, das der ausschließlichen Geltung von (fV_{B1}), kann *Wilhelm* diese Entscheidung freilich nicht in Anspruch nehmen, denn das RG hatte zu Schadensersatz nach (S diff) unter Einschluß des entgangenen Gewinns verurteilt, vgl. RG Z 58, 321, 324 2. Absatz.

der Wilhelm in allen seinen Regeln arbeitet. Im Warenzeichenrecht wird der irreale Konditionalsatz des Verletzten: wenn der Eingreifer die Warenzeichenverletzung nicht begangen hätte, hätte ich das Geschäft gemacht und denselben Gewinn erzielt, nicht zugelassen.

Betrachtet man R 1 bis R 4 noch einmal im Zusammenhang, so fällt bei der Analyse des Regelgeflechts auf, daß das Wirtschaftsrecht, was die Anwendungsbedingungen der Regeln angeht, eine gegenüber dem Bürgerlichen Recht abgesonderte Existenz führt, und zwar trotz der Wilhelmschen Intention der Ableitung aller Bereicherungsansprüche aus einem Prinzip. Im UWG begeht Wilhelm vermittelt über den entgangenen Gewinn einen Kategoriefehler, der in seiner Bereicherungskonzeption im Bürgerlichen Recht nicht im mindesten angelegt ist (Schaden anstelle von Bereicherung). Darüber hinaus arbeitet Wilhelm im Wirtschaftsrecht auch methodisch anders. Im Wirtschaftsrecht legt er nämlich Objektwelten als Gegenstandsbereiche fest und ordnet die Regeln jeweils ausschließlich zu. Im Bürgerlichen Recht hingegen faßt Wilhelm den Gegenstandsbereich als unteilbar auf und setzt für die Anwendung beider Regeln ein Differenzierungskriterium fest, so daß beide Regeln anwendbar bleiben.

Identisch für beide Rechtsgebiete ist aber die Rechtskonzeption, die strukturell nach dem Muster des Eigentums gedacht ist. Nun impliziert diese Rechtskonzeption aber ein Sozialmodell, innerhalb dessen die rechtlichen Zuständigkeiten genau festgelegt sind, innerhalb dessen sich demzufolge Eingriffe präzise bezeichnen lassen, das andererseits Störungen des Austausches kommunikativer Art als Willensmängel erfassen kann.

Die Transformation dieses Paradigmas in die Objektwelt Wirtschaft, die empirisch bereits mit Zuständigkeitsverteilungen nicht adäquat beschrieben werden kann, dessen Strukturprinzip Wettbewerb nach h.M. allenfalls in einem Entdeckungsverfahren präziser zu fassen ist, führt zu Friktionen, nicht zuletzt weil es im Bereich des UWG allenfalls um faire Partizipationschancen, trotz unglaublicher Machtkonzentration, nicht um die Wahrung und Verteidigung von Besitzständen gehen kann. Ginge es allein darum, wäre der Wettbewerb, gleich welchen Inhalt man diesem Begriff zu geben versucht, ohnehin erledigt.

Die auf der Ebene der Regeln bereits sprachlich feststellbaren Unverträglichkeiten finden ihre Erklärung in der Defizienz, mit der die Wirklichkeit erfaßt und auch im Rahmen der paradigmatischen Fassung der Rechtskkategorie berücksichtigt wird.

Natürlich ist die Vokabel des Zuweisungsgehalts ein rhetorisches Muster, man reagiert mit ihm aber immerhin auf ein Problem, man konzidiert nämlich hiermit, daß im Bereich des Wirtschaftsrechts die Inhalts- und Konturenbestimmung der betroffenen Rechte selber. wegen der Realitätsentwicklungen, die naturgemäß nicht in den Zentralkategorien des Bürgerlichen Rechts erfaßt waren, problematisch geworden ist.

Wilhelm verdankt Savigny und der Tradition seiner Schüler methodisch die systematische Orientierung, wissenschaftstheoretisch die Strukturbestimmung der Rechtskategorie nach dem paradigmatischen Muster des Eigentums als dem Prototyp des subjektiven Rechts, inhaltlich anthropologisch die Vorstellung der Autonomie des Subjekts, dogmatisch die Orientierung an der Causa-Doktrin, gesellschaftstheoretisch das Sozialmodell gleichberechtigter Eigentümer und wirtschaftstheoretisch eine Problemlosigkeit, die möglicherweise zu Savignys Zeiten angebracht war, heute aber angesichts der ungeheuren Probleme des Marktes inadäquat geworden ist.

In einer Gesellschaft gleichberechtigter Eigentümer stellt sich der Wettbewerb gleichsam von selbst her, jede Unlauterkeit ist Verletzung eines subjektiven Rechts und deshalb gegen die Ordnung. In einer Gesellschaft vermachteter Märkte kann die reine Ausübung von Befugnissen aufgrund eines Rechts, die traditionell nicht anfechtbar wäre, zur Destruktion der wirtschaftlichen Existenz eines Mitbewerbers und zur Zerstörung eines minimalen Rests von Partizipationschance und damit des Wettbewerbs als Institution führen und deshalb gegen die Ordnung sein. In unserer heutigen ökonomischen Struktur ist deshalb auch die fortschreitende Zuschreibung von Rechten als Dispositionsbefugnissen und Machtsphären (subjektiven Rechten), oder die paradigmatische Auffassung bestehender Partizipationschancen nach dem Muster der subjektiven Rechte angesichts der Marktaufteilung und des Institutionsschutzes problematisch.

Es ist unschwer zu sehen, daß hieraus folgende Modifikationen der Rechtskategorie als Paradigma die Systematik dogmatischer Konzeptionen bedrohen, die im „Innersten" von eben diesem Muster zusammengehalten werden. Nur — und insoweit sollte man sich auch von lieb gewordenen anthropologischen Konzeptionen lösen — liegt diese Bedrohung nicht in der Absicht irgendeines Subjektes, sondern sie stellt sich infolge der Realitätsentwicklung. Und es ist kein Wunder, daß dogmatische Konzeptionen brüchig und falsch werden, daß sich Unverträglichkeit in den Regeln herausstellen, wenn diese Realitätsdimension in ihrem zentralen Paradigma nicht faßbar ist.

1.3 Zur Umkehrung der Schadensersatzidee, Jakobs' deliktisches Bereicherungsrecht

Es sind nicht weniger als 22 Regeln, die Horst Heinrich Jakobs in seinem Buch ‚Eingriffserwerb und Vermögensverschiebung in der Lehre von der ungerechtfertigten Bereicherung' zur Umfangsbestimmung des Bereicherungsanspruchs vorschlägt. Die erste und grundlegende Unterscheidung, die nach seiner Konzeption zu machen ist, ist diejenige zwischen Gut- und Bösgläubigkeit des Bereicherungsschuldners.

1.3.1 Bürgerliches Recht

Die erste Regel der Umfangsbestimmung der Bereicherung läßt sich als auf der Ebene der Kausalität angesiedelte Regel der Ersparnisermittlung bezeichnen.

Der Lagerhalter B verkauft eine von ihm für A verwahrte Sache in der Meinung, seine eigene Sache zu veräußern, an den gutgläubigen C für 100,—. Im Augenblick der Verfügung waren die Preise für art- und gattungsgleiche Sachen von 100 auf 120 gestiegen[25]. Nach Jakobs ist B um 120 bereichert, denn diesen Betrag hat er durch die rechtswidrige Verfügung erspart. Jakobs löst also die Kausalität aus dem synallagmatischen Kontext und stellt eine Differenzrechnung im Rahmen des Schuldnervermögens an, wobei er den irrtümlich einbehaltenen eigenen Gegenstand nicht als solchen, sondern in seinem Geldwert (d.h. dem üblichen Preis zur Zeit der Verfügung) zur Bestimmung der effektiven Güterlage einbezieht (R 1).

Die Zweite Regel ordnet eine Präferenz zwischen (Rt G) und (fV_{B1}) an, sie differenziert nach der Einstellung des Schuldners. Beispiel ist der bekannte Fall des Loskaufs mit fremden Geld, der einen Lotteriegewinn zutage fördert. Hätte sich der Schuldner auf jeden Fall — also auch mit eigenem Geld — das Los gekauft, so schuldet er nur den Lospreis, ansonsten den Lotteriegewinn. Im zweiten Fall war, so kann man interpretieren, die rechtswidrige Handlung kausal für die Vermögensentscheidung, im ersten Fall hingegen nicht (R 2). Diese Regel bewirkt in der überwiegenden Zahl der Fälle des kaufmännischen Geschäftsverkehrs ein Ausscheiden der Gewinnherausgabe. Der Einzelhändler, der die einem Produzenten oder Großhändler gehörende Sache ohne positive Kenntnis des fremden Eigentums veräußert, hätte in aller Regel ein derartiges Geschäft auch mit eigenen Sachen gemacht[26].

Die dritte Regel des Bürgerlichen Rechts ist nun überraschenderweise nicht mehr schuldner-, sondern gläubigerbezogen, es handelt sich um (Rt G). Hätte bei der unbefugten Veräußerung von Antiquitäten z.B. der Berechtigte seine Sache nicht hergegeben, so kommt eine nach (fV_{B1}) zu berechnende Ausgabenersparnis nicht in Betracht, „erlangt ist dann die Gegenleistung einschließlich eines möglicherweise erzielten Gewinnes“[27], Aufwendungen auf den Kaufgegenstand werden abgezogen.

---

[25] *Jakobs*, Eingriffserwerb und Vermögensverschiebung in der Lehre von der ungerechtfertigten Bereicherung, Bonn 1964, S. 56.

[26] *Jakobs*, S. 58.

[27] *Jakobs*, S. 58.

Bei genauem Hinsehen fällt auf, daß sich nicht nur die Zurechnungssubjekte, sondern auch das Wirkungsfeld der Kausalität ändern. Standen unter Geltung der Regel 2 noch die gesamten unternehmerischen Aktivitäten des Bereicherungsschuldners im Diskussionsfeld der hypothetischen Kausalität (d.h. der Schuldner hätte bei rechtmäßigem Vorgehen zwar nicht dieses, wohl aber ein anderes Geschäft gemacht und wahrscheinlich den gleichen Gewinn erzielt), so steht im Rahmen von R 3 nur das vorgenommene Geschäft und dessen Vermögenswirkung zur Debatte.

Man sieht bereits hier, welche Inkonsistenzräume sich allein dadurch öffnen, daß man das im Prinzip indefinite Wirkungsfeld der Kausalität entweder eingrenzt oder erweitert. Unabhängig davon kann Kausalität als dominantes Prinzip von Regeln eigentlich keine Entscheidungshilfe bringen. Ist das Wirkungsfeld der Kausalität nämlich indefinit, werden insbesondere hypothetische Kausalverläufe mit einbezogen, so taugt die Kausalität nicht zur Entscheidungshilfe, die Regeln, die aus einem indefiniten Feld zu gewinnen sind, sind notwendig vage; begrenzt man das Wirkungsfeld, wie Jakob es tut, so folgen diese Grenzen nicht aus der Kausalität, und es ist für eine konsistente Regelbefolgung notwendig, auch diese Grenzbestimmungen in einer Regel zu fassen, die hinreichend präzise ist. Eine solche Regel gibt Jakobs aber gar nicht bekannt, seine Fallentscheidungen weisen darüber hinaus im Verhältnis von R 2 zu R 3 unterschiedliche Grenzziehungen auf.

Unabhängig davon gebieten R 2 und R 3 wiederum Bewußtseinserforschungen, R 2 des Schuldners, R 3 des Gläubigers; sie lassen irreale Konditionalsätze zu, die nicht prüfbar sind. Auch in dieser Hinsicht ist das Optimum an Präzision sicher nicht erreicht.

1.3.2 Wirtschaftsrecht

Die deliktische Struktur des Bereicherungsanspruchs macht Jakobs als einen auch für das Wirtschaftsrecht verbindlichen dogmatischen Rahmen selber deutlich:

> „Ein Rückblick auf die bisherigen Ausführungen zeigt, daß sich der Tatbestand der Eingriffskondiktion als Bereicherungsanspruch aus widerrechtlichem Handeln entsprechend dem des deliktischen Schadensersatzanspruches gliedern läßt: die bereicherungsbegründende Handlung kann widerrechtlich sein, weil sie gegen ein absolutes Recht (§ 823 I: Eigentum oder ein sonstiges Recht) verstößt, ein rechtlich geschütztes Interesse eines anderen verletzt (§ 823 II) oder mit den guten Sitten nicht vereinbar ist (§ 826)."[28]

Durch diesen dogmatischen Rahmen verlegt Jakobs sämtliche Probleme des Deliktsrechts, insbesondere die der Kausalität und des Schadens-

[28] *Jakobs*, S. 122.

(Bereicherungs-)umfangs in das Bereicherungsrecht; denn Jakobs ist auch dem juristischen Denkmuster, daß sich die Rechtsfolge aus dem Tatbestand gleichsam logisch ergäbe, verpflichtet. Der Eingreifer in ein fremdes Immaterialgüterrecht haftet deswegen, weil er durch die rechtswidrige Handlung etwas erlangt hat, auf alles was er durch die rechtswidrige Handlung erlangt hat[29]. Daß sich aus dieser Folge, insbesondere im Bereich der haftungsausfüllenden Kausalität Probleme über Probleme ergeben, wird noch zu zeigen sein. Zuvor verdient ein „Tatbestandsproblem“ Beachtung, das aus der Transformation deliktsrechtlicher Anspruchsvoraussetzungen in das Wirtschaftsrecht resultiert. Jakobs kritisiert, wie auch Wilhelm, die Lehre vom Zuweisungsgehalt in ihrer haftungs- und anspruchsbegrenzenden Funktion[30], insbesondere die Lösungskapazität dieser Kategorie. Eigentlich ist für Jakobs die ganze Kategorie verfehlt, denn der Bereicherungsanspruch setzt nur widerrechtliches Handeln voraus, das (analog § 823 II BGB) auch bei der Verletzung von Schutzgesetzen vorliegen kann, so daß es auf die Frage, ob ein absolutes Recht vorliegt, letztlich nicht ankommt.

Im Bereich des UWG bejaht Jakobs[31] demzufolge die Anwendbarkeit des Bereicherungsrechts, insbesondere bei Verletzung der §§ 1, 3—12 UWG soll eine Gewinnherausgabe stattfinden. Nur müßte man, insbesondere dann, wenn die Zahl der durch die rechtswidrige Handlung verletzten Mitbewerber nicht feststellbar ist, wissen, an wen die Gewinnherausgabe erfolgen soll. In dieser Frage sinkt aber die Lösungskapazität der deliktischen Bereicherungskonzeption unter Null. Ist die Feststellung der Zahl der Verletzten nämlich nicht möglich, „— und das wird gerade in den Fällen der §§ 3—12 UWG wohl immer so sein — dann bleibt de lege lata in der Tat nur die Versagung des Bereicherungsanspruchs. Will man hieraus Einwände gegen die Gewinnherausgabe herleiten, so ist dem mit den Worten Fr. Schulz zu begegnen, daß ‚eben nicht alle Probleme in der Jurisprudenz lösbar‘ sind“[32].

Das Versagen der Jakobschen Bereicherungskonzeption, denn hierum und nicht nur um die Frage der Gewinnherausgabe geht es, gerade im Nervensystem des Wirtschaftsrechts ist symptomatisch. Jenseits der durch die absoluten Rechte gesetzten und quasiempirischen Grenzen ist jede privatrechtliche Bereicherungstheorie hilflos wie ein neugeborenes Kind. Das Ersetzen der Kategorie des Zuweisungsgehalts durch die des Schutzgesetzes (Verhaltensnormen etc.) führt nämlich hinsichtlich der Lösungskapazität gar nicht weiter.

---

[29] *Jakobs*, S. 123.

[30] *Jakobs*, S. 103 ff.

[31] *Jakobs*, S. 116.

[32] *Jakobs*, S. 117.

Diese Hilflosigkeit setzt sich fort in einer Überkompliziertheit der Regeln für den bereicherungsrechtlichen Wertersatz, die darüber hinaus in ihrem Anweisungsgehalt deswegen so zweifelhaft sind, weil sie allesamt auf der problematischen Kategorie der Kausalität basieren.

Zunächst erweitert Jakobs das Kondiktionsobjekt auch auf den technischen Eingriffserwerb, also etwa auf die durch eine Urheberrechtsverletzung hergestellten Exemplare[33] oder durch die Verletzung eines fremden Patents hergestellten Produkte[34].

Der Eingriffserwerb ist zu ermitteln durch einen Vergleich der effektiven mit der hypothetischen Güterlage, bezogen auf den Zeitpunkt der Rechtsverletzung. Das Vermögen des Schuldners, wie es sich infolge seiner widerrechtlichen Handlung entwickelt hat, ist mit dem Vermögen zu vergleichen, das der Bereicherungsschuldner ohne diese rechtswidrige Handlung hätte. Die Parallelität zum Schadensersatzrecht wird damit überdeutlich, die Transformation der Differenzhypothese in die Ermittlung des Bereicherungsumfangs führt zu folgenden Regeln:

RW 1 Der Verletzer hat den durch die rechtswidrige Handlung erzielten Gewinn immer und nur dann herauszugeben, wenn er denselben Gewinn nicht auch anderweitig erzielt hätte[35].

RW 1 a Hätte der Verletzer denselben Gewinn auch ohne Rechtsverletzung erzielt, so schuldet er nur Herausgabe der durch die Rechtsverletzung erzielten Ersparnis, keine Gewinnherausgabe. Diese Ersparnis bemißt sich durch die verminderten Produktionskosten — z.B. bei einer Patentverletzung —[36].

RW 1 b Gegebenenfalls ist der Schuldner auch um die Lizenzgebühr bereichert, zu der er sich die Berechtigung, das fremde Recht zu nutzen, beschafft hätte[37].

Dieses „gegebenenfalls" ist wohl so zu interpretieren, daß die Lizenzvergütung nur dann in Frage kommt, wenn der Eingreifer, vorausgesetzt er hätte das fremde Recht gekannt, eine solche Lizenz angestrebt hätte. Hätte er sich anderweitig beholfen, so läßt Jakobs diesen irrealen Konditionalsatz des Schuldners gelten[38] und versucht zu ermitteln, wie in diesem Falle die Vermögenssituation des Schuldners ausgesehen hätte, um dann die Differenz zu kondizieren. Wie RW 1 a zu RW 1 b steht, ist undeutlich, es bleibt offen, ob der Verletzer neben den ersparten Produktionskosten zusätzlich eine Lizenz zu zahlen hat.

---

[33] *Jakobs*, S. 74, 75.

[34] *Jakobs*, S. 74, 75.

[35] *Jakobs*, S. 128.

[36] *Jakobs*, S. 128.

[37] *Jakobs*, S. 129.

[38] Vgl. dazu *Jakobs'* Ausführungen zum Dahlkeurteil, S. 135, anders im Gleisanlagefall, S. 148 f.

Die Regeln, die nicht direkt Kausalitätsfragen thematisieren, sind nicht weniger kompliziert. Jakobs bespricht die Schwierigkeit, zu ermitteln, auf welche Faktoren ein erzielter Gewinn kausal zurückzuführen ist, auf das Recht des Verletzten oder auf das Leistungsbündel des Verletzers (Produktionskapazität, Absatzwege, Vertriebssystem etc.). Sein Resultat ist die rechnerische Unmöglichkeit der Transformation der Ertragsfaktoren in Summenquanta des Ertrages. Zustimmend zitiert Jakobs John Stuart Mill:

„Wenn zwei Bedingungen in gleicher Weise für die Hervorbringung eines Ergebnisses überhaupt notwendig sind, so ist es sinnlos, zu behaupten, daß hierbei soviel durch die eine und soviel durch die andere getan sei; dieses gleicht dem Versuche zu entscheiden, welche der beiden Scherenhälften beim Schneiden die Hauptarbeit tun müsse, oder welcher der Faktoren fünf und sechs am meisten zum Produkt dreißig beiträgt."[39]

Dennoch strebt Jakobs eine Gewinnverteilung nach dem Verhältnis der Beitragswerte an, und zwar nach folgenden Regeln:

RW 2 „Im Verhältnis zwischen dem Eingreifer und dem Verletzten gebührt der Eingriffserwerb grundsätzlich dem Verletzten, es sei denn, der Beitrag des Eingreifers ist als Hauptsache zu qualifizieren."[40]

RW 2 a Ist der Beitrag des Verletzers als Hauptsache zu qualifizieren, so erhält der Verletzte eine angemessene Lizenzgebühr (fV_{B1}).

RW 2 b Ist der Beitrag des Verletzten als Hauptsache zu qualifizieren, so schuldet der Verletzer den technischen und wirtschaftlichen Eingriffserwerb minus der entstandenen Kosten und abzüglich einer Vergütung für die eigene gewerbliche Tätigkeit[41].

RW 3 Hat der Eingreifer unter Verletzung zweier fremder Patente produziert, so erhält der Inhaber des Rechts, das als Hauptsache zu werten ist, den gesamten Eingriffserwerb, d.h.

RW 3 a Ist P 1 (Patent 1) Hauptsache, so erhält PI 1 (Patentinhaber 1) den Eingriffserwerb minus der Kosten der Produktion und der Veräußerung, ferner abzüglich der Lizenz für P 2 und abzüglich des Unternehmerlohns für den Verletzer.

RW 3 b Ist P 2 Hauptursache, so erhält PI 2 Eingriffserwerb minus Kosten der Produktion und des Verkaufs minus Unternehmerlohn für den Verletzer.

RW 3 c Ist das Leistungsbündel des Verletzers Hauptsache, so schuldet dieser vermutlich (eine explizite Regel fehlt!) Ersparnisheraus-

[39] *John Stuart Mill*, Grundsätze der politischen Ökonomie, S. 41, zitiert nach *Jakobs*, S. 125.

[40] Alle diese Regeln finden sich, freilich nicht explizit, bei *Jakobs*, S. 126.

[41] *Jakobs*, S. 126.

gabe und Lizenz dem Verletzten, wobei die Ersparnis auch wieder aufgeteilt werden müßte (wie ist unklar).

RW 3 d Ist keines der verletzten Rechte Hauptsache, so haben beide Patentinhaber Anspruch auf Herausgabe der Eingriffsgegenstände nach § 432 BGB; im Innenverhältnis sind PI 1 und PI 2 nach dem Verhältnis ihrer Beitragswerte am wirtschaftlichen Erwerb beteiligt.

RW 4 Ermittle die Hauptsache entweder nach dem Reproduktionswert der Beitragswerte oder nach der Verkehrsanschauung. (Nach welcher dieser beiden Regeln — Verkehrsanschauung oder Reproduktionswert der Beitragswerte — die Hauptsache zu ermitteln ist, bleibt offen! Ebenso unklar ist, ob man unter diesen beiden Regeln wählen darf.)

Wichtig ist nun, daß RW 1, RW 1 a, RW 1 b den Regeln RW 2 bis RW 3 c vorgehen. Wenn der Eingreifer einen gleich hohen Gewinn auch ohne widerrechtliche Handlung erzielt hätte, so gebührt ihm der erzielte Gewinn, er schuldet allenfalls Herausgabe der Ersparnis nach RW 1 a, RW 1 b, wobei das Verhältnis dieser beiden Regeln unklar ist. Auf S. 128 scheint Jakobs RW 1 a zu bevorzugen, also nur ersparte Produktionskosten als kondizierbar anzusehen.

Anwendungsgebiet von RW 1 ist die Verletzung eines Verfahrenspatents. Hier kommt weder Herausgabe des technischen noch des wirtschaftlichen Eingriffserwerbs in Frage, wenn feststeht, daß der Verletzer mit einem gemeinfreien Verfahren die gleichen Produkte hergestellt und abgesetzt hätte. Kondizierbar ist nur die Kostenersparnis im Produktionsprozeß, bereichert ist der Schuldner „gegebenenfalls auch um die Lizenzgebühr, zu der er sich die Berechtigung, dieses Verfahren zu benutzen, von einem Dritten verschafft hätte“[42]. Hiermit ist das Verhältnis von RW 1 a zu RW 1 b wieder problematisch geworden und nicht nur diese Frage bleibt unbeantwortet, sondern auch die Frage, wann man davon ausgehen sollte, daß der Verletzer auch ohne Patentverletzung die gleichen Produkte hergestellt hätte.

Diese Regel teilt die Schwierigkeiten aller irrealen Konditionalsätze und ist zusätzlich mit den Problemen der Kausalität belastet. Doch damit nicht genug. Bei Stoffpatent- und bei Urheberrechtsverletzungen gilt RW 1 nämlich nicht uneingeschränkt. Der technische Eingriffserwerb ist in diesen Fällen nämlich immer herauszugeben (RW 5). Der wirtschaftliche Eingriffserwerb (Rt G) hätte auch durch anderweitige unternehmerische Tätigkeit erzielt werden können.

---

[42] *Jakobs*, S. 129.

Definitive Schwierigkeiten ergeben sich ferner bei der Fragestellung der Höhe des durch anderweitige unternehmerische Tätigkeiten erzielten Gewinns. § 252 I 2 BGB soll angewendet werden, und dies bedeutet „ganz ohne Ermessen des Richters ist eben nicht auszukommen"[43] (RW 6).

Das Ermessen des Richters ist also die Endstation, zu der uns Jakobs auf den Geleisen der Kausalität führt. Sein Regelwerk eröffnet ein doppeltes Ermessen des Richters, sowohl in der haftungsgründenden als auch in der haftungsausfüllenden Kausalität, denn irreale Konditionalsätze sind in der Beurteilungssphäre des Richters ein nachgiebiges Instrument. Das machen die Fallbeispiele deutlich, die Jakobs als Anwendungsfelder seiner Regel umreißt. Wird nämlich das Recht am Bilde einer Filmschauspielerin gutgläubig verletzt, so schuldet der Verletzer nicht Herausgabe des Reklamegewinns, denn „ob die Filmschauspielerin X oder Y erklärt, sie pflege sich mit der Seife Z zu waschen, die Absatzsteigerung wird insoweit die gleiche sein"[44]. Hier kommt nur die Ersparnis der Vergütung als Kondiktionsobjekt in Frage, und zwar diejenige Ersparnis, die der Verletzer für die Einwilligung einer anderen als der verletzten Schauspielerin hätte zahlen müssen.

Im Dahlke-Fall hingegen ist der Gewinn auf die Abbildung Dahlkes zurückzuführen[45]; die Höhe des Gewinns soll nach § 287 ZPO geschätzt werden. Der Grund für die unterschiedliche Behandlung beider Fälle wird nicht deutlich, die Entscheidungen folgen auch nicht aus den bekanntgegebenen Regeln, denn diese Regeln sind viel zu vage.

Jakobs hat nahezu sämtliche Probleme des Schadensrechts und des Deliktrechts in das Bereicherungsrecht verlagert, ohne dessen Probleme im Wege einer konsistenten Regelbefolgung lösbar zu machen.

Doch möglicherweise löst sich der Knoten bei den Regeln, die Jakobs für den Fall des bösgläubigen Eingriffs in fremde Rechte vorsieht.

Bösgläubigkeit des Bereicherungsschuldners.

Liegen die Voraussetzungen der §§ 818 IV, 819, 820 BGB vor, so ist die Berufung des Kondiktionsschuldners auf einen hypothetischen Kausalverlauf ausgeschlossen, der Schuldner haftet nach (Rt G) immer auf den Gewinn (RB 1)[46].

Begründet wird diese Regel durch das Auswechseln des Kondiktionsobjekts, nicht eine Vermögensdifferenz ist geschuldet, sondern die Haftung bezieht sich konkret auf die Sache. Da nur die kausale Entwicklung des Kondiktionsobjektes zur Debatte steht, kommt es auf hypothetische Kausalverläufe nicht mehr an.

---

[43] *Jakobs*, S. 131.
[44] *Jakobs*, S. 134.
[45] *Jakobs*, S. 135.
[46] *Jakobs*, S. 144.

Ist durch die bösgläubige Rechtsverletzung kein Gewinn erzielt worden, entfällt (Rt G), der Bereicherungsschuldner haftet auf Schadensersatz (RB 2)[47].

Hat der Verletzer, ohne einen Gewinn zu erzielen, Ausgaben erspart, und ist der Nachweis eines Schadens mit Schwierigkeiten verbunden (insbesondere in Fällen des unbefugten Gebrauchs fremder Sachen, Fallbeispiel: Gleisanlage), so ist der Verletzer zum Wertersatz nach (fV_{B1}) (RB 3)[48] verpflichtet.

(fV_{B1}) und damit (RB 3) scheiden aber dann aus, wenn der Verletzte die Nutzung seines Rechts nur für ein Entgelt gestattet hätte, das über dem Marktpreis liegt. Dann schuldet der Eingreifer den überzogenen Preis[49]. Ansonsten käme es zu einem Kontrahierungszwang zum angemessenen Preis (RB 4).

In den beiden letzten Fällen gibt Jakobs eine Bereicherungshaftung des Schuldners sogar dann zu, wenn eine Vermögensvermehrung nicht vorliegt[50].

Die letzte der von Jakobs für die Bösgläubigkeit formulierten Regeln lautet:

> „... wer ein fremdes Recht unter den Voraussetzungen der §§ 818 IV, 819, 820 widerrechtlich verletzt, haftet immer auf das für die Sache oder die Benutzung des fremden Gutes geforderte übliche oder angemessene Entgelt. Hat der Nichtberechtigte einen materiellen Gewinn erzielt, auf den er unter den gleichen Voraussetzungen — wie ausgeführt — immer haftet, so hat der Berechtigte die Wahl, ob er diesen Gewinn oder das Entgelt verlangen will."[51] (RB 5)

Wie sich das Verhältnis dieser Regel zu RB 4 und RB 3 (gefordertes oder aber angemessenes Entgelt) darstellt, bleibt unklar.

Des weiteren fällt auf, daß die Regeln, die Jakobs für die Haftung des bösgläubigen Schuldners aufstellt, nicht mehr auf die Umkehrung der Schadensersatzidee zurückgeführt werden können. Jakobs gesteht die Haftung des Bösgläubigen, der keine Vermögensvermehrung erzielt hat, zu[52]. Mithin liegen die Regeln der Bösgläubigkeit jenseits der Bereicherungskonzeption; auf hypothetische Kausalverläufe kommt es nicht mehr an.

Insgesamt kann man festhalten, daß die Jakobsche Bereicherungstheorie im Wirtschaftsrecht bereits auf der Tatbestandsebene versagt, daß über die zentrale Bedeutung der hypothetischen Kausalität für alle

---

[47] *Jakobs*, S. 147.
[48] *Jakobs*, S. 147.
[49] *Jakobs*, S. 148.
[50] *Jakobs*, S. 150.
[51] *Jakobs*, S. 151.
[52] *Jakobs*, S. 150, 151.

Regeln Ungenauigkeiten großen Ausmaßes und nahezu alle Probleme des Schadensrechts in das Bereicherungsrecht transformiert werden, um dann im Ermessen des Richters hinsichtlich der Fixierung der Anspruchshöhe zu enden.

Die Regeln über den bösgläubigen Eingriff sind nicht auf die Bereicherungskonzeption zurückzuführen, sie liegen jenseits der Kausalität und setzen eine Vermögensmehrung des Schuldners nicht voraus.

Jakobs Verdienst ist es, das zentrale Problem der Gewinnherausgabe, nämlich die Nichttransformierbarkeit der Ertragsfaktoren in Summenquanta erkannt und deutlich gemacht zu haben, seine Lösung des Problems hingegen läßt die wesentliche Frage der Bestimmung der Hauptsache offen und kommt damit über die Unentschiedenheit des Transformationsproblems nicht hinaus.

Jakobs Theorie ist im Kern privatrechtlicher Natur, sie übersetzt konzeptionell die Strukturen des Deliktsrechts in das Bereicherungsrecht und trifft demzufolge im Wirtschaftsrecht auf Phänomene, die sich dem konzeptionellen Apparat, der Thematisierungskapazität des Deliktsrechts, nicht beugen, so daß die Regeln im Ermessen des Richters enden.

1.4 Von Caemmerers vertragliches Bereicherungsrecht. Der faktische Vertrag als Struktur- und Umfangsbestimmung des Bereicherungsanspruchs

1.4.1 Bürgerliches Recht

Von Caemmerers Konzeption des Bereicherungsrechts ist durch die prinzipielle Beschränkung auf den Wertersatz ausgezeichnet. Gegenstand des Bereicherungsanspruchs ist der Wert des Erlangten, nicht der erzielte Gewinn[53]. Diese Umfangsbestimmung des Bereicherungsanspruchs wird von v. Caemmerer aus systematischen Gründen abgeleitet.

„Handelt der Eingreifer schuldhaft, so ist er schadensersatzpflichtig, (§ 823 IBGB) handelt er vorsätzlich, so muß er den gemachten Gewinn herausgeben (§ 687 II BGB). Bei schuldlosem Eingriff ist dem Betroffenen wenigstens[54] der Wert des gemachten Gebrauchs zu vergüten, und zwar kraft ungerechtfertigter Bereicherung.“[55]

Das Bereicherungsrecht als Anspruchskategorie ist des weiteren durch die Exklusion des Verschuldens gekennzeichnet, die Fixierung der Parteien des Kondiktionsverhältnisses erfolgt durch die Rechtswidrigkeit

[53] *Von Caemmerer*, Festschrift für Ernst Rabel, Band 1, Rechtsvergleichung und Internationales Privatrecht, *hrsg. von H. Dölle, Max Rheinstein, Konrad Zweigert*, Tübingen 1953, S. 356.

[54] Daß *v. Caemmerer* hiermit nicht eine Mindesthaftung meint, sondern die Fixierung des Anspruchsumfangs, ergibt sich aus seinem Aufsatz: Grundprobleme des Bereicherungsrechts in *v. Caemmerer:* Gesammelte Schriften, *hrsg. v. H. G. Leser*, Freiburg 1968, Bd. I, S. 378.

[55] Vgl. *von Caemmerer*, Festschrift Rabel, S. 352.

der Handlung des Verletzers, die ihrerseits aus der rechtlichen Güterzuordnung abzuleiten ist. Der Gebrauch und die Nutzung des Eigentumsobjekts ist dem Eigentümer zugewiesen[56].

Die Bestimmung der Höhe des herauszugebenden Wertes erfolgt dogmatisch durch das Institut des faktischen Vertrages, der „Wert" ist dann als durchschnittlicher, d.h. als markt-gerechter Preis für die Nutzung zu fixieren.

„Räumt ein Mieter, dem gekündigt wurde, weil der vertragliche Mietzins weit unter dem inzwischen üblich gewordenen Mietpreis liegt, die gemieteten Büroräume nicht, so muß er nicht nur die zu niedrige Vertragsmiete weiterzahlen. Damit wäre dem Hauswirt nicht geholfen. Er schuldet aus ungerechtfertigter Bereicherung auch die Differenz zu dem marktgerechten Mietzins. Der Hauseigentümer braucht nicht nachzuweisen, daß ihm in dieser Höhe ein Schaden entstanden ist... Da er der Eigentümer ist, gebührt ihm die Nutzung der Räume. Der wirkliche Wert der Nutzung ist ihm daher zu vergüten."[57] (R 1)

Der wirkliche Wert läßt sich demnach nur über den Marktmechanismus ermitteln, wobei unterstellt werden muß, daß der Berechtigte einen Vertrag[58] über die Nutzungsüberlassung geschlossen hatte. Des weiteren liegt in dem topos des markt*gerechten* Preises ein normativer Gehalt verborgen, und zwar in der Korrespondenz von durchschnittlichem, marktgerechtem Preis und wirklichem Wert. Man hat hier den topos des iustum pretium im liberalen Gewande vor sich, die Identifikation von wirklichem Wert und durchschnittlichen Preis setzt bekanntlich Konkurrenz, und zwar vollkommene Konkurrenz voraus. In methodischer Hinsicht noch wichtiger ist die Transformation eines empirisch zu ermittelnden Datums (durchschnittlicher Preis) auf die Ebene des Rechts (objektiver Wert als Gegenstand des Bereicherungsanspruchs). Nur so kann, wie v. Caemmerer es ausdrückt, ein Wert auch *wirklich* werden. Nicht nur Anhänger der Sein-Sollen-Differenz können in dem topos des marktgerechten Preises mindestens eine Äquivokation, möglicherweise sogar eine Dreideutigkeit feststellen. Marktgerechtigkeit intensional definiert als Ergebnis einer Rechenoperation, die mit empirischen Daten hantiert und Durchschnittspreise ermittelt (marktgerechter Preis als Durchschnittspreis), Marktgerechtigkeit präskriptiv (also ebenfalls intensional) definiert als Gebot der Feststellung des Umfangs des unrechtmäßigen Habens (der Bereicherung) und möglicherweise drittens Marktgerechtig-

[56] *Von Caemmerer*, Gesammelte Schriften, S. 378.

[57] *Von Caemmerer*, Gesammelte Schriften, S. 379.

[58] Explizit findet sich die Korrelation des faktischen Vertrages mit der Wertberechnung des Bereicherungsrechts an folgender Stelle: „Wer ein fremdes Patent, wenn auch schuldlos, verletzt, ist um den Wert bereichert, den die Verwendung des geschützten Verfahrens hatte, d.h. um diejenige Lizenzgebühr, die er redlicherweise hätte zahlen müssen, wenn ihm das Bestehen des Patents bekannt gewesen wäre. Dieser ‚quasicontractliche Gedanke'...", *v. Caemmerer*, Festschrift Rabel, S. 357.

keit definiert[58a] als objektiver Wert, wobei sich diese Objektivität daraus herleitet, daß jedermann, der diesen Gegenstand nutzen will, diesen Preis zu zahlen hat, weil dieser Preis für alle gilt, ist er auch gerecht *und* wirklich (marktgerechter Preis als objektiver und wirklicher Wert).

Die Regel des faktischen Vertrages hat ja ebenfalls präskriptiven Charakter. Gerade das von v. Caemmerer angeführte Beispiel macht deutlich, daß es überhaupt nicht darauf ankommt, ob der Schuldner den Durchschnittspreis gezahlt hätte, sondern daß ihm dieser Preis als ein aus Rechtsgründen zu entrichtendes Entgelt schlicht vorgeschrieben wird, ohne daß es auf den Willen des Schuldners überhaupt ankommt. Das Institut des faktischen Vertrages leistet demnach die Übersetzung von empirisch zu ermittelnden Daten auf der Ebene des Rechts.

Der topos der Identifikation von Normativem und Faktischem zeigt sich auch bei v. Caemmerers Interpretation des § 816 I 1 BGB, einer Norm, die der systematischen Beschränkung auf den Wertersatz vor allem deshalb Schwierigkeiten macht, weil das „Erlangte" im Sinne dieser Vorschrift ausschließlich empirisch festzustellen ist, und dies auch nur jeweils für den einzelnen Fall.

„Die Vorschrift des § 816 Abs. 1 S. 1 BGB hat nach ihrem historischen Vorbild den praktisch nächstliegenden Fall des Verkaufs der Sache vor Augen und geht dabei offenbar von dem für den Normalfall richtigen Gedanken aus, daß der im Verkehr erzielte Preis den Wert der Sache darstelle."[59]

Liegt der *Normalfall*, d.h. der am häufigsten festzustellende Fall vor, so entspricht der vom Nichtberechtigten erzielte Preis auch dem durchschnittlichen, marktgerechten Preis und deshalb dem objektiven Wert, so daß sich eine Unverträglichkeit zwischen dem aus rechtssystematischen Gründen bestimmten Anspruchsumfang und dem von der Norm des § 816 I 1 BGB vorgeschriebenen empirisch zu ermittelnden Anspruchsumfang nicht ergibt. Etwas anderes aber gilt bei Abweichungen. Hat der nichtberechtigte Verfügende weniger erzielt als den Durchschnittspreis, so haftet er nur auf das Erlangte[60] (R 2). Von Caemmerer rechtfertigt diese Regel mit § 818 III BGB[61], sie entspricht im übrigen auch dem Wortlaut des § 816 I 1 BGB, verträgt sich aber nicht mit dem „normalen Anspruchsumfang".

Hat der Verfügende mehr erzielt als den Durchschnittspreis, so soll er doch maximal bis zu diesem haften[62] (R 3). Diese Regel widerspricht nun

---

[58a] Diese Bedeutung suggeriert die Wirklichkeit des Wertes, es spricht bei genauer Sprachbetrachtung einiges dafür, daß hier der Wert extensional definiert werden soll, so als hätte er eine reale Existenz (objektiver und wirklicher Wert).

[59] *Von Caemmerer*, Festschrift Hans Lewald, Basel 1953, S. 447.

[60] *Von Caemmerer*, Festschrift Lewald, S. 447.

[61] *Von Caemmerer*, S. 447.

[62] *Von Caemmerer*, S. 447.

eindeutig dem Wortlaut des § 816 I BGB, dies gesteht von Caemmerer zu, glaubt aber, die Gewinnherausgabe, die eine wortgetreue Anwendung des § 816 I 1 BGB gebietet, entbehre der inneren Rechtfertigung[63].

Bei der Belastung von Rechten, die dem Verfügenden nicht zustehen (Belastungen von Gegenständen oder Rechten sind Verfügungen i.S.d. § 816 I 1 BGB) unterscheidet v. Caemmerer: wird ein Erbbaurecht, ein Nießbrauch oder ein Wegerecht bestellt, so soll das hierfür erlangte Entgelt den Wert des überlassenen Rechts darstellen (R 4), bei einer Bestellung von Pfandrechten ist diese Wertermittlung nicht möglich. Der Grund für die Nichtdurchführbarkeit der Wertberechnung nach R 4, die sich ja insofern von den bisherigen Wertberechnungen unterscheidet, als sie ohne viel Umstände das tatsächlich erlangte Entgelt zum Wert erklärt, liegt im Fehlen des synallagmatischen Kontextes begründet. Die Pfandrechtsbestellung ist nämlich nicht Gegenleistung für die Kreditgewährung, sondern Bestellung einer Sicherheit. Gegenleistung für die Darlehensgewährung ist die Zinszahlung, und dieser Vertragstyp hilft bei der Wertermittlung für die Sicherheitsleistung nicht weiter, auch nicht in Gestalt eines faktischen Vertrages. Weil in dem Kontext der Pfandrechtsbestellung das Institut des faktischen Vertrages nicht anwendbar ist, ein Entgelt für die Pfandrechtsbestellung läßt sich nämlich nicht ermitteln, findet eine Wertberechnung nicht statt. Man kann auch nicht so tun, als hätte der wirklich Berechtigte das Pfandrecht bestellt, um ihm dann die Darlehensvaluta als Wert des Pfandrechts zuzusprechen. In diesem Falle würde die Belastung des Pfandobjektes fortdauern, die Kreditgewährung würde möglicherweise die definitive Rechtsinanspruchnahme des Kreditgebers herbeiführen und das heißt auch den Eigentumsverlust des wirklich Berechtigten nach sich ziehen. Darüber hinaus impliziert das Institut des faktischen Vertrages eine bilaterale Beziehung, der fachsprachliche Kontext dieses Institutes löst nicht das Problem seiner Situierung, denn irgendwelche Hinweise, zwischen wem eine Vertragsbeziehung anzunehmen ist, läßt sich aus dem Lösungspotential des Vertrages oder aus seiner Dogmatik nicht entnehmen.

Dies ist im übrigen der eigentliche Grund für die Verwirrung, die bei der Behandlung von Dreiecksbeziehungen innerhalb des Bereicherungsrechts entsteht. Weil das Lösungspotential des Vertragsrechts (möglicherweise mit Ausnahme einer Anweisungsbeziehung, hier sprechen aber die Ergebnisse der Rechtsprechung eine andere Sprache[64]) keine Informationen über die Parteien des Vertragsverhältnisses hergibt, sondern deren Bestimmung voraussetzt, werden die Fälle der Dreiecksbeziehungen immer komplizierter, nahezu unlösbar.

---

[63] *Von Caemmerer*, S. 447.

[64] Vgl. hierzu *Christian Joerges*, Bereicherungsrecht als Wirtschaftsrecht, Köln 1977, S. 44.

Bei einer Pfandrechtsbestellung jedenfalls hilft das Denkmuster des faktischen Vertrages nicht weiter. Hier kann die Rückgabe der Bereicherung „nur dadurch geschehen, daß der Nichtberechtigte die Belastung beseitigt, indem er entweder das Pfand auslöst, oder dem Gläubiger eine andere Sicherheit bietet und ihn damit zur Freigabe veranlaßt“[65] (R 5).

Die Befreiung von der gesicherten Verbindlichkeit soll auch in Fällen der Leistungskondiktion gelten, dann nämlich, wenn jemand bei unwirksamen Grundstückskauf Hypothekenschulden in Anrechnung auf den Kaufpreis übernommen hat[66].

„Ist die Beseitigung nicht möglich, weil der Gläubiger mit vorzeitiger Kreditrückzahlung oder mit einer Auswechselung der Sicherheit nicht einverstanden ist, dann wäre an sich Wertersatz geschuldet. Aber die Disposition über eine Kreditunterlage hat keinen Tauschwert, auch wenn sich ihre Bedeutung u.U. in der Zinsdifferenz zwischen Lombardkredit und ungedecktem Kredit zeigt. Nach Meinung des Obersten Gerichtshofes soll der Berechtigte daher in diesem Fall Auszahlung des zur Ablösung erforderlichen Betrages fordern können. Das bedeutet aber eine Gefährdung des Kondiktionsschuldners, der damit die Valuta auszahlt und Gefahr läuft, vom Gläubiger aus der persönlichen Schuld nochmals in Anspruch genommen zu werden, falls der Eigentümer den Betrag nicht zur Ablösung verwendet. Die sachgemäße Lösung, die vom Gesetz auch sonst in verwandten Fällen vorgesehen ist, dürfte sein, daß der Kondiktionsschuldner, der die Pfandbelastung nicht beseitigen oder das Sicherungseigentum nicht zurückverschaffen kann, für die Nichtinanspruchnahme durch Bankbürgschaft oder in anderer Weise Sicherheit leistet. Die Hergabe einer solchen Sicherheit ist genau die Herausgabe dessen, worum er bereichert ist.“[67] (R 6)

R 5 und R 6 sind weder mit dem Wortlaut des § 816 I 1 BGB (das Erlangte wäre ansonsten die vom Schuldner erst noch beizubringende Sicherheitsleistung) noch mit dem System (Wertersatz) vereinbar, denn das Institut des faktischen Vertrages kann nicht angewendet werden, eine Wertberechnung findet somit nicht statt.

Außerdem geht v. Caemmerer bei diesen Regeln einem Realitätsproblem aus dem Wege, das sich dann stellt, wenn, wie häufig, das belastete Pfandobjekt der einzige Sicherungsgegenstand war, den der Kondiktionsschuldner zu bieten hatte, der Schuldner demzufolge nicht in der Lage ist, das Pfandobjekt zu entlasten. Das Gleiche kann man in v. Caemmerers Regel feststellen, die für den Fall der Verwertung des Pfandobjekts aufgestellt worden ist. In diesem Falle schuldet der Nichtberechtigte Herausgabe des durch die Pfandverwertung erzielten Erlöses, da er in dieser Höhe von der Verbindlichkeit befreit wurde (R 7).

Von Caemmerer lehnt die direkte Inanspruchnahme des Pfandgläubigers ab (Anspruchsgrundlage für diesen Fall ist § 816 I 2 BGB), und

---

[65] *Von Caemmerer*, Festschrift Lewald, S. 451.

[66] *Von Caemmerer*, S. 451.

[67] *Von Caemmerer*, S. 452.

zwar deshalb, weil eine solche Inanspruchnahme den gesetzlich vorgesehenen gutgläubigen Pfandrechtserwerb wieder beseitigen würde. Trotz der systematischen Ausgliederung der Bösgläubigkeit aus der gesamten Anspruchskategorie des Bereicherungsrechts statuiert von Caemmerer an anderer Stelle[68] die Wertherausgabe des bösgläubigen Verfügenden, wenn dieser kein oder ein geringerwertigeres Surrogat (bezogen auf den Durchschnittspreis-Wert) erhalten hat. Dies soll unter „Bereicherungsgesichtspunkten" gelten. Die Regel lautet:

Hat jemand in Kenntnis seiner Nichtberechtigung über einen fremden Vermögensgegenstand verfügt, so schuldet er, wenn er als Gegenleistung für seine Verfügung nichts oder weniger als den Wert erhalten hat, immer den nach (fV_{B1}) zu ermittelnden Wert (R 8).

Unter Bereicherungsgesichtspunkten müßte es v. Caemmerer angesichts dieses Falles aber gerade die Sprache verschlagen; denn er hat schuldhaftes Handeln systematisch aus der gesamten Anspruchskategorie ausgesiedelt. Hierfür soll § 687 II BGB Anwendung finden. Die Anwendung dieser Regel würde den Bereicherungsgläubiger aber leer ausgehen lassen. Von Caemmerers Begründung, daß dem Bösgläubigen ja auch ansonsten § 818 III BGB nicht zugute käme[69], geht, ganz wie es die Regel des faktischen Vertrages gebietet, darüber hinweg; daß der Schuldner entweder gar nichts oder jedenfalls weniger als den Wert des Verfügungsgegenstandes erhalten hat, daß die Wertherausgabe folglich zu einem Vermögensverlust seinerseits führen muß. Nur sprengt diese Anwendung der Regel (fV_{B1}) das System, denn nach der systematischen Ausrichtung, dem Kontext des Bereicherungsanspruchs in der Konzeption v. Caemmerers, findet bei schuldhaftem Handeln ausschließlich (Rt G) Anwendung.

Insgesamt lassen sich folgende Regeln festhalten:

R 1 Nutzt jemand rechtsgrundlos ein fremdes Recht, so schuldet er dem Berechtigten Wertersatz nach (fV_{B1}).

R 2 Hat der Nichtberechtigte durch eine Verfügung über den fremden Gegenstand weniger erlangt als den nach (fV_{B1}) zu ermittelnden Wert, so schuldet er nur das Erlangte.

R 3 Hat der Nichtberechtigte durch eine Verfügung über den fremden Gegenstand mehr erlangt als den Wert, so schuldet er gleichwohl nur den Wert.

R 4 Hat ein Nichtberechtigter ein Erbbaurecht, einen Nießbrauch oder ein Wegerecht bestellt, so schuldet er dem Berechtigten die Herausgabe des Wertes, d.h. des für die Rechtsüberlassung Erlangten.

---

[68] *Von Caemmerer*, Festschrift für Gustav Boehmer, Bonn 1954, S. 162.

[69] *Von Caemmerer*, S. 162.

R 5 Hat ein Nichtberechtigter wirksam ein Pfandrecht bestellt, so schuldet er dem wirklichen Rechtsinhaber Entlastung des Pfandobjektes.

R 6 Ist die Entlastung nicht möglich, so schuldet der Nichtberechtigte Beibringung einer Sicherheit (z.B. Bankbürgschaft) dafür, daß das Pfandobjekt nicht verwertet wird.

R 7 Wurde das Pfandobjekt verwertet, so schuldet der Nichtberechtigte Herausgabe des durch die Pfandverwertung erzielten Erlöses.

R 8 Hat jemand in Kenntnis seiner Nichtberechtigung über einen fremden Vermögensgegenstand verfügt, so schuldet er, wenn er als Gegenleistung für seine Verfügung nichts oder weniger als den nach (fV_{B1}) zu ermittelnden Wert hat, immer den nach (fV_{B1}) zu ermittelnden Wert.

In der Konsistenzanalyse der Regeln ergibt sich, daß R 2 mit R 1 kollidiert, wobei aber R 2 vor R 1 gelten soll, daß R 3 insofern mit R 2 kollidiert, als hier nicht das empirisch zu ermittelnde Erlangte maßgebend ist, sondern der nach (fV_{B1}) zu ermittelnde Wert. Beide Regeln haben aber unterschiedliche Antecedensbedingungen, so daß ein Widerspruch nicht vorliegt.

R 4 kollidiert insofern mit den Regeln R 1, R 2, R 3 als der Wertbegriff, der in R 4 verwendet wird, intensional anders definiert ist als in den Regeln R 1 — R 3. Während in diesen Regeln der Wert nach (fV_{B1}) zu ermitteln ist, wird in R 4 der Wert umstandslos mit dem Erlangten gleichgesetzt. R 5 bis R 7 sind insofern selbständige Regeln, als sie weder auf den normalen Anspruchsinhalt der Bereicherungstheorie v. Caemmerers, den nach (fV_{B1}) zu ermittelnden Wert, noch auf das tatsächlich Erlangte i.S.d. § 816 I 1 BGB zurückzuführen sind, die Regeln liegen demnach außerhalb der Bereicherungskonzeption v. Caemmerers, sie sind Einzelfallentscheidungen, die sich nicht aus der Theorie ableiten lassen, man kann auch sagen, daß v. Caemmerer diese Fälle nicht innerhalb seiner Theorie thematisieren kann, oder daß seine Theorie in diesen Fällen versagt. R 8 schließlich sprengt die Systematik der theoretischen Konzeption v. Caemmerers.

1.4.2 Wirtschaftsrecht

Im Rahmen der Anspruchsvoraussetzungen liegt auch nach der Ansicht v. Caemmerers das eigentliche Problem der Anwendbarkeit des Bereicherungsrechts. Es ist fraglich, welche Rechtspositionen einem bereicherungsrechtlichen Schutz zugänglich sind. Von Caemmerer versucht bekanntlich, dieses Problem über die Kategorie des Zuweisungsgehaltes zu lösen[70]. Nur solche Rechte, die einen dem Eigentum vergleichbaren Zuweisungsgehalt aufweisen, genießen bereicherungsrechtlichen Schutz. Bloße Schutzpositionen im Sinne des § 823 II BGB, Verstöße gegen Verhaltensnormen, insbesondere Wettbewerbsverstöße oder auch Verstöße gegen Verkehrssicherungspflichten sind Delikte, die bei schuldhaftem Handeln die Verpflichtung zum Schadensersatz nach sich ziehen, der nach (S diff) berechnet wird, aber keine absoluten Rechte, die dem Bereicherungsanspruch unterliegen[71]. Die Rechte am Warenzeichen hingegen enthalten einen dem Eigentum vergleichbaren Zuweisungsgehalt[72, 73]. Es ist oft moniert worden, daß die Lehre vom Zuweisungsgehalt keine Informationen darüber gibt, wann ein Recht oder eine Rechtsposition einen dem Eigentümer vergleichbaren Zuweisungsgehalt aufweist[74]. Das Argument ist zutreffend. Von Caemmerers Regel, man habe die Interessen der Beteiligten abzuwägen[75], hilft nicht viel weiter, weil angegeben werden müßte, wie diese Interessen abzuwägen sind. Der Vergleich der zu untersuchenden Rechte mit absoluten Rechten nutzt auch nicht sehr viel, denn nach v. Caemmerer sind auch Forderungen Vermögensobjekte, deren Innehabung absolut geschützt sein kann[76], das von der Rechtsprechung in Analogie zu den absoluten Rechten des § 823 I BGB gebildete Recht am eingerichteten und ausgeübten Gewerbebetrieb hingegen ist nach v. Caemmerer kein echtes absolutes Recht[77].

Von Caemmerers Bereicherungskonzeption läßt uns also, wie alle privatrechtlichen Bereicherungsrechtstheorien im Wirtschaftrecht ziemlich orientierungslos zurück, und dies bereits bei der Fixierung der Anspruchsgrundlagen. Wie soll man auch aufgrund der Bereicherungstheorie entscheiden, ob die Rechtsordnung dem Inhaber einer Rechtsposition ein Monopol an dem betreffenden materiellen oder immateriellen Gut sichern will[78]. Immerhin läßt diese letzte Formulierung v. Caemmerers Assoziationen zu, die heuristisch verwertbar sind. Es geht um den Konflikt subjektiver Rechte mit dem Institutionenschutz des Wettbewerbs, um die Frage, inwieweit subjektive Rechte, absolute Rechte jenseits von Eigentum und Patent existieren, besser existieren dürfen, ohne den Institutionenschutz des Wettbewerbs zu gefährden, man könnte auch noch grundsätzlicher fragen, ob Rechtspositionen des Wettbewerbs überhaupt nach dem Muster subjektiver Rechte gedacht werden müssen,

---

[70] *Von Caemmerer*, Gesammelte Schriften I, S. 382.
[71] *Von Caemmerer*, Festschrift Rabel, S. 396.
[72] *Von Caemmerer*, Gesammelte Schriften I, S. 382.
[73] Ebenso bereits *v. Caemmerer*, Festschrift Rabel, S. 399.
[74] Vgl. *Jakobs*, Eingriffserwerb, S. 106.
[75] *Von Caemmerer*, Gesammelte Schriften I, S. 382.
[76] *Von Caemmerer*, Festschrift Rabel, S. 355.
[77] *Von Caemmerer*, Festschrift Rabel, S. 399.
[78] *Von Caemmerer*, Gesammelte Schriften I, S. 382.

um den notwendigen Schutz der Wettbewerber zu erreichen, ohne den Institutionenschutz zu gefährden. Diese Fragen ließen sich aber allenfalls im Rahmen einer Theorie beantworten, die die Funktion einzelner Rechte, Rechtspositionen und Verhaltensvorschriften im Rahmen der Wettbewerbsordnung untersucht. Es ist klar, daß solche Fragen die Problemlösungskapazität nicht nur der Bereicherungskonzeption v. Caemmerers, sondern jeder privatrechtlichen Bereicherungsrechtstheorie überfordern, die nach dem Muster absoluter Rechte, dem Muster deliktischer Anspruchsvoraussetzungen, dem Muster des faktischen Vertrages oder dem Muster der Korrespondenz von Wille und Verantwortung aufgebaut sind. Alle diese Denkformen sind allenfalls bilateral, zweistellig, subjektbezogen, die hierauf aufgebauten Dogmatiken bieten keine Möglichkeit, Verhältnisprobleme von Rechts- und Institutionenschutz zu erörtern, man kann auch sagen, daß diese Sprachsysteme oder Sprachspiele gegen die Thematisierung solcher Probleme abgedichtet sind, die Regeln, die in solchen Sprachen formuliert sind, werden vage, bieten keine Orientierung, wenn dieses reale Problempotential gelöst werden soll. Die Kategorie des Zuweisungsgehalts, die ja eine Metakategorie insofern ist, als sie es erlauben soll, bereits bestimmte oder existierende Rechtspositionen auszuzeichnen oder zu ordnen, weist, so kann man auch sagen, keinen fachsprachlichen Kontext auf, ein solcher Kontext müßte erst noch gebildet werden, um die für eine konsistente Regelbefolgung erforderliche Präzision herzustellen.

Von Caemmerers Aussagen zu dem Problemkomplex der Dreifachen Schadensberechnung lassen sich auf seine privatrechtlichen Aussagen zurückführen; zum Bereicherungsausgleich kommt es nur bei der Verletzung von Rechten mit einem dem Eigentum vergleichbaren Zuweisungsgehalt, der Bereicherungsanspruch setzt schuldhaftes Handeln des Verletzers nicht voraus. Die Dreifache Schadensberechnung ist, so von Caemmerer[79], nur im Rahmen der ersten Berechnungsmethode wirkliche Schadensberechnung, im Rahmen der 2. Methode (Lizenz) Wertberechnung, also Umfangsermittlung der Bereicherung und im Rahmen der dritten Methode weder Schaden noch Bereicherung, sondern Anspruch auf Gewinnherausgabe.

Es ist wichtig, daß v. Caemmerer mit dieser Position einerseits eine dogmatische Einordnung der existenten Berechnungsmethoden vornimmt, andererseits präskriptiv, von seiner Theorie ausgehend, die Anwendbarkeit des Bereicherungsrechts zu fixieren sucht. Ruft man sich die Regeln 2—8 ins Gedächtnis zurück, so läßt sich sehen, daß v. Caemmerers Konzeption keinesfalls so eindeutig und ausschließlich auf Wertersatz fixiert ist, wie es im Rahmen der Dreifachen Schadensberechnung

[79] *Von Caemmerer*, Gesammelte Schriften I, S. 381.

den Anschein hat. Von Caemmerer ist im Rahmen der zweiten Berechnungsmethode ungleich strenger, als er es im Privatrecht ist.

Dasselbe rechtssystematische Argument, das die Konturen des Bereicherungsanspruchs bestimmte, dient nun zur dogmatischen Einordnung der DSB. Handelt der Eingreifer schuldhaft, so macht er sich schadensersatzpflichtig (nach S diff), handelt er schuldlos, so schuldet er die für die Inanspruchnahme übliche Lizenz (fV_{B1}), greift er wissentlich in das fremde Recht ein, so schuldet er analog § 687 II BGB Gewinnherausgabe nach (Rt G)[80]. Allein die zweite Methode ist im Bereicherungsrecht anzusiedeln.

Diese Ausführungen sind konsistent, sie entsprechen dem theoretischen Ausgangspunkt, die Probleme in der Konzeption von Caemmerers liegen in der Bestimmung der Anspruchsvoraussetzungen.

Die Regel (fV_{B1}) kann immer, aber nicht nur dann als präzise gelten, wenn sich durchschnittliche Preise ermitteln lassen, d.h. es hinreichend empirische Daten gibt, die Durchschnittsberechnungen erlauben. Gibt es, etwa im Falle eines vollkommenen Monopols oder perfekt aufeinander abgestimmter Preise innerhalb eines Oligopols für ein bestimmtes Produkt nur einen Preis, so tut dies der Präzision der Regel (fV_{B1}) keinen Abbruch, gleichwohl entfällt die Legitimation für die Korrelation Preis — wirklicher Wert, und zwar deshalb, weil in diesem Falle der Mechanismus der Konkurrenz ausgeschaltet ist.

Es sind auch Fälle denkbar, in denen die Regel (fV_{B1}) unpräzise ist. Dies sind Fälle, in denen sich Vergleichsdaten nicht ermitteln lassen, oder in denen es nicht einen Preis im oben skizzierten Sinne gibt. Von Caemmerers Verpfändungsfälle fallen unter diese Kategorie, aber auch Fälle von Arbeitnehmererfindungen, die lediglich die Verbesserung von Teilen einer anderweit oder überhaupt nicht patentierten Gesamtvorrichtung betreffen, denn in dieser Konstellation sind Vergleiche deshalb so schwierig anzustellen, weil die Verhältnisse von Teil und Ganzem in der jeweiligen Konstellation außerordentliche Besonderheiten aufweisen. Gleichwohl sind solche Fälle lösbar, wenn auch nur durch zusätzliche Berechnungsregeln[81].

Die Regel des faktischen Vertrages setzt nur voraus, daß es eine hinreichende Menge von Vergleichsdaten oder einen Preis im oben skiz-

---

[80] *Von Caemmerer*, Gesammelte Schriften I, S. 381 f.

[81] Zur Höhe der Lizenzgebühr im Patent und Gebrauchsmusterrecht vgl. BGH GRUR 1969, 677 m. Anm. *Fischer*, siehe zur Lizenzhöhe bei Arbeitnehmererfindungen *Johannesson:* Lizenzbasis, Lizenzsatz in Erfindervergütungsregelungen nach der Lizenzanalogie GRUR 1975, 588; *B. Fischer:* Lizenzanalogie — Kaufanalogie in: GRUR 1972, 118 ff. zur Lizenzhöhe bei Warenzeichenverletzungen OLG Karlsruhe GRUR 1971, 221, zur Lizenzhöhe bei Namens- und Firmenrechtsverletzungen BGH GRUR 1973, 375. 377 „Miss Petite" mit Anmerkung v. *Falck*.

zierten Sinne gibt, sie ist auch anwendbar, wenn es diese Vergleichsdaten an sich nicht geben dürfte. Bei Namens- oder Firmenverletzungen nach § 16 UWG z.B. ist in der Miss Petite Entscheidung (BGH GRUR 1973, 375) die Lizenzberechnung für möglich erklärt worden, und zwar deshalb, weil auch hier Lizenzerteilungen üblich waren. Das Institut des faktischen Vertrages geht, jedenfalls in der Anwendung, die die Rechtsprechung macht, über die Rechtsunwirksamkeit eines wirklichen Vertrages hinweg. Man kann hierzu der Auffassung sein, dies geschehe zu Unrecht, man sollte sich dabei aber darüber im klaren sein, daß bei der Anwendung der Regel (fV_{B1}) es nicht darum geht, einen wirklichen Vertrag auf dessen Rechtsunwirksamkeit hin zu überprüfen, sondern darum, einen Vertrag zu fingieren, um einen vermögensrechtlichen Ausgleich dafür herbeizuführen, daß jemand rechtswidrig den Namen eines anderen zum eigenen Vorteil ausgenutzt hat. Die Regel des faktischen Vertrages ist jedenfalls auch in diesen Fällen präzise.

2. Zusammenfassung

Faßt man die Ergebnisse der Analyse der Lehre zusammen, so ergibt sich, daß die beiden zentralen Regeln (Rt G) und (fV_{B1}) ebenfalls die Lehre dominieren, ohne sie aber auszuschöpfen. Diese beiden Regeln finden sich bereits beim Vater der modernen Zivilrechtsdogmatik, bei F. C. von Savigny. Wilhelms und Jakobs' Theorien sind der Einheitslehre Savignys methodisch verpflichtet, bei Wilhelm kommt einerseits die subjektiv intentionale Seite der causa und andererseits die Betonung des subjektiven (dinglichen) Rechts stärker zum Ausdruck, bei Jakobs stärker die durch die deliktische Handlung bewirkte Vermögensverschiebung, dies deshalb, weil Wilhelm und Jakobs Savigny unterschiedlich interpretieren. Beide Autoren stehen in der Lehrtradition Savignys, und zwar über Fritz Schulz und Werner Flume, wobei die Theorie Jakobs eher Fritz Schulz, die Theorie Wilhelms eher den Auffassungen Flumes verpflichtet ist.

Die Theorie von Caemmerers schließlich steht in der Tradition Wilburgs, sie ist methodisch stärker an Fallgruppenbildung nach dem Muster des angloamerikanischen Rechtskreises und nicht an einer Einheitstheorie interessiert.

Die Paradigmata, oder, wenn man so will, die „Axiome" der behandelten modernen Bereicherungsrechtskonzeptionen sind unterschiedlich. Jakobs Theorie weist in den fachsprachlichen Kontext und in die Theorie des Deliktsrechts, Wilhelms Ansatz ist, wie insbesondere an seiner Kritik der Kategorie des Zuweisungsgehalts (oben S. 124 ff.) deutlich wird, nach dem Muster dinglicher Rechte aufgebaut, von Caemmerers Konzeptionen nehmen das Vertragsrecht in Bezug. Es liegt auf der Hand, daß das Regelgeflecht der Wertberechnungen in den einzelnen Theorien nicht präziser sein kann als der fachsprachliche Kontext, den sie in bezug nehmen, nicht konsistenter als die Paradigmata, auf die sie semantisch verweisen. Jedes einzelne dieser Bezugsfelder hat eine genuine Eigenproblematik, das Vertragsrecht z.B. die Lösung von Beziehungen, die mehr als zweistellig sind, und die sich nicht als Gesellschaftsbildungen auffassen lassen, das Deliktsrecht die Probleme der Kausalität und des Schadensumfangs, das Recht der Eigentumsverletzungen jenseits des Deliktsrechts setzt klare und feste Grenzen, die ebenfalls unter der Kategorie des Eingriffs nur die Behandlung zweistelliger Beziehungen erlauben. Man kann in allen diesen Konzeptionen feststellen, daß sich die Unverträglichkeit in den Regelsystemen oder die Vagheiten in den Anweisungssätzen genau dort ergeben, wo diese Regeln auf die Frage des Institutionenschutzes Wettbewerb treffen.

Dort ist nämlich nicht mehr allein die Frage zu beantworten, wie fehlgeschlagene Austauschbeziehungen zwischen im Prinzip zwei Subjekten kompensiert werden können, oder wie die Verletzung des Eigentums oder eines dinglichen Rechts zu beheben ist, sondern wie bei einer gegebenen Machtkonzentration die Handlungen einer Vielzahl von Mitbewerbern, die mindestens auch die Chance der Partizipation haben sollen, rechtlich zu bewerten ist.

Es ist kein Zufall, daß z.B. Jakobs Theorie in ihrer Lösungskapazität unter Null sinkt, wenn die Zahl der Verletzer nicht feststellbar ist (oben II 1.3.2), daß Wilhelms Konzeption Schwierigkeiten bei der Grenzenanalyse der gewerblichen „Rechte“ mit sich bringen, daß seine Regel R 2 gerade auch wegen der Kategorie der Kausalität Vagheiten impliziert (oben II 1.3.2), daß von Caemmerers Lehre vom Zuweisungsgehalt mehr Probleme aufwirft, als löst, daß also diese Regel vage ist (oben II 1.3.2).

Es ist ferner kein Zufall, daß die Konsistenz der Regelsysteme aller Autoren Brüche aufweist, bei von Caemmerer z.B. in der Dreieckbeziehung zwischen Sicherungsnehmer (Pfandgläubiger), Sicherungsgeber und Verkäufer (oben II 1.4.1 ff.) im Verhältnis zum „normalen Anspruchsumfang“ und im Verhältnis des normalen Anspruchsumfangs zu § 816 I BGB überhaupt, bei Jakobs im Verhältnis der Regeln vom bösgläubigen und gutgläubigen Eingriff (insbesondere RB 4, oben II 1.4.1), bei Wilhelm schließlich in einem Kategorienfehler (Schaden anstelle von Bereicherung, oben II 1.2.2) und im Verhältnis der Grenzanalysen von § 16 UWG zum Warenzeichenrecht (oben II 1.2.2).

Diese Inkonsistenzen im Regelsystem und die Vagheiten der Anweisungssätze sind die Folge der Inadäquatheit der in den einzelnen Konzeptionen verwendeten Paradigmata bezogen auf die in ihnen modellhaft abgebildete Realität. Alle diese Paradigmata sind privatrechtlich, ihre Sprache eröffnet nur die Thematisierung binärer Beziehungen, ihr Lösungspotential reicht ebenfalls nur für die Lösung bilateraler Konflikte. Das Sozialmodell, das diesen Regeln zugrundeliegt, ist das Modell vereinzelter Individuen, die eine abgesonderte und unabhängige Existenz führen, deren Willen die Verantwortung korreliert werden kann, von Subjekten, die konkurrierend auf dem Markt in Austauschbeziehungen treten.

Dem entspricht die Rechtskonzeption. Rechte können immer nur nach dem Muster des Eigentums als subjektive absolute Rechte mit Schutzwirkung gegenüber jedermann gedacht werden. Verläßt man diesen fachsprachlichen Kontext, etwa über die Kategorie des Zuweisungsgehalts, so werden die hierauf basierenden Regeln vage, dies deshalb, weil sie nicht auf einen bereits dogmatisierenden Hintergrund verweisen können, ebenso wie die Kategorie des Schutzgesetzes nichts anderes leistet als eine Delegation des Entscheidungsermessens auf die Richterpersönlichkeit selber.

Angesichts der Identität der Regeln, jedenfalls von (Rt G) und (fV_{B1}), angesichts ihrer Präzision und angesichts der Widersprüche im Regelsystem sind Leistungen der Rechtsprechung von prinzipiell gleicher Qualität wie die der Lehre, die zivilrechtliche Dogmatik der Wertberechnung (und nicht nur der Wertberechnung) befindet sich in einer Krise. Es liegt nahe, in dieser Situation an eine Konzeption anzuknüpfen, die noch den höchsten Präzisionsgrad aufweist, an der von Caemmererschen Konzeption des faktischen Vertragsrechts. Allerdings sei noch einmal betont, daß auch diese Konzeption nicht einfach übernommen werden kann, die Widersprüche sind zu deutlich; von Caemmerer entgeht darüber hinaus nur deshalb den Schwierigkeiten, die Jakobs und Wilhelm im Wirtschaftsrecht treffen, weil er im UWG z.B. das Bereicherungsrecht, so wie er es versteht, schlechthin für unanwendbar erklärt, ohne aber die Möglichkeit des Schadensersatzes auszuschließen. Von Caemmerers Regel des faktischen Vertrages weist aber deshalb, weil der fachsprachliche Kontext des Vertragsrechts informativer ist als der des Deliktsrechts und deshalb, weil im Vertragsrecht die Kategorie der Kausalität keine Rolle spielt, einen höheren Präzisionsgrad auf. Wenn es also auf Preise, auf Durchschnittspreise ankommt, man aber andererseits weiß, daß Preise bei vermachteten Märkten nicht ohne weiteres als auch für die Jurisprudenz und deren Wertbegriff verbindlich hingenommen werden können, liegt es nahe, die Nationalökonomie zu befragen, wie sie die Preisbildung erklärt, es liegt nahe, zu fragen, nach welchen Gesetzmäßigkeiten Preise entstehen.

Allerdings muß man sich darüber im klaren sein, daß die Aussagen der Nationalökonomie nicht ohne weiteres als einfache Tatsachen, die friktionslos zu verwerten wären, hingenommen werden können. Ebenso wie es erforderlich ist, die Regeln der Wertberechnung auf ihre Paradigmata hin zu untersuchen, ist es erforderlich, das Paradigma der Preistheorie zu analysieren, und zwar ebenso auf dem Wege einer semantisch-logischen Analyse, wie es im Bereich der Jurisprudenz zu geschehen hat. Nur durch eine Paradigmakorrelation, d.h. auch: durch die Korrelation der in diesen Paradigmata vorausgesetzten Sozialmodelle ist eine Vergleichsebene zu erklimmen, von der aus sich Aussagen oder Regeln überhaupt aufeinander beziehen lassen.

Des weiteren werden Ergebnisse niemals voraussetzungslos gewonnen, auch nicht die Ergebnisse der Nationalökonomie. Erst dann, wenn man weiß, wie ein Ergebnis gewonnen wurde, welche Methoden zu seiner Findung verwendet wurden, auf welchen Axiomen eine Theorie beruht, kann man davon ausgehen, daß man verstanden hat, was dieses Ergebnis bedeutet. Wittgenstein hat gezeigt, daß die semantische Analyse eines Wortes oder einer Aussage nicht auf die Reflexion des Sprachspiels verzichten kann, innerhalb dessen diese Aussage gemacht wird, Übersetzungen sind nur möglich, wenn die Eigenheiten der Sprachen mit berücksichtigt werden, aus denen und in die übersetzt werden soll. Verstößt man gegen diese Regel, so werden die Übersetzungen falsch, der Transfer in das andere Sprachspiel mißlingt, die Kommunikation zwischen den Angehörigen der unterschiedlichen Sprachgemeinschaften bricht zusammen, oder, was schlimmer ist, sie findet nur vermeintlich statt.

Jedermann weiß, daß man von analytischen Aussagen definitorischen Charakters z.B. keine empirischen Informationen verlangen kann, derjenige, der das dennoch erwartet, hat eine bestimmte Aussage gar nicht verstanden und nur vermeintlich etwas gelernt. Hutchinson[82] bringt dazu ein anschauliches Beispiel: Ein Physiker untersucht einen Stoff, der sich ansonsten genau so verhält wie Gase sich verhalten, der sich aber bei Erwärmung nicht ausdehnt. Der Satz: alle Gase dehnen sich bei Erwärmung aus, kann nun als empirische Gesetzesaussage aufgefaßt werden, dann müßte der Physiker einen Aufsatz veröffentlichen, in dem er die aufsehenerregende Mitteilung macht, daß eben dieses Gesetz, das so lange gegolten hat, falsifiziert sei. Oder der Physiker nimmt den Satz nicht als empirische Aussage, sondern als analytische Aussage, wobei nur der Begriff des Gases definiert werden soll (dadurch nämlich, daß er sich bei Erwärmung ausdehnt). Dem Satz isoliert kann man nicht ansehen, in welcher Bedeutung er verwendet wird. Entscheidet sich, ich führe das Beispiel weiter, der Physiker dafür, zu sagen: „der von mir untersuchte Stoff ist kein Gas“, so nimmt er den besprochenen Satz als analytischen Satz, der ex definitione wahr ist, und, das ist noch wichtiger, seine Aussage: der Stoff x ist kein Gas, kann nur verstanden werden, wenn man zugleich die Voraussetzungen, unter denen er gemacht wurde, mitanalysiert.

[82] *T. W. Hutchinson,* Theoretische Ökonomie als Sprachsystem, in: Theorie und Realität, *hrsg. v. H. Albert,* Tübingen 1972, S. 191 ff. (199).

Ähnlich ist es nun bei Aussagen, die innerhalb bestimmter Fachsprachen gemacht werden: in der Nationalökonomie oder der Jurisprudenz. Aussagen der unterschiedlichen Disziplinen lassen sich nur aufeinander beziehen, die Ebene der Interdisziplinarität läßt sich nur erreichen, wenn die Voraussetzungen, unter denen sie gemacht werden, mitreflektiert werden, nur so läßt sich ihr Bedeutungsgehalt überhaupt ermitteln.

III. Kapitel

Rekonstruktion und Analyse ökonomie-theoretischer Positionen

1. Zur Preistheorie der Neoklassik

1.1 Überblick

Die Entwicklungen[1] der Preistheorie, die Ausdifferenzierungen der mathematischen Sprache, in der die Theorie der Preisbildung thematisiert wird, sind zu vielschichtig, als daß im folgenden beansprucht werden könnte, im Detail zu informieren. Es geht um Informationen grundsätzlicher, struktureller Art, und hierfür beschränke ich mich auf ein einfaches Beispiel[2], das exemplarischen Charakter hat. Die Aussage, daß sich Preise nach Angebot und Nachfrage bestimmen, soll auf der Seite der Nachfrage (Theorie des Verbraucherverhaltens) etwas erläutert werden.

Bekanntlich hängt für die Neoklassik die Nachfrage nach einem Gut von dem Nutzen ab, den dieses Gut einem Verbraucher bietet. Das erste Gossensche Gesetz besagt, daß das Bedürfnis nach einer weiteren Einheit des Gutes (der Grenznutzen eines Gutes[3]) um so stärker abnimmt, je

---

[1] Einen ausführlichen Überblick über die Entwicklung der Wert- und Preislehre bietet *Werner Hofmann:* Sozialökonomische Studientexte, 2. Auflage, 1971, Bd. I, als einführende Lehrbücher geeignet sind die Werke von *P. A. Samuelson,* Volkswirtschaftslehre, Bd. II, und *E. K. Hunt, Howard J. Sherman,* Ökonomie aus traditioneller und radikaler Sicht, Ffm, 1974, prägnant und sehr kurz, aber auch für Nichtökonomen verständlich informiert *Karl H. Hörning,* Ansätze zu einer Konsumsoziologie, Freiburg 1970, weiterführend und mit bibliographischen Hinweisen informieren die Reader Preistheorie, hrsg. v. *A. E. Ott,* Köln, Berlin 1965, und Konsum und Nachfrage, hrsg. v. *Erich* und *Monika Streissler,* Köln, Berlin 1966, zur Genese der Neoklassik hervorragend ist weiterhin das Buch *Gunnar Myrdal:* Das politische Element in der nationalökonomischen Doktrinbildung, Bonn-Bad Godesberg 1976, über den Stand der Methodendiskussion informiert der Reader Gegenstand und Methoden der Nationalökonomie, hrsg. von *Reimut Jochimsen* und *Helmut Knobel,* Köln 1971.

[2] Dieses Beispiel ist dem Lehrbuch von *E. K. Hunt* und *Howard J. Sherman,* Bd. 1, S. 33 ff. entnommen.

[3] Den Begriff und die Entstehung des Grenznutzens erklärt *G. Myrdal* (FN 1), S. 82, auf meisterhafte Weise. Ausgangspunkt ist die Kritik der Unterscheidung von Gebrauchswert und Tauschwert, und die Feststellung A. Smith's, daß Gegenstände von hohem Gebrauchswert einen geringen Tauschwert haben können und umgekehrt. Die Grenznutzentheorie stellt eine direkte Verbindung zwischen Tauschwert und Nutzen her, und zwar durch die Unterscheidung von

mehr man bereits von diesem Gut konsumiert hat[4]. Innerhalb der Preistheorie wird nun vorausgesetzt, daß jeder Konsument seinen Nutzen zu maximieren sucht, dies kann er dann, wenn er das mit seinem Einkommen erzielbare Güterbündel herausfindet, das seine Bedürfnisse am ehesten befriedigt. Dieses Güterbündel wird gefunden, wenn der Konsument sein Geld so ausgibt, daß gleichgültig welches Gut der Konsument einkauft, der erzielte Nutzen gleich groß ist, der Konsument muß, m.a.W. von jedem benötigten Gut so viel kaufen, daß der letzte ausgegebene Dollar, gleichgültig welches Gut eingekauft wird, den gleichen Nutzenzuwachs bringt.

Hunt und Sherman bilden zur Illustration folgendes Beispiel: Ein Konsument besitzt 24 $, zur Vereinfachung geht man davon aus, der Konsument könne sein Einkommen nur für Äpfel, Brot und Kuchen verwenden. Der maximale Nutzen für den Konsumenten, so behaupten Hunt und Sherman, sei erreicht, wenn folgende Bedingung erfüllt sei: der Konsument gibt sein Geld so aus, daß gilt:

$$\frac{\text{Grenznutzen der Äpfel}}{\text{Preis der Äpfel}} = \frac{\text{Grenznutzen des Brots}}{\text{Preis des Brots}} = \frac{\text{Grenznutzen des Kuchens}}{\text{Preis des Kuchens}}$$

Hunt und Sherman legen im nächsten Schritt in einer Tabelle den Grenznutzen der Güter pro Pfund und den Grenznutzen der Güter bezogen auf den Preis fest, der ebenfalls als bekannt vorausgesetzt wird, und zwar wird der Grenznutzen in reellen Zahlen ausgedrückt und das

Totalnutzen und Grenznutzen. Totalnutzen ist der Nutzen des gesamten Vorrats der Ware x, den ein Individuum besitzt, Grenznutzen ist der Nutzen einer weiteren Einheit derselben Ware. Adam Smith's Ansicht, Wasser habe einen hohen, Diamanten hingegen einen geringen Nutzen, ist irrig. „Sehen wir nämlich auf den Grenznutzen, so muß im Equilibrium dieser Grenznutzen ebenso groß sein wie der Preis der Ware oder, richtiger gesagt, ebenso groß wie der Grenznutzen der Geldmenge oder dessen, was sonst im Austausch für die Ware hingegeben wird. Wäre nämlich der Grenznutzen größer, so würde man offenbar fortfahren, sich mehr von der Ware zu ertauschen bis zu der Menge, bei der der Grenznutzen auf das Niveau der Gleichheit sinkt, wobei durch die Fortsetzung des Tausches dieses Niveau selbst gestiegen sein kann. Der Grenznutzen sinkt mit steigender Totalmenge, dem ‚Sättigungsgrad'. Sollte dagegen der Grenznutzen einmal niedriger sein als der Tauschwert, so bietet man so viel seines Vorrats im Tauschprozeß an, bis dadurch der Grenznutzen auf eine Parität dessen gebracht wird, was man für die Ware im Tausch bekommt. Bei Gleichwertigkeit, d.h. wenn man sich gerade so viel von allen Objekten ertauscht hat, wie man haben will, sind die Grenznutzen aller Waren direkt proportional den Tauschwerten derselben Waren. Das besagt, vom Standpunkt des Geldeinkommens gesehen, daß der Grenznutzen dessen, was man für die Geldeinheit erhält, bei allen Waren gleich groß ist. Sonst würde es sich nämlich lohnen, über das Geldeinkommen anders zu disponieren. Man würde dadurch den Totalnutzen des Geldeinkommens steigern, daß man durch Umdispositionen mehr an Nutzen gewinnen als aufgeben würde."

[4] Vgl. *Hunt/Sherman*, S. 33.

Gesetz von abnehmenden Grenznutzen berücksichtigt. Die Tabelle hat folgende Gestalt:[5]

Menge (in Pfund)	Grenznutzen der Äpfel (in Nutzeneinheiten)	Grenznutzen der Äpfel pro Dollar (Preis: $ 1,00)	Grenznutzen von Brot (in Nutzeneinheiten)	Grenznutzen von Brot pro Dollar (Preis: $ 2,00)	Grenznutzen von Kuchen (in Nutzeneinheiten)	Grenznutzen von Kuchen pro Dollar (Preis: $ 3,00)
1	12	12	24	12	30	10
2	11	11	22	11	27	9
3	10	10	20	10	24	8
4	9	9	18	9	21	7
5	8	8	16	8	18	6
6	7	7	14	7	15	5

Nach einem kurzen Zugeständnis, daß in der Realität keineswegs gewährleistet sei, daß jeder Konsument seinen Nutzen genau abschätze[6], beginnen die Autoren zu rechnen.

Der Konsument mit einem Einkommen von 24 $ soll 6 Pfund Kuchen für 18 $, 2 Pfund Brot für 4 $, 2 Pfund Äpfel für 2 $ einkaufen. Hieraus ergibt sich aufgrund der Tabelle:

$$\text{Bei Äpfeln } \frac{11 \text{ Nutzeneinheiten}}{\$ 1} = \text{11 Nutzeneinheiten für den letzten Dollar}$$

$$\text{Bei Brot } \frac{22 \text{ Nutzeneinheiten}}{\$ 2} = \text{11 Nutzeneinheiten für den letzten Dollar}$$

$$\text{Bei Kuchen } \frac{15 \text{ Nutzeneinheiten}}{\$ 3} = \text{5 Nutzeneinheiten für den letzten Dollar}$$

Nun ist offenbar der Nutzen, den der Konsument für seinen letzten Dollar für Kuchen erzielt (5 Nutzeneinheiten) kleiner als der Nutzen, der mit dem jeweils letzten Dollar für Äpfel und Brot erzielt wird (je 11 Nutzeneinheiten). Der Konsument sollte deshalb weniger Kuchen und mehr Brot und Äpfel kaufen. Tut er das, so läßt sich ermitteln, daß der maximale Nutzen dann erreicht wird, wenn der Konsument 3 Pfund Kuchen weniger kauft und die ersparten 9 $ für Brot und Äpfel ausgibt. Er erwirbt ein zweites Güterbündel, das aus insgesamt 231 Nutzeneinheiten besteht: 3 Pfund Kuchen = 81 Nutzeneinheiten für 9 $, 5 Pfund Brot = 46 Nutzeneinheiten für 10 $, 5 Pfund Äpfel = 50 Nutzeneinheiten für 5 $. Der Konsument hat nun erstens einen höheren Gesamtnutzen er-

[5] Vgl. *Hunt/Sherman*, S. 34.

[6] Vgl. *Hunt/Sherman*, S. 35.

zielt, denn anstelle von ursprünglich 204 Nutzeneinheiten erwirbt er nun 231 Nutzeneinheiten, ferner werden die Brüche

$$\frac{\text{Grenznutzen von x}}{\text{Preis von x}}$$

gleich. Man kann die eingekauften Gütermengen nicht mehr variieren, ohne daß sich der Nutzen verringert. Das Maximum ist erreicht.

„Wir können jetzt sagen, warum Nachfragekurven nach rechts fallen, d.h. warum die nachgefragte Menge steigt, wenn der Preis sinkt (...). Wir gehen von einer Situation aus, in der alle Konsumenten ihren Nutzen maximieren, d.h. sie haben die Verhältnisse von Grenznutzen zu Preis bei allen Gütern aneinander angeglichen. Man kann dann verfolgen, wie sich eine Preissenkung auswirkt.

Wenn der Preis eines Gutes — etwa der Äpfel — sinkt, so stellten die Konsumenten fest, daß der Nutzen, den ihnen der letzte für Äpfel ausgegebene Dollar bringt, größer ist als der des letzten Dollars, der für ein anderes Gut ausgegeben wird. Die Konsumenten würden daher sofort ihre Käufe von anderen Gütern auf Äpfel verlagern. Bei einer Senkung des Apfelpreises nimmt also die nachgefragte Menge zu.“[7]

Das genaue Ausmaß der Nachfrageänderung hängt wiederum vom Grenznutzen der einzelnen Güter ab. Werden mehr und mehr Äpfel gekauft, sinkt das Bedürfnis nach einem weiteren Apfel und das Bedürfnis nach anderen Gütern (deren Grenznutzen) steigt. Die Änderung der Nachfrage findet dort ihre Grenze, wo „der Grenznutzen eines zusätzlichen Dollars für mehr Äpfel bei dem niedrigeren Preis genauso groß ist, wie der eines zusätzlichen Dollars für Brot oder Kuchen (zu ihrem alten, unveränderten Preis)“[8].

1.2 Axiomatik der Nutzentheorie

Die Rechnungen, die in unserem Beispiel durchgeführt wurden, hängen nun offenbar erstens davon ab, daß der Konsument die Nutzeneinheiten der einzelnen Güter, ihren Grenznutzen, kennt. Dies wiederum impliziert, daß man den Nutzen messen kann, daß man, m.a.W. die Nutzengrößen auf die Menge der reellen Zahlen abbilden kann[9], sonst könnte man gar

[7] Vgl. *Hunt/Sherman*, S. 36.

[8] Vgl. *Hunt/Sherman*, S. 37.

[9] Diese Meßbarkeitshypothese gilt zunächst nur für die kardinale Nutzentheorie, der *Hunt* und *Sherman* im Gefolge *A. Marshalls* anhängen. Im Ordinalismus, der von *V. Pareto* begründet wurde (vgl. hierzu einführend *W. Hofmann*, S. 184 ff. und *G. Kade*, die Grundannahmen der Preistheorie. Eine Kritik an den Ausgangssätzen der mikroökonomischen Modellbildung Ffm 1962, S. 140 ff.) wird nicht die Abbildbarkeit der Nutzeneinheiten auf die Menge der reellen Zahlen, also nicht Meßbarkeit, sondern nur eine Präferenzordnung der Nutzenwerte gefordert, die Indifferenzkurve des Verbrauchers, d.i. eine Menge von Güterkombinationen (x1, ... , xn), welche den gleichen Nutzenwert U (x1, ... , xn) haben, wird nicht, wie in der kardinalen Nutzentheorie, durch mathematische Transformationen ermittelt, sondern als empirisches Datum behandelt. Vgl. hierzu *V. Pareto*, Brief an Pantaleoni vom 28.1.1899, *zit. bei W. Hofmann*, S. 190.

„Edgeworth und die anderen gehen vom Grenznutzenbegriff aus und genicht sagen, daß irgendein Gut z.B. zwölf Nutzeneinheiten einbringt, das andere 6, man könnte, ohne diese Abbildung der Nutzeneinheiten auf die Menge der reellen Zahlen, ein Güterbündel (a) gegenüber einem Güterbündel (b) nicht bewerten. Des weiteren müssen für die Errechnung des Maximums des Konsumentenhaushalts offenbar alle Handlungsalternativen, die dem Konsumenten zur Verfügung stehen, bekannt sein. Die Menge der Handlungsalternativen besteht in der Menge der Güterkombinationen, die der Konsument in einer bestimmten Periode mit seinem Einkommen, das als gegeben und bekannt vorausgesetzt wird, erwerben kann. Des weiteren muß der Konsument die Preise aller Güter kennen, die für ihn in Frage kommen (Axiom der Information).

Zweitens setzt die Rechenbarkeit des Konsumentenmaximums und weiterhin die Berechnung der Preisänderung eines Gutes im Hinblick auf die Nachfrage voraus, daß sich der Konsument an Datenänderungen kontinuierlich und friktionslos anpaßt, daß diese Anpassung mit unendlicher Reaktionsgeschwindigkeit vor sich geht. Technisch ist diese Anpassung des weiteren nur möglich bei unendlicher Teilbarkeit der Güter[10] (Reaktionsaxiom oder Axiom der Kontinuität).

Schließlich muß sich der Konsument rational im Sinne der Maximierungshypothese verhalten, es muß im Bereich der Entscheidungsresultate, die bei vollkommener Information mit dem Bereich der Handlungsalter-

---

langen von dort zur Bestimmung der Indifferenzkurven ... Ich lasse nun den Grenznutzen ganz beiseite und gehe von den Indifferenzkurven aus. Hierin allein liegt das Neue ... Bis zur Stunde haben die Prinzipien der reinen Ökonomie ihre Grundlage im Grenznutzen, der raretė, der ofelimitâ usw. Das ist jedoch unzweckmäßig. Man kann von den Indifferenzkurven ausgehen, die ein unmittelbares Ergebnis der Erfahrung sind."

Im Ordinalismus erhält jede Güterkombination einen Nutzenwert, der empirisch vom Verbraucher erfragt wird, dessen Ordnungsstruktur nur zwei Bedingungen erfüllen muß:
1. Zwei Kombinationen, zwischen denen der Verbraucher indifferent ist, erhalten den gleichen Index (den gleichen Wert),
2. die vorgezogene Güterkombination erhält den größeren Index als die abgelehnte Güterkombination.

Die Änderungen, die die ordinale Nutzentheorie hinsichtlich ihrer Axiome gegenüber der kardinalen Nutzentheorie erfährt, sind geringfügig, vor allem heben sie den Tautologieeinwand und den Einwand der mangelhaften empirischen Überprüfbarkeit der Theorie nicht auf. Zu den Änderungen der Axiome siehe *Kade* (FN 9), S. 144, 145.

[10] Vgl. hierzu *Kade* (FN 9), S. 132 und *Hörning* (FN 1), S. 21. Nur unter den Voraussetzungen
a) der Nichtberücksichtigung des Sättigungspunktes,
b) der unendlichen Variabilität aller Qualitäten (unendliche Teilbarkeit der Güter),
c) der kontinuierlichen Anpassung der Entscheidungseinheit an Datenänderungen, kann die Nutzenfunktion (d.i. im Kardinalismus eine reellwertige Funktion U $[x_1, \dots, x_n]$, die den Gesamtnutzen einer Güterkombination zum Ausdruck bringt), als stetig und differenzierbar angenommen werden, so daß mit Hilfe der Infinitesimalrechnung Extremwerte ermittelt werden können.

nativen gleichgesetzt werden können, eine Ordnung geben, welche das Entscheidungsprinzip repräsentiert (der Konsument strebt m.a.W. den maximalen Gesamtnutzen an)[11].

Man sieht bereits jetzt, welche Voraussetzungen gemacht werden müssen, um das Konsumentenmaximum überhaupt rechenbar zu machen, das seinerseits die Preisbildung auf der Ebene der Nachfrage bestimmt. Diese Voraussetzungen beziehen sich nicht nur auf das von Hunt und Sherman gebildete Beispiel, sondern leicht modifiziert je nach kardinalistischer oder ordinalistischer Denkart auf jeden Infinitesimalkalkül. Darüber hinaus beruht die Logik der Konsumentenentscheidung auf den gleichen Axiomen wie die Logik der Unternehmerentscheidung[12], auch die Theorien der Preisbildung bei beschränkter Konkurrenz unterliegen, soweit sie die mathematische Sprache des Infinitesimalkalküls verwenden, der gleichen Axiomatik[13].

---

[11] Siehe *Kade* (FN 9), S. 133.

[12] *Kade* (FN 9), S. 133.

[13] *Kade* (FN 9), S. 151 ff. *Kade* weist dies für Autoren wie *Cournot, Betrand, Edgeworth, Launhard, Frisch* und *v. Stackelberg* (Fundstellenangaben bei Kade (FN 9) im einzelnen nach. Das Informationsaxiom muß nämlich, wenn auch in modifizierter Form, aufrecht erhalten werden, um den Infinitesimalkalkül anwendbar zu halten. Eine Form der Aufrechterhaltung des Informationsaxioms liegt z.B. im Rahmen der Annahme der konjunkturalen Anpassung (siehe zum Begriff: *R. Frisch,* Monopol — Polypol — der Begriff der Kraft in der Wirtschaft, in: Preistheorie, S. 26), die als stetige Funktion gedacht wird, vor. Der Anbieter muß m.a.W. die Reaktion seiner Konkurrenten genau kennen, um seinen maximalen Nutzen errechnen zu können.

Siehe zur Gleichheit der verwendeten Axiome auch in der Theorie des monopolistischen Wettbewerbs auch *O. Morgenstern:* Die Theorie der Spiele und des wirtschaftlichen Verhaltens in: Preistheorie, *hrsg. v. A. E. Ott,* Kiepenheuer und Witsch, Köln, Berlin 1965, S. 439 ff.: „Schließlich entstand die Theorie des monopolistischen Wettbewerbs, die vor allem mit den Namen Chamberlin, Robinson und Stackelberg verbunden ist. Hier hat man es mit einer verhältnismäßig kleinen Zahl von Anbietern zu tun und hat beobachtet, daß das Verhalten des einen von dem erwarteten tatsächlichen Verhalten des anderen so beeinflußt wird, daß dieses nicht vernachlässigt werden kann. Die Methoden, mit denen man dieses fundamentale Problem angegangen ist, sind genau die gleichen, die für die freie Konkurrenz und die Robinson Crusoe Wirtschaft verwendet worden sind: Marginalprinzip, Bestimmung von Maxima und Benutzung der Differentialrechnung ..." (439). *Morgenstern* führt dann aus, daß unterstellt, nur einige der Verhaltensweisen des anderen unterstehen der Kontrolle des Aktors, unterstellt, daß jeder nach seinem Maximum strebt, daß hierbei auch widersprechende Interessen verfolgt werden, eine Situation gegeben ist, in der es kein Maximum geben kann. Die Folge davon ist, daß der Infinitesimalkalkül seine Anwendungsberechtigung verliert, daß eine vollkommen neue mathematische Sprache gefunden werden muß, die dann in der Theorie der Spiele ihren Niederschlag gefunden hat.

Eine Variante dieses Arguments findet sich auch im neoliberalen Lager, und zwar bei *Erich Hoppmann* (Das Konzept des wirksamen Preiswettbewerbs, in: Recht und Staat, Heft 484/485, Tübingen 1978, S. 10), der aus der Voraussetzung des — auch in den Theorien der unvollkommenen Konkurrenz unterstellten — Gleichgewichts völlige Übereinstimmung der Pläne und Handlungen der be-

Die an diesen Axiomen ansetzende Kritik von Albert und Kade[14] hat bereits seit 1953 die gesamte Preistheorie der Neoklassik als Tautologisierung in hochkompliziertem mathematischen Gewande erkannt und wissenschaftlich relativiert. Zunächst ist die Neoklassik in ihrem Erkenntnisprogramm primär gleichgewichtsanalytisch orientiert. Der Nachweis der Möglichkeit des gesamtgesellschaftlichen Gleichgewichts sollte die Überlegenheit des privatwirtschaftlichen Systems demonstrieren. In diesem Zusammenhang hatte die Erklärung der Preisbildung rein instrumentelle Funktion, sie war auf das als notwendig vorausgesetzte Gleichgewicht bezogen und in dieser Hinsicht vorab determiniert.

Die Annahme vollständiger Information ist irreal, in ihrer gesamtwirtschaftlichen Variante müssen alle Wirtschaftssubjekte als vollständig informiert unterstellt werden.

---

teiligten Marktteilnehmer folgert; ob diese Übereinstimmung gefordert ist, soll hier dahinstehen, die konjekturale Anpassung erfordert jedenfalls Kenntnis aller Reaktionshandlungen des anderen und demzufolge auch Beeinflußbarkeit.

[14] *Hans Albert*, Marktsoziologie und Entscheidungslogik, Ökonomische Probleme in soziologischer Perspektive, Berlin, Neuwied, 1967. In diesem Band sind Arbeiten, die bereits aus dem Jahre 1953 stammen, erfaßt. Siehe ferner *Kade* (oben FN 9).

Es wäre allerdings vermessen, den Wert der Mathematik in der nationalökonomischen Theorienbildung bestreiten zu wollen. *R. Richter:* Methodologie aus der Sicht des Wirtschaftstheoretikers in: Gegenstand und Methoden der Nationalökonomie, *hrsg. v. Reimut Jochimsen* und *Helmut Knobel,* Köln 1971, S. 188, 192 formuliert die Leistung der Mathematik zutreffend folgendermaßen: „Wie die elementare Logik ist die Mathematik ein Studium der Schlußformen, sie ist leer von Dingabbildungen der wirklichen Welt und ihre Sätze sind nur Transformationen. Sie verschafft uns keine zusätzlichen Informationen über die wirkliche Welt, ihre Aussagen sind a priori notwendig, sind denknotwendig, sie ist in diesem Sinne analytisch oder tautologisch. Tautologisch heißt freilich nicht trivial oder überflüssig ... Wenn uns die Mathematik auch keine neuen Informationen über die wirkliche Welt verschafft, so liefert sie jedoch Einsichten, die neu für uns sind ...“ Ähnlich argumentiert *P. A. Samuelson* (Ökonomische Theorie und Mathematik: Eine Stellungnahme, in: Gegenstand und Methoden der Nationalökonomie, S. 204 ff.).

Alles dies ist unbestritten. Problematisch aber sind Fragen der Abbildbarkeit von Geschehnissen der realen Welt in der mathematischen Sprache (Fragen der strukturellen Isomorphie), Fragen der Selektivität und der Implikationen der Thematisierungsweise (Fragen, unter welchen Prämissen worüber geredet werden kann) und Probleme des Wirklichkeitsbezuges der Theorie, die in das Problem der Falsifizierbarkeit münden. Die defacto Unfalsifizierbarkeit national-ökonomischer Theorien wird von *Richter* (FN 14), S. 197) zugestanden, aber „eine Theorie mit geringem empirischen Gehalt ist besser als überhaupt keine Theorie“. Zu diesem modernen Methodenstreit kann und will ich nicht abschließend Stellung nehmen. Dies kann auch nicht Aufgabe der Jurisprudenz sein. Was allerdings als Voraussetzung der interdisziplinären Forschung geleistet werden muß, ist die logisch-semantische Analyse der Neoklassik. Und das bedeutet die Analyse der Axiome der verwendeten mathematischen Kalküle. Ohne diese Analyse des Bedeutungsgehalts kann man überhaupt nicht verstehen, was die Nachbardisziplin aussagt. Eine Kommunikation ist demzufolge ausgeschlossen, die interdisziplinäre Arbeit kann nicht stattfinden.

„So verstanden, impliziert das Informationsaxiom die offensichtlich sinnlose Aussage, daß die Handlungsabläufe aller ökonomischen Entscheidungseinheiten bestimmt sein müssen, bevor sie aufgrund einer vollzogenen Entscheidung überhaupt determiniert sein können."[15]

Das Reaktionsaxiom (Stetigkeit und Differenzierbarkeit der Größen) präjudizierte die Existenz des maximalen Entscheidungsresultates, d.h. es wurde nicht untersucht, ob es dieses Maximum wirklich geben könnte, sondern die Existenz des Maximums wurde durch die Anwendung des Rechenschemas vorausgesetzt.

Das Rationalitätsaxiom setzt Optimum und Maximum ex definitione gleich, es wird nicht das tatsächliche Entscheidungsverhalten untersucht. Die gesamte Theorie hat lediglich Modellcharakter. Wie immer man zur Preistheorie der Neoklassik auch stehen mag, eines kann sie mit Sicherheit nicht leisten, nämlich empirisch prüfbare Gesetzeshypothesen über das Zustandekommen von Preisen liefern.

Bereits die Theorie der Verbraucherentscheidung, die die Nachfrage als Determinante des Preises untersucht, ist von Voraussetzungen abhängig, die zwar für die Anwendbarkeit der Infinitesimalrechnung unverzichtbar sind, die aber mit der Realität sehr wenig zu tun haben. Das Nachfragegesetz „Nimmt die Mengennachfrage nach einem Gut mit wachsendem Einkommen zu und mit fallendem Einkommen ab, dann bewirkt ceteris paribus eine Preissteigerung dieses Gutes die Abnahme, eine Preissenkung die Zunahme der Nachfragemenge dieses Gutes"[16, 17] ist, sowohl bei

---

[15] *Kade* (FN 9), S. 157.

[16] Formulierung bei *Hörning* (FN 1), S. 23.

[17] Zur semantischen Analyse des Nachfragegesetzes siehe *T. W. Hutchinson*, Theoretische Ökonomie als Sprachsystem in: *H. Albert (Hrsg.)*, Theorie und Realität, 2. Aufl. 1972, S. 191, 198 f.

„Ist der Satz ‚Wenn ceteris paribus der Preis, zu dem das Gut verkauft wird, steigt, vermindert sich die nachgefragte Menge' eine empirische Verallgemeinerung, so kann er nur dann eine klare wissenschaftliche Bedeutung haben, wenn sich feststellen läßt, unter welchen Bedingungen er wahr und unter welchen Bedingungen er falsch sein würde."

Werden ceteris paribus Sätze als empirische Verallgemeinerungen formuliert, so sind sie hoffnungslos vage. Die andere Interpretationsmöglichkeit besteht darin, in diesem Satz eine analytische Aussage zu sehen, die die Beziehung zwischen den Wörtern „Preiserhöhung" und „nachgefragte Menge" beschreibt.

„So interpretiert, ist die ceteris paribus Klausel eine Hilfsmethode der reinen Theorie ... Die ceteris paribus Klausel macht aus einem empirisch synthetischen Satz, der von Tatsachen handelt und daher falsch sein kann ... einen notwendig analytisch-tautologischen Satz ohne empirischen Inhalt. Für eine mathematische Lösung (durch tautologische Umformung) muß eine Anzahl von Gleichungen gegeben sein, die der Anzahl der Unbekannten entspricht. Die ceteris paribus Klausel entspricht dieser Vorbedingung für eine logische Lösung" (S. 199).

Zum Problem des Transfers der Selektivität der partiellen Gleichgewichtsanalyse auf die Makroökonomie über die ceteris paribus Klausel siehe *J. H. Buchanan*, Ceteris paribus. Einige Bemerkungen zur Methodologie, in: Gegenstand und Methoden der Nationalökonomie, S. 285 ff.

einer unqualifizierten ceteris paribus Klausel, als auch dann, wenn bei ihrer Spezifizierung die Bedürfnisstrukturen der Verbraucher konstant gesetzt werden[18], einer empirischen Überprüfung nicht zugänglich, denn auch im Falle dieser Sepzifizierung können abweichende Ergebnisse auf die Änderung der Bedürfnisstrukturen und damit auf die ceteris paribus Klausel zurückgeführt werden, so daß die Falsifizierung des Gesetzes ausgeschlossen ist. Darüber hinaus betrachtet die Neoklassik, wie insbesondere an dem Rationalitätsaxiom deutlich wird, die Konsumenten und alle ökonomischen Entscheidungseinheiten überhaupt als Maximierer eines auf höchst voraussetzungsvolle Weise gemessenen oder geordneten Nutzens. Albert hat gezeigt[19], daß diese Perspektivenverengung den Ausschluß von Faktoren dispositionalen Charakters (Motivstrukturen) und die Abstraktion vom sozialen Kontext der Entscheidungseinheit impliziert. Diese Art von Selektivität führt dann zu einem Modellplatonismus, der empirisch nicht oder nur mit äußersten Schwierigkeiten prüfbar ist. Für die Grenzproduktionstheorie hat bereits Åkermanns möglichkeitsanalytische Untersuchung[20] 1938 gezeigt, daß „eigentlich der Unternehmer bei seinen preispolitischen Experimenten, durch die er seine Nachfragekurve feststellen will, Preistheorie und bei seinen betrieblichen Elementen, durch die er die Gestalt der Kostenkurve feststellen will, Kostentheorie macht“[21], so daß diese Theorie allenfalls alternativanalytische Schemata, aber keine Gesetzesaussagen zu liefern imstande ist.

Auch die Theorie des Verbraucherverhaltens kann als präskriptives Entscheidungsmodell gedeutet werden, als Regel oder als Regelsystem also, das angibt, wie sich der Verbraucher verhalten sollte, wenn er sein Einkommen zu seinem größtmöglichen Nutzen verwenden will[22]. Es liegt

---

[18] Vgl. dazu *H. Albert,* Modell-Platonismus. Die Anwendung konventionalistischer Strategien im ökonomischen Denken in: Marktsoziologie ..., S. 343.

[19] In Modellplatonismus: der neoklassische Stil des ökonomischen Denkens in kritischer Beleuchtung, in: Marktsoziologie ..., S. 331 ff., für die unterschiedlichen Zielsetzungen der Unterabteilungen großer ökonomischer Entscheidungseinheiten siehe: *Albert,* Markt und Organisation: der Marktmechanismus im sozialen Kräftefeld, in: Marktsoziologie ..., S. 392 ff., 409.

[20] *Johann Åkermann:* Das Problem der sozialökonomischen Synthese, Lund 1938, S. 299 ff.

[21] Vgl. auch *Albert,* Die alternativ-analytischen Schemata der Grenzrentabilitätstheorie, in: Marktsoziologie ..., S. 443.

[22] Eine solche Interpretation deutet *J. v. Kempski,* Handlung, Maxime und Situation, in: Theorie und Realität, *hrsg. v. H. Albert,* Tübingen 1972, S. 139 ff. an. Nach ihrem logischen Status ist, so kann die Nichtfalsifizierbarkeit der Aussagen der Neoklassik auch interpretiert werden, das Aussagengebäude dieser Theorie Entscheidungslogik präskriptiven Charakters. *Gérard Gäfgen* (Theorie der wirtschaftlichen Entscheidung, 3. Auflage, Tübingen 1974, S. 52 ff.) unterscheidet drei mögliche Interpretationen der Entscheidungslogik, nämlich „1. Entscheidungslogik als reine Logik der Entscheidung (gibt die logischen Implikationen rationaler Wahl an; dient als Vorstufe erfahrungswissenschaftlicher oder empfehlender Aussagen und als sprachlicher Referenzpunkt).

auf der Hand, daß auch eine solche Deutung das bereits gefundene Ergebnis der empirischen Gehaltlosigkeit der Preistheorie in der Neoklassik bestätigt, denn wenn sich Verbraucher anders verhielten, dann wäre dies eben nicht rational. Darüber hinaus wäre die Befolgung der Maximierungsregel einigermaßen schwierig, wie z.B. die Notwendigkeit der vollständigen Information zeigt. Wichtig ist, daß die methodische Kritik der Nationalökonomie gezeigt hat, daß die Preistheorie der Neoklassik eines nicht leistet, nämlich Gesetzmäßigkeiten zu formulieren, die das Zustandekommen von Preisen kausal erklären. Gerade diese Informationen wären aber für eine Jurisprudenz bitter nötig, die sich ein Urteil über Preise bilden will.

Dies ist der eine wesentliche Gesichtspunkt. Darüber hinaus ist die neoklassische Preistheorie mit der Theorie des Vertragsrechts, auf das im Rahmen der von Caemmererschen Regel (fV_{B1}) verwiesen wird, vergleichbar, und zwar in verschiedenen Hinsichten. Der wichtigste Vergleichspunkt ist in beiden Theorien deren kryptonormativer Gehalt. Im Vertragsrecht identifiziert v. Caemmerer den durchschnittlichen „marktgerechten" Preis als wirklichen Wert. Die Grenznutzenschule impliziert, gerade in der Gleichgewichtsanalyse, ausgehend von dem Modell der vollkommenen Konkurrenz die Identifikation des individuellen Optimums mit der gesamtgesellschaftlichen Wohlfahrt. Albert nennt dies die zurechnungstheoretische Unterbauung des Preismechanismusses, welche in drei Thesen die Überlegenheit des marktwirtschaftlichen Systems behauptet

„(1) in der These der Sozialproduktmaximierung oder der idealen Produktion,

(2) der These der Konsumentensouveränität oder der vikarischen Funktion der Unternehmer,

(3) der These der leistungsgerechten Verteilung oder der Entlohnung nach dem produktiven Beitrag."[23]

Es ist kein Zufall, daß beide Theorien logisch vollkommene Konkurrenz voraussetzen. Von Caemmerer muß den Gedanken der durch Marktmacht gesetzten Preise mental ausschließen, um zur Identifikation von durch-

---

2. Entscheidungstheorie als deskriptive Theorie (stellt die Hypothese rationaler Wahl zur Erklärung des tatsächlich beobachtbaren Verhaltens auf).
3. Entscheidungstheorie als präskriptive Theorie (empfiehlt die Benutzung rationaler Wahlmaximen um dem wirtschaftenden Menschen beratend bei seinen Aktionen zu helfen)."

Es ist klar, daß die Varianten 1 und 3 einer empirischen Überprüfung schwer zugänglich sind. Die empirische Prüfbarkeit der Variante 2 setzt mindestens Wertkonstanz des Aktors voraus, selbst nach *Gäfgens* Ansicht, der sich nicht eindeutig festlegt, ist die Testbarkeit der Variante 2 operational schwer zu bewältigen, er kommt zu folgendem Schluß: „Unser Überblick führt uns zu dem abschließenden Urteil, daß die Entscheidungstheorie zwar schwache empirische Aussagen über das einzelwirtschaftliche Verhalten macht, daß aber selbst diese schwachen Aussagen nur beschränkt empirische Geltung besitzen dürften."

[23] *Albert*, Marktsoziologie, S. 51. Zur durchgreifenden Kritik des Zusammenhangs siehe ferner *Myrdal* (FN 1), S. 135 ff.

schnittlichem Preis und wirklichem Wert zu kommen, das gesamtgesellschaftliche Gleichgewicht ist nur unter Voraussetzung der vollkommenen Konkurrenz zu konstruieren, wenn man von der „kommunistischen Fiktion von Wiesers", die bezeichnenderweise den „natürlichen Wert" zu entdecken sucht, einmal absieht[24].

Dieser Ebenentausch setzt sich fort in dem nur scheinbaren Wirklichkeitsbezug der neoklassischen Theoreme, die Präskriptionen oder Modelle enthalten, anstatt der sprachlich suggerierten Realaussagen. Vergleichbar sind juristische Theorie und Neoklassik schließlich hinsichtlich der Inadäquatheit der paradigmatisch zugrundeliegenden Realitätsmodelle; ebensowenig wie der Konsument vollkommen informiert ist und seine Kaufentscheidung als Maximierung des Eigennutzes hinreichend beschrieben werden kann, ebensowenig genügt die lediglich binäre Relation des Vertragskonzepts für die Abbildung des sozialen Kontextes, der Rechtspositionen beeinflußt.

Beide Theorien sind demnach auf eine vergleichbare Weise fehlerhaft selektiv.

Das alles bedeutet nicht, daß die Ergebnisse der Neoklassik schlechthin unverwertbar wären für die Jurisprudenz. Sie zeigen immerhin, daß von der Existenz eines objektiven Wertes, der den Dingen gleichsam wie eine Eigenschaft innewohnt, nicht ausgegangen werden kann. Sie zeigen des weiteren, daß juristische Autoren[25], die den „objektiven" Wertbegriff v. Caemmerers durch einen „subjektiven" Wertbegriff ersetzen wollen, erstens nicht zur Kenntnis genommen haben, daß es jedenfalls für die westliche Ökonomie keinen objektiven Wert gibt, zweitens übersehen haben, daß der Durchschnittspreis, wie jeder Preis, auf ausschließlich subjektiven Wertvorstellungen (Grenznutzen) zurückgeführt wird, daß m.a.W. von Caemmerers „objektiver Wert" einen subjektiven Wert par excellence darstellt, der lediglich als durch den Marktmechanismus und durch Durchschnittsberechnungen gefiltert gedacht wird.

Vor einer unmittelbaren Verwertung der Aussagen der Neoklassik liegt aber, wie gezeigt, die logisch-semantische Analyse. Diese Analyse hat gezeigt, daß das Sprachsystem des Infinitesimalkalküls keine kausale Erklärung liefert, sondern über den Funktionsbegriff Größen relationiert, man muß sich demzufolge hüten, die Gesetze der Neoklassik als Gesetzeshypothesen mißzuverstehen, d.h. z.B. die Erhöhung der Nachfrage „bewirkt" nicht eine Preiserhöhung, so wie das Zerreißen eines Fadens, an dem ein Gewicht hängt, das Fallen dieses Gewichtes bewirkt. Die Neoklassik liefert keine Erklärung über das Zustandekommen von

---

[24] Zur Rekonstruktion dieser Theorie siehe *Myrdal*, S. 144 f.

[25] Z.B. *Koppensteiner/Kramer*, Ungerechtfertigte Bereicherung, 1975, § 16, und NJW 1971, 1769, *Reeb*: Grundprobleme des Bereicherungsrechts, S. 98.

Preisen, sondern Modelle, in denen mit bewundernswerter Klarheit Entscheidungsverläufe unter den Voraussetzungen der Axiome zu Ende gedacht werden.

Dies ist auch ein Ansatzpunkt für die weitere Verwertbarkeit der neoklassischen Modelle. Sie können nicht nur als Sprachsysteme mit maximaler Konsistenz und Präzision, sondern auch als idealtypische Erklärungsskizzen interpretiert werden. Allerdings muß man dann schlechterdings unhaltbare Annahmen, wie etwa die der vollkommenen Information im Wege der Approximation an die Realität beseitigen. Möglicherweise lassen sich soziale Beziehungen, wie z.B. der Austausch von Waren und Geld überhaupt nicht in raum-zeitlich invarianten Gesetzesaussagen, sondern allenfalls in Quasigesetzen erfassen. Möglicherweise impliziert auch das starre Festhalten an wissenschaftlichen Positionen die Nichtexekutierbarkeit der Forschung überhaupt[26]. Es kann in dieser Arbeit auch nicht darum gehen, die Aussagen der Neoklassik schlechthin zu verwerfen, sondern, ich wiederhole es, ihren Bedeutungsgehalt festzustellen. Die Approximation der idealtypischen Erklärungsskizzen oder der Modelle an die Realität ist Aufgabe der Ökonomie und der interdisziplinären ökonomisch-soziologischen Forschung.

2. Ein Paradigmawechsel in der theoretischen Ökonomie Spieltheorie anstelle der Neoklassik

2.1 Einleitung

Die Analyse des Axiomensystems der Neoklassik hat gezeigt, daß die grundlegenden Annahmen dieser Theorie inadäquat sind, daß sie nur noch sehr wenig mit der Realität zu tun haben. Dies gilt nicht nur für die vollkommene Konkurrenz. Diese ist dadurch ausgezeichnet, daß die Anzahl der Mitbewerber so groß ist, daß eine Veränderung des Produktenausstoßes des Einzelunternehmers insgesamt die Angebotsmenge nicht spürbar beeinflussen kann. In einer solchen Situation ist der Produktpreis

[26] Es ist in diesem Zusammenhang eindrucksvoll, daß Albert die Strenge seiner methodischen Konzeption gemildert hat, vgl. *Albert*, Der Gesetzesbegriff im ökonomischen Denken, in: Macht und ökonomisches Gesetz, Schriften des Vereins für Socialpolitik, Neue Folge Bd. 74/1, S. 128 ff.

Albert hat die Milderung seines Standpunktes mit neueren Entwicklungen in der Wissenschaftstheorie (a.a.O., S. 251) begründet. Vermutlich bezieht er sich hierbei auf die Diskussion der Falsifizierbarkeit empirischer Aussagen innerhalb von Theorien. Vgl. zu den neueren Entwicklungen dieser Diskussion *Klaus Jürgen Düsberg*, Sind empirische Theorien falsifizierbar?, in: Zeitschrift für allgemeine Wissenschaftstheorie, Band X, Heft 1, 1979, S. 11 ff. Ausgangspunkte: *I. Lakatos / A. Musgrave (eds.)*, Criticism and the Growth of Knowledge, *R. S. Cohen* et al. *(eds.)*, Essays in Memory of Imre Lakatos, Dordrecht, 1976, die Entgegnung Poppers findet man in *K. R. Popper*, Replies to my Critics, in: *P. A. Schilpp (ed.)*, The Philosophy of Karl Popper, La Salle, 1974. Zur umfassenden Kritik an Poppers Methodologie siehe die Arbeiten *Grünbaums* in: The British Journal for the Philosophy of Science (27), 1976.

ein Plandatum, also im Prinzip vom Produzenten nicht beeinflußbar, dies mit der Folge, daß der Produzent diejenige Kombination der Produktionsmittel wählen wird, die seine Kosten zu einem Minimum werden läßt, so daß die Grenzkosten und Preise gleich sind. Die Verbraucher werden, wie gezeigt, ihr Einkommen so verteilen, daß der Grenznutzen der letzten Geldeinheit immer gleich ist, unabhängig davon, welches Gut gekauft wird. Die Nachfrage fixiert demnach langfristig die Angebotsmenge und die Produktionskosten bestimmen langfristig den Preis. Dies sind auch exakt die Bedingungen des Gleichgewichts. Aber auch im Fall des Cournotschen Monopols sind Produktionsmenge und Preis eindeutig bestimmt, „wenn die Differenz zwischen Gesamterlös und Kosten ein Maximum wird“[27]. Das Prinzip des Eigennutzens braucht also nur in die rationale Bahn des maximumbestimmenden Infinitesimalkalküls gelenkt zu werden, und das Gleichgewicht stellt sich von selbst her.

Das individuelle Maximum setzt, wie gezeigt, vollständige Information voraus. Man muß alle Variablen beherrschen, von denen das Ergebnis des eigenen Verhaltens abhängt, die Entscheidungsresultate entsprechen dann den Handlungsalternativen. Das Informationsaxiom impliziert auch die vollkommene Voraussicht[28].

Das wirtschaftende Individuum der Neoklassik steht im leeren Raum. Die vorausgesetzte Existenz des Maximums schließt nämlich störende Einflüsse der anderen aus, dies bedeutet entweder, daß alle Marktteilnehmer kooperieren oder am gleichen Strang ziehen, oder daß sie gar nicht da sind. All dies soll gelten bei vollständiger Konkurrenz.

„In summa the presentation of the economy in which there is ‚free competition‘ ... is like giving a theory of a solar system without gravitation. It is Hamlet without Hamlet.“[29, 30]

---

[27] Vgl. *Morgenstern,* Preisbildung und Spieltheorie, in: Preistheorie, a.a.O., S. 438.

[28] Vgl. dazu den bereits im Jahre 1935 erschienenen Aufsatz von *O. Morgenstern,* Vollkommene Voraussicht und wirtschaftliches Gleichgewicht, Zeitschrift für Nationalökonomie, Band 6, 1935, S. 337—357, wieder abgedruckt in: *Eberhard Witte, Alfred Timm (Hrsg.),* Entscheidungstheorie, Wiesbaden 1977, S. 23 ff.

[29] *O. Morgenstern,* Thirteen Critical Points in Contemporary Economic Theory: An Interpretation, Journal of Economic Literature, 1972, S. 1163 ff.

[30] Dieser Befund ist im wesentlichen unstreitig: vgl. hierzu auch aus dem neoliberalen Lager *Erich Hoppmann,* Das Konzept des wirksamen Preiswettbewerbs, in: Recht und Staat, Heft 484/485, Tübingen 1978, S. 10 und seinen Gewährsmann *Israel M. Kirzner,* Wettbewerb und Unternehmertum, Tübingen 1978 (Wirtschaftswissenschaftliche und wirtschaftsrechtliche Untersuchungen des Walter-Eucken-Instituts, Freiburg i. Br., Band 14, S. 22. „Der unglücklichste Aspekt dieser Verwendung des Wortes ‚Wettbewerb‘ ist natürlich, daß man darunter schließlich genau das Gegenteil derjenigen Aktivitäten verstand, aus denen der Prozeß besteht, weil es sich auf die Situation bezieht, in der für weitere Schritte im wettbewerblichen Marktprozeß kein Raum mehr bleibt. So kam es dazu, wie wir noch sehen werden, daß jede in der wirklichen Welt auftretende Abweichung von den Gleichgewichtsbedingungen als das Gegen-

Wenn es für den Maximierer nur einen einzigen Gegenspieler gibt, der widersprechende Interessen verfolgt, wenn nur einige wenige aller Variablen des ökonomischen Handlungsablaufs außerhalb der Kontrolle des Aktors liegen, *dann gibt es kein Maximum.* Die Neoklassik setzt dieses Maximum aber immer voraus, denn sie liefert nur Methoden zu seiner Berechnung. Und diese Methoden sind dieselben, auch in der Theorie des unvollkommenen Wettbewerbs[31].

Man sieht drei eklatante Brüche. Erstens setzt die Theorie der vollkommenen Konkurrenz gerade die Nichtkonkurrenz voraus (es gibt keine Einflüsse auf das Maximum des Aktors, die von diesem nicht kontrolliert werden, die Handlungen des Aktors haben keinen Einfluß für die Gesamtnachfrage oder die Angebotsmenge. Der Aktor ist also ein Robinson Crusoe, der seine „Waren" „verkauft", ein Hamlet ohne Hamlet), zweitens redet man mit derselben Sprache und d.h. unter Zugrundelegung derselben Axiome über ein Phänomen, das man im Gegensatz zum Ausgangspunkt des Modells unvollkommene oder gar monopolistische Konkurrenz nennt. Drittens: der Infinitesimalkalkül wurde von Leibniz, vor allem von Newton entwickelt, um in einer Mechanik des Gleichgewichts (Gravitation) physikalische Prozesse zu beschreiben, die theoretische Ökonomie verwendet diese Sprache zur Beschreibung von Interaktionsprozessen (Tausch, Marktverkehr). Der Aktor spielt also in dieser Sprache gegen die Natur, während er in Wirklichkeit mit Menschen redet. Die Punkte zwei und drei beruhen auf demselben fundamentalen Fehler, nämlich der ungeprüften Übernahme eines Sprachsystems ohne Analyse seiner Axiome, es ist eine ungeprüfte Beibehaltung eines Sprachsystems in unterschiedlichen Welten.

Dies ist so, als wollte man in der Sprache der Lyrik über das stochastische Programmieren reden, oder als wollte man in der Sprache der mathematischen Topologie ein Gedicht schreiben.

Man braucht nicht zu betonen, daß diese eklatanten Brüche eine Krise bezeichnen, nämlich die Krise der theoretischen Ökonomie neoklassischer Denkart überhaupt. Morgenstern hat 13 kritische Punkte in der theoretischen Ökonomie zusammengestellt[32], die ungelöste Probleme (und unlösbare Probleme), Widersprüche in der neoklassischen Theorie und die

teil von ‚wettbewerblich' und folglich, durch einfache Begriffsausweitung, als eigentlich ‚monopolistisch' abgestempelt wurde." *Chamberlins* Theorie des monopolistischen Wettbewerbs (The Theory of Monopolistic Competition, Cambridge, Harvard University Press, 7. Aufl., 1956, vgl. S. 10) z.B. ist trotz der Kritik der unrealistischen Annahmen der *Marshallschen* Preistheorie *Gleichgewichtsanalyse,* die Theorie überwindet demzufolge die Schwierigkeiten nicht, die in der Annahme der Möglichkeit des Maximums und in den Axiomen des Infinitesimalkalküls stecken.

[31] Nämlich Marginalprinzip, Bestimmung von Maxima, Benutzung der Infinitesimalrechnung, vgl. *Morgenstern,* Preistheorie, S. 439.

[32] *Morgenstern,* Thirteen Critical Points, J.E.L. 1972, S. 1163 ff.

Inadäquatheit ihres Realitätsmodells bezeichnen. Alles dies sind klassische Symptome für die Krise einer Theorie oder eines Paradigmas.

In der Spieltheorie treten nun Risiko und Unsicherheit an die Stelle der vollkommenen Information des Aktors, z.B. Wahrscheinlichkeitsrechnung an die Stelle des Infinitesimalkalküls, Interdependenz der Aktionen an die Stelle von Independenzen von Handlungen im leeren Raum[33], Kontrolle nur einiger Variablen an die Stelle der Kontrolle aller Variablen des Wirtschaftsprozesses und Entscheidungsprozesses, ein interaktionistisches Schema mit unbegrenzt vielen Spielern an die Stelle der prinzipiell zweistelligen Auseinandersetzung des Menschen mit der Natur, die Möglichkeit der Thematisierung von Machtfragen an die Stelle der machtlosen Einsamkeit des gewinn- und nutzenmaximierenden Aktors, die Maximierung des Minimums an die Stelle des Maximums, kurz: Marktverkehr und Tausch als Spiel an die Stelle des monologischen Kalküls. Die Wucht und das Ausmaß des Wechsels sind ungeheuer, seine Konsequenzen sind noch gar nicht abzusehen.

Ich will im folgenden versuchen, das Konzept der Spieltheorie wenigstens in Grundzügen darzustellen.

2.2 Darstellung

Für die Darstellung der Spieltheorie bietet sich ein Text besonders an, nämlich: Die Theorie der Spiele und des wirtschaftlichen Verhaltens von Oskar Morgenstern[34], dieser Text deshalb, weil hier einer der Väter der Spieltheorie selber Übersetzungen des komplizierten mathematischen Apparates in die Umgangssprache vorgenommen hat.

Die Spieltheorie ist von ihrer eigensten Intention her präskriptiv, ihre Ausgangsfrage lautet: Was ist das beste Verhalten?, und zwar in einer Situation, in der der Spieler bestenfalls einige, keinesfalls alle Variablen kontrolliert, die für den Ausgang des Spiels von Bedeutung sind, in einer Situation unvollkommener Information und der Existenz eines Gegenspielers, der entgegengesetzte Interessen verfolgt. In dieser Situation soll der Spieler sich „rational“ verhalten, wenn er gewinnen will „und die Theorie muß in der Lage sein, zu sagen, was dies heißen soll. Sie muß ihm also *Verhaltensregeln* liefern, die seinen Sieg verbürgen oder ihn vor

---

[33] Man kann es eine Ironie der Vernunft nennen, wenn zu einem Zeitpunkt, an dem es mit dem Wettbewerb schon nahezu vorbei ist, endlich der mathematisch-kategoriale Apparat zur Verfügung steht, der die Thematisierung des Wettbewerbs erlaubt.

[34] Zuerst erschienen in: Jahrbuch für Sozialwissenschaft, Bd. 1 (1950), S. 113 bis 139, wieder abgedruckt in: Preistheorie, S. 437 ff. Ich habe den letztgenannten Text benutzt und mich dabei eng an dessen Ausführungen gehalten. Einen ersten Einblick in die Spieltheorie vermittelt *N. N. Vorobjoff*, Grundlagen der Spieltheorie, 2. Aufl., 1972.

der Niederlage schützen“[35]. Die Theorie kann im einfachen Fall an gewisse externe Daten anknüpfen, nämlich an die Spielregeln, die als eindeutig gelten (d.h. als eindeutig unterstellt werden), die die jeweils möglichen Züge festlegen, und die bestimmen, wann ein Spiel als beendet, wer als Sieger, wer als Verlierer anzusehen ist, und welche Zahlungen zu leisten sind. Auf der Folie dieser Daten entwirft der Spieler seine Strategie, dabei ist es nahezu immer von Vorteil, die eigene Strategie geheimzuhalten. Es gibt allerdings auch Spiele, bei denen es auf Geheimhaltung nicht ankommt. Ein Beispiel hierfür ist ein Zweipersonenspiel mit der Summe Null.

2.2.1 Zweipersonenspiel mit der Summe Null

Ein Spiel mit der Summe Null liegt immer und genau dann vor, wenn der eine Spieler genau das gewinnt, was der andere verliert. Angenommen zwei Spieler, A und B verfügen über je drei Strategien, die sich irgendwo treffen oder überschneiden. Dann läßt sich folgende Matrix aufstellen.

A \ B	B 1	B 2	B 3	Zeilenminima
A1	2	1	3	1
A 2	2	5	2	2
A 3	2	- 1	1	- 1
Kolonnenmaxima	2	5	3	

A 1 — A 3 bezeichnen A’s Strategien, B 1 — B 3 bezeichnen B’s Strategien. A’s Strategien sind von links nach rechts, B’s Strategien sind von oben nach unten zu lesen. Die positiven Zahlen bezeichnen A’s Gewinne, die negativen Zahlen stellen B’s Gewinne dar. Sie sind willkürlich. Bei der Analyse der Möglichkeiten der Strategienwahl gehe ich, wie die Neoklassik es tun würde, zunächst davon aus, daß A das Maximum anstrebt. Dann muß er die Strategie A 2 wählen, um die Auszahlung 5 zu erhalten. Man sieht aber ohne weiteres, daß dieses Maximum nicht erreichbar ist, wenn B, der A’s Absicht (möglicherweise) voraussieht, entweder B 1 oder B 3 wählt. Dann beträgt A’s Gewinn maximal 2 Punkte. Deutlicher wird dies noch in der Umkehrung. Wählt B die Strategie B 2, um seinen höchstmöglichen Gewinn zu erzielen (nämlich —1), so kann er schlimme Überraschungen erleben. Wählt nämlich A die Strategie A 2, so verliert

[35] *Morgenstern*, Preistheorie, S. 442. Die Hervorhebung stammt von mir; sie scheint mir deswegen angebracht, weil auch hier wieder die Kategorie der Regel auftaucht.

B 5 Punkte oder Einheiten, er erzielt demnach den maximalen Verlust. Wie immer man die Dinge wenden mag, A wird, wenn er *rational* im Sinne der Spieltheorie handelt, A 2, B wird B 1 wählen, denn A wird für jede seiner Strategien feststellen, wie groß das Minimum ist, das er erhalten kann.

Für A 1 ist dies 1
für A 2 ist dies 2 Zeilenminima
für A 3 ist dies —1

Das maximale Minimum für A wird demnach durch A 2 erzielt. B ist in diesem Spiel ohnehin auf der Verliererstraße. Er wird feststellen, wie hoch das Maximum ist, das er an A zahlen müßte.

Für B 1 ist dies 2
für B 2 ist dies 5 Kolonnenmaxima
für B 3 ist dies 3

B handelt rational, wenn er versucht, sein Maximum an Zahlungen so klein wie möglich zu halten. B sucht also das minimale Maximum. Er muß daher B 1 wählen. Die Strategien A's und B's treffen sich demnach im Feld A 2, B 1, dem Sattelpunkt[36] der Funktion (d.h. der Beschreibung des

---

[36] Der Graph des Sattelpunktes sieht folgendermaßen aus (Spiel Kopf oder Adler):

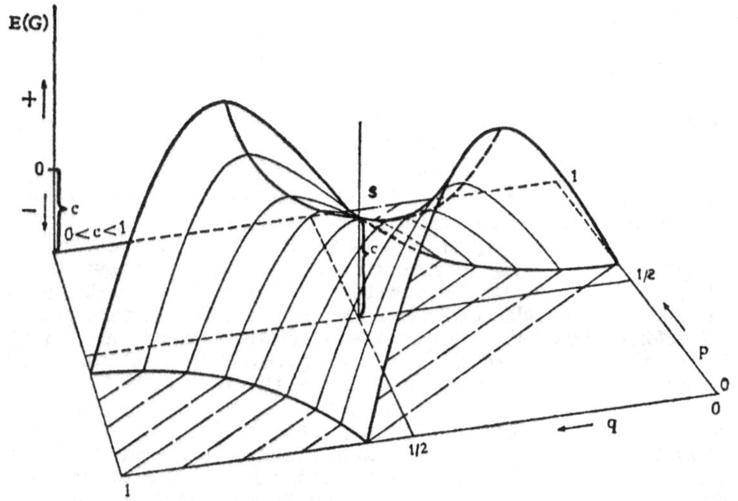

Die Zeichnung entstammt dem Buch von *Günther Menges*, Grundmodelle wirtschaftlicher Entscheidungen, 2. Aufl., Düsseldorf 1974, S. 213. ‚S' bezeichnet den Sattelpunkt oder den Minimaxpunkt, p und q bezeichnen die Wahrscheinlichkeitswerte, mit denen für die beiden Spieler bestimmte Ereignisse (hier Gewinn, Verlust) eintreten werden. E (G) bezeichnet die Gewinnerwartung, die im Sattelpunkt bei Null liegt. Mathematisch heißt der Graph hyperbolisches

Ausgangs) des Spiels. In diesem Feld ist das Maximum der Zeilenminima gleich dem Minimum der Kolonnenmaxima. Es gilt immer

Maximum der Minima $\leqq$ Minimum der Maxima.

Dies ist das von Neumann entdeckte Minimax-Theorem. Im vorliegenden Fall gilt das Gleichheitszeichen (2 = 2). Die Matrix macht fener deut-

---

Paraboloid, bildlich Sattelfläche. Die Gewinnerwartung errechnet sich aus dem Produkt von Gewinn und Wahrscheinlichkeit seines Eintritts. Menges (a.a.O.) S. 13, bietet einen sehr guten Zugang zu der Rechenbarkeit der Gewinnerwartung. Ich möchte seine Ableitung der Formel hier präsentieren, auch um zu zeigen, wie sich die Rechenschemata der Spieltheorie von denen der Neoklassik unterscheiden.

Angenommen jemand hat zwischen einem Geschäft a, das DM 1.000 einbringt, G (a) = 1000 und einem Geschäft b, das DM 800 einbringt, G (b) = 800 zu wählen. Die Wahrscheinlichkeit für a betrage 0,7 : p (a) = 0,7, die Wahrscheinlichkeit für b betrage 0,8 : p (b) = 0,8. Unser jemand kann sich nun auf drei Weisen verhalten: ist er risikofreudig, so wählt er G (a) wegen des höheren Gewinns, ist er risikoscheu, so wählt er G (b) wegen der höheren Wahrscheinlichkeit des Eintritts. Er kann aber auch sowohl die Höhe des Gewinns, als auch die Wahrscheinlichkeit des Eintritts in den Kalkül ziehen, dann geht er nach dem Prinzip der Gewinnerwartung vor und wählt G (a). Die Geschäfte a und b sind Zufallsvariablen, die folgende Werte annehmen:

g 1 (a) = 1000 DM mit Wahrscheinlichkeit p (a) = 0,7
g 2 (a) = 0 DM mit Wahrscheinlichkeit 1 — p (a) = 0,3
g 1 (b) = 800 DM mit Wahrscheinlichkeit p (b) = 0,8
g 2 (b) = 0 DM mit Wahrscheinlichkeit 1 — p (b) = 0,2

Also ist

$$E\,G(a) = g\,1\,(a) \cdot p\,(a) + g\,2\,(a) \cdot (1 - p\,(a)) = 1000 \cdot 0{,}7 + 0 \cdot 0{,}3 = 700\text{ DM}$$
$$E\,G(b) = g\,1\,(b) \cdot p\,(b) + g\,2\,(b) \cdot (1 - p\,(b)) = 800 \cdot 0{,}8 + 0 \cdot 0{,}2 = 640\text{ DM}$$

Die Gewinnerwartung ist gleich der Summe der Produkte aus den möglichen Gewinnen g_i (i = 1, 2, ...) und ihren Wahrscheinlichkeiten p_i (i = 1, 2, ...) mit $p_1 + p_2 + \ldots = 1$.

Es gilt also

$$E(G) = \sum_i g_i p_i$$

Bernoulli leitete daraus die Regel ab, daß man in einem Spiel gerade so viel setzen solle, wie die Gewinnerwartung beträgt (vgl. *Menges*, S. 14). Das Buch von *Menges* ist als Einführung in die von der Entscheidungstheorie benutzten Sprachen hervorragend geeignet. Anspruchsvoller und schwieriger sind bereits die Ausführungen von *Ewald Burger:* Einführung in die Theorie der Spiele, 2. Aufl., Berlin 1966. Hinsichtlich der Axiomatik der Nutzenmessung, die ich hier nicht reformuliert habe, hervorragend verständlich ist der Aufsatz von *Jakob Marschak:* Nutzenmessung und Wahrscheinlichkeit in: *Martin Shubik* (Hrsg.): Spieltheorie und Sozialwissenschaften, Hamburg 1965. Die Axiomatik der Nutzenmessung ist in dem grundlegenden Text: Spieltheorie und wirtschaftliches Verhalten, 3. Aufl., Würzburg 1973, S. 26 ff. enthalten. Über die soziologischen Varianten der Entscheidungstheorie (das Entscheidungsverhalten) informiert der von *Eberhard Witte* und *Alfred L. Thimm* im Jahre 1977 herausgegebene Reader Entscheidungstheorie, Texte und Analysen. Der oben abgebildete Graph macht deutlich, das „S" einen Gleichgewichtspunkt bezeichnet; die Spieltheorie ist aber nur im Ausgangspunkt statisch und, das ist wichtiger, sie setzt die Existenz des Gleichgewichtspunktes nicht voraus, sondern untersucht, ob und unter welchen Voraussetzungen ein Sattelpunkt existiert. *Wilson* und *Bixenstine:* Formen der sozialen Kontrolle ... in *Shubiks* Reader, S. 354 ff. untersuchen die Möglichkeiten der Verwirklichung von mehreren Gleichgewichtspunkten.

lich: wenn A die Strategie A 2 spielt, wird er immer mindestens 2 gewinnen, gleichgültig, was B tut. Wenn B die Strategie B 1 spielt, wird er immer höchstens zwei verlieren, gleichgültig, was A tut. In diesem Spiel kommt es auf die Geheimhaltung der eigenen Strategie nicht an, man kann sie sogar ankündigen. Dies ist der eine Gesichtspunkt. Wesentlich erscheint mir noch folgender Gesichtspunkt, den Morgenstern allerdings nicht vorträgt. Bei streng determinierten Spielen, die sich dadurch auszeichnen, daß die Menge der möglichen Strategien wenigsteng teilweise geordnet ist (im vorliegenden Fall dominiert z.B. A 2 A 1 und A 3, B 1 dominiert B 2 und B 3) ist eine Überführung präskriptiver Aussagen in eine nomologische Hypothese denkbar, nämlich: Wenn A bei einem Zweipersonenspiel mit der Summe Null bei insgesamt n Strategien und einer Auszahlung S die Strategie n1 wählt, so wird er mindestens n erhalten, gleichgültig was der Gegner tut.

Dies zur Gestalt der Gesetzesaussage. Mithin ist die Überführbarkeit in eine nomologische Hypothese, demnach auch die Überprüfbarkeit von präskriptiven Aussagen (im Rahmen der Spieltheorie), jedenfalls nicht generell ausgeschlossen. Sie hängt unter anderem davon ab, ob die Gesetzeshypothese einen Realitätsbezug hat, d.h. hier, ob es wirkliche Zweipersonenspiele mit der Summe Null gibt. Dies ist der Fall. Schach z.B. ist ein solches Spiel. Des weiteren hängt die Falsifizierbarkeit der Aussage davon ab, daß es nicht unendlich viele Strategien gibt und davon, daß die Strategien, genauer: die Menge der Strategien, mindestens teilweise geordnet ist. Ich will dies hier nicht weiter untersuchen (vgl. aber III 2.2.3 f). Beim Schachspiel z.B. war es zumindest vor 29 Jahren nicht möglich, die beste Strategie auszurechnen, auch nicht bei Verwendung von Computern[37]. Wichtig ist noch, daß dieses Spiel die Kenntnis der Matrix durch die Spieler voraussetzt, welche Strategien der Gegner wählen wird, ist aber nicht bekannt. Versucht man, den Begriff des „rationalen" Handelns in dem Kontext der Spieltheorie vorläufig zu kennzeichnen, so liegt es nahe, dieses Handeln als Vorsicht und als Streben nach höchstmöglicher Sicherheit in einer Situation der Unsicherheit zu bestimmen.

2.2.2 Nicht eindeutig bestimmte Spiele mit der Summe Null (Kopf oder Adler)

Zwei Spieler legen eine Münze verdeckt auf den Tisch. Der erste Spieler gewinnt, wenn beim Aufdecken der Münze diese Münze die gleiche Seite zeigt wie die seines Gegners. Bei Ungleichheit gewinnt der Gegner. Gespielt wird um die Münze. Es ergibt sch folgende Matrix

---

[37] *Morgenstern* in: Preistheorie, S. 445.

A \ B	B 1	B 2	Zeilenminima
A 1	1	- 1	- 1
A 2	- 1	1	- 1
Kolonnen-maxima	1	1	

Die positiven Zahlen bezeichnen jeweils die Gleichheit, die negativen Zahlen die Ungleichheit der Münzen. Aus der Matrix folgt: Wählt A Kopf, so wird B Adler wählen, falls er von der Wahl des A erfährt. Oder: Wenn A die Strategie A 1 wählt, so wird B die Strategie B 2 wählen. Wenn A im Hinblick auf B die Strategie A 2 wählt, weil er glaubt, B werde B 2 wählen, wählt B B 1. Scheinbar gibt es keine Ruhelage, keinen Sattelpunkt. Dennoch zeigt die mathematische Analyse, daß eine sichere Strategie gefunden werden kann, die dem Minimaxprinzip entspricht.

Das Rationalitätsprinzip, das eingeführt werden muß, ist das der optimalen Geheimhaltung der eigenen Strategie. Daß dieses Prinzip eingeführt werden muß, leuchtet unmittelbar ein. Jeder Spieler muß vermeiden, daß der andere erkennt, nach welchem Mechanismus Kopf oder Adler gewählt wird. Erkennt B A's Strategie, so gewinnt er immer, denn er hat es dann in der Hand, die Ungleichheit der Münzenseiten herbeizuführen. A kann sich nur dadurch optimal schützen, daß er den höchsten Grad an Geheimhaltung erzielt, der überhaupt erzielbar ist. Dieser Grad wird aber dann erreicht, wenn A selbst nicht weiß, welche Seite der Münze oben liegen wird. A muß demnach mit einer Zufallsauswahl spielen. Bei einer idealen Münze ist die Wahrscheinlichkeitsverteilung dann genau $1/2$ zu $1/2$ oder 50 : 50. Bei Befolgung dieser Zufallsauswahl wird A auf die Dauer jedenfalls nichts verlieren. Das Gleiche gilt für B. Beide Spieler spielen nun nicht etwa ein reines Glücksspiel. Sie haben lediglich eine statistische Strategie der Zufallsauswahl eingeführt. A wird bei dieser Strategie auf die Dauer nichts verlieren. Wählt er aber eine andere Strategie, z.B. 0,3 für Kopf, 0,7 für Adler, so verliert er, wenn B immer Kopf spielt, in 70 % der Fälle. Spielt er hingegen mit der Zufallsverteilung, kann sich B nicht auf ihn einstellen, denn B weiß nicht, wann welche Münzenseite fällt. Da das Gleiche auch für B gilt, werden beide Spieler die Zufallsauswahl befolgen, wenn sie rational handeln wollen. Dann aber nähern sich wieder beide Spieler der Ruhelage, dem Sattelpunkt.

2.2.3 Das n-Personenspiel mit der Summe Null

Gibt es mehr als 2 Spieler, so stellt sich die Frage nach den Bedingungen der Koalitionsbildungen, denn der existierende Interessengegensatz impliziert nicht notwendig den Kampf aller gegen alle, es kann vorteilhafter sein, Koalitionen einzugehen. In der Realität treten diese Koalitionen z.B. in der Form von Kartellen in Erscheinung. Legt man, wie Morgenstern es tut, als Verhaltensregel das Prinzip des Eigennutzes (das utilitaristische Prinzip) zugrunde, so kommt eine Koalitionsbildung nur dann in Frage, wenn die Koalition dem einzelnen Bündnispartner mehr, das heißt einen numerisch größeren Vorteil bieten kann, als er allein zu erzielen vermag. Diese Spiele sind demnach dadurch gekennzeichnet, daß die Wertsumme, die innerhalb einer Koalition erzielt wird, größer ist als die Summe des Wertes der einzelnen Teile, isoliert betrachtet. Die Werte, die die Einzelnen erzielen, sind gar nicht addierbar. (Nichtadditivität, Komplementarität des Wertes.)

Morgenstern nimmt jetzt folgendes Spiel an: Für jeden von drei Personen A, B, C, komt es darauf an, mit einem seiner Mitspieler eine Koalition zu bilden. Gelingt ihm das nicht, so hat er einen Punkt an die Koalition verloren. Drei Koalitionen sind möglich: A, B; A, C; B, C.

Für Morgenstern kommen nun aus der an sich unendlichen Menge der möglichen Auszahlungen nur die folgenden „ernsthaft" in Frage, nämlich

Matrix I		A	B	C	
	A, B	1/2	1/2	- 1	$\vec{\alpha}$
Koalitionen	A, B	1/2	- 1	1/2	$\vec{\beta}$
	B, C	- 1	1/2	1/2	$\vec{\gamma}$

Die Matrix gibt die möglichen Verteilungen an, die insgesamt die Lösung des Spiels ausmachen. Sie ist wie folgt zu lesen: gibt es eine Koalition A, B, so erhalten A 1/2, B 1/2, C —1; wenn es eine Koalition A, C gibt, so erhalten A 1/2, B —1, C 1/2; gibt es eine Koalition B, C, so erhalten A —1, B 1/2, C 1/2. Die griechischen Buchstaben bezeichnen die einzelnen Zurechnungen, der Pfeil über diesen Buchstaben ist ein Vektorzeichen[38]. Charakteristisch für dieses Spiel ist es, daß es keine beste Verteilung gibt, die Verteilungen sind gleichartig. Technisch gesprochen, bilden die Zurechnungen keine vollständig, nicht einmal (de facto) eine teilweise geordnete Menge. Genau dies impliziert aber den Ausschluß einer Prognose, man kann nicht vorhersagen, welche Koalition zustande kommen wird.

Morgenstern hatte behauptet, daß diese Zurechnungen $\vec{\alpha}$, $\vec{\beta}$, $\vec{\gamma}$ die einzigen sind, die ernsthaft in Frage kommen[39]. Es gibt aber doch offensichtlich unendlich viele Zurechnungen. Die Stützung der gezeichneten Zu-

[38] Kennzeichen für einen Vektor ist, daß man in seinem Gebilde die Maßzahl und eine Richtung unterscheidet. So ist z.B. eine Strecke, die mit einer bestimmten Richtung im Raum versehen ist, und die beliebig parallel verschoben werden darf, ein Vektor.

[39] *Morgenstern*, Preistheorie, S. 452.

rechnungen $(\vec{\alpha}, \vec{\beta}, \vec{\gamma})$ geschieht nun mit folgender Argumentation. Angenommen, die Spielregeln gewährten A eine Privilegierung, nämlich: für den Fall seiner Zugehörigkeit zu einer Koalition erhält A zusätzlich das Quantum e, von dem gilt $0 < e < 1/2$. Dann ergibt sich folgende Matrix:

Matrix II

	A	B	C	
A, B	$1/2 + e$	$1/2 - e$	-1	$\rightarrow \delta$
A, C	$1/2 + e$	-1	$1/2 - e$	$\rightarrow \varepsilon$
B, C	-1	$1/2$	$1/2$	$\rightarrow \gamma$

Nun ist $\vec{\delta}$ für A und B entschieden besser als $\vec{\beta}$, denn A erhält anstelle von $1/2$ $1/2 + e$, B anstelle von -1 $1/2 - e$. $\vec{\varepsilon}$ ist darüber hinaus für A und C besser als $\vec{\alpha}$, wie man leicht an beiden Matrizen erkennen kann. Es scheint nun so, als würden sowohl B als auch C die Koalition mit dem privilegierten Spieler A anstreben, aber: wenn A an seinem Privileg festhält, werden C und B koalieren, und zwar wegen der Zurechnung $\vec{\gamma}$, die für diese beiden entschieden vorteilhafter ist als $\vec{\delta}$ und $\vec{\varepsilon}$[40]. Man sieht, daß zwar $\vec{\delta}$ die Zurechnungen von $\vec{\alpha}, \vec{\beta}$ dominiert, daß $\vec{\delta}$ aber seinerseits von $\vec{\gamma}$ dominiert wird. Nur die Zurechnungen $\vec{\alpha}, \vec{\beta}, \vec{\gamma}$ kommen demnach als Lösung ernsthaft in Frage.

Etwas anderes ergibt sich aber dann, wenn A von seinem Privileg Abstand nimmt und es seinen Mitspielern als Anreiz dafür anbietet, mit ihm zu koalieren. In diesem Falle kommt es zu einer Teilprognostizierbarkeit des Ausgangs des Spiels, jedenfalls in der Hinsicht, daß A mit einiger Wahrscheinlichkeit als Teilnehmer der Koalition, und zwar mit der Auszahlung $1/2$ enden wird. Die Theorie der Spiele ist im Gegensatz

[40] Diese „Prognose" wurde empirisch getestet. *Liebermann* entwarf folgenden Dreipersonen Nullsummenspiele:
Spiel a
1 erhält 4 c und 2 erhält 2 c, wenn sich die Koalition (1, 2) bildet
1 erhält 4 c und 3 erhält 2 c, wenn sich die Koalition (1, 3) bildet
2 und 3 erhalten jeweils 3 c, wenn sich die Koalition (2, 3) bildet.
Spiel b
Die Koalition (1, 2) erhält 10 c; (1, 3) erhält 8 c und (2, 3) erhält 6 c.

Neumanns und *Morgensterns* Lösung für Spiel a besteht darin, daß sich (2, 3) zu einer Koalition zusammenfinden. Diese Koalition stellte sich auch tatsächlich in 70 % der Fälle ein.

Für Spiel b bieten *Neumann* und *Morgenstern* folgende Lösung an: bildet sich die Koalition (1, 2) gehen 6 c an 1, 4 c an 2; in der Koalition (2, 3) gehen 4 c an 2 und 2 c an 3. Die Koalition (2, 3) trat am häufigsten auf, wie von *Neumann* und *Morgenstern* auch vorhergesagt, obwohl sie beiden Gewinnern die kleinstmöglichste Auszahlung (insgesamt gesehen) garantierte. Vgl. den Überblick v. *A. Rapoport* und *C. Orwant:* Experimentelle Spiele. Eine Übersicht in *M. Shubis (Hrsg.):* Spieltheorie, 1965, S. 296 ff.

zur Neoklassik in der Lage, die Höhe der Kompensationszahlung zu bestimmen und jedenfalls eine Teilprognose zu wagen. Die Höhe der Kompensationszahlung wird genau bei e liegen.

Wichtig ist, daß es bei diesem Spiel keine absolut dominierende Zurechnung gibt, zwar kann jede zur Lösung gehörende Zurechnung von außen gestört werden, aber es gibt eine zur Lösung gehörende Zurechnung, die ihrerseits die Störungszurechnung dominiert.

Sieht man von dem Fall der Kompensationszahlung ab, die ja ihrerseits eine Regeländerung voraussetzt, kommt Morgenstern zu dem Schluß, daß alle wesentlichen n-Personenspiele keine dominierende Zurechnung haben. Dies impliziert aber, wie oben bereits angedeutet, den Ausschluß der Prognose von tatsächlichen Koalitionsbildungen, jedenfalls im Prinzip. Dieser Ausschluß der Prognose ist die Folge unzureichender Information, die mit Hilfe der Mathematik über die Lösung des Spiels gewinnbar ist. Es führt m.a.W. keine Brücke von der präskriptiven Aussage zur nomologischen Hypothese, dies ganz einfach deshalb, weil man nicht in der Lage ist, zu sagen, was das beste Verhalten in einer solchen Situation sein soll.

Eine andere Frage ist es selbstverständlich, ob bei Übersetzbarkeit der Präskription in die nomologische Hypothese diese sich auch bewährt. Rapoport und Orwant kommen in ihrer Übersicht, in der über empirische Überprüfungen von Rationalitätsmaximen wie Minimax berichtet wurde (und zwar, wie beispielsweise in FN 40 dargestellt, im Wege der Planspieltechnik) zum Ergebnis, daß die spieltheoretischen Lösungsbegriffe nicht deskriptiv sind und das menschliche Verhalten nicht vorhersagen (vgl. S. 324). Diese Aussage setzt voraus, daß die Präskriptionen der Spieltheorie, ihre Rationalitätsmaximen überhaupt in nomologische Hypothesen übersetzt werden können. Denn wäre eine solche Übersetzung ausgeschlossen, so hätte eine empirische Prüfung keinen Gegenstand. Diese Frage der Übersetzbarkeit ist eine Frage der semantisch-logischen Analyse und selbstverständlich keine empirische Frage. Wenn man bereits bei einer Übersetzung Fehler macht, so sagt das empirische Ergebnis nichts aus.

Jenseits der Frage, welche Modelle realitätsnäher sind, die der Neoklassik oder die der Spieltheorie (diese Frage wird intuitiv entschieden) führt die Frage der Übersetzbarkeit präskriptiver Aussagen in empirisch prüfbare Aussagen in das Zentrum des Theorievergleichs von Neoklassik und Spieltheorie. Jedem methodisch geschultem Leser wird auffallen, daß hiermit Fragen der Sein-Sollen-Differenz angesprochen sind. Wenn man sich auf den Standpunkt stellt, daß diese Differenz unüberbrückbar ist, so sind Übersetzungen a limine ausgeschlossen. Daher kann eine Theorie nicht mit dem Übersetzbarkeitsargument vor einer anderen bevorzugt werden, die nicht übersetzbar ist. Da ich oben (III 2.2.1) eine solche Übersetzung selbst vorgenommen habe, wäre es inkonsequent, die Übersetzungen a limine für ausgeschlossen zu halten. Präskriptive Aussagen können also übersetzbar sein. Die notwendige Voraussetzung hierfür ist allerdings, daß man den präskriptiven Satz, die Regel, überhaupt befolgen kann.

Wenn man in der Neoklassik in einem Zweipersonenspiel mit der Summe Null z.B. sagt: strebe dein Maximum an (und zwar das Maximum der Neoklassik), so kann ich das gar nicht tun. Es gibt kein Maximum. Wie soll ich etwas anstreben, das es gar nicht gibt. Ich kann doch nicht tun, was ich will, alles ist Streben nach dem Maximum oder nichts ist Streben nach dem Maximum. Aber ich kann eine Minimax-Strategie befolgen. Man kann sagen, ob ich dieser Regel folge, denn jeder Dritte, der diese Strategie bestimmen kann, sieht dies an meiner Handlung. Das, was ich tue, ist empirisch wahrnehmbar, und es hat einen Sinn. Jeder andere kann so handeln wie ich, und man kann sehen, wer im Ergebnis gewinnt, wenn man den Fall und die Handlung oft genug wiederholt. Und wenn dies alles oft genug geschieht, wird man eine Hypothese wagen, ähnlich wie beim freien Fall, eine Gesetzeshypothese, die prüfbar ist. Hieraus folgt, daß eine Übersetzung eines präskriptiven Satzes in eine Gesetzeshypothese jedenfalls nicht ausgeschlossen ist. Eine Voraussetzung hierfür ist, daß dieser präskriptive Satz (die Regel) hinreichend präzise ist.

Die zweite Voraussetzung ist ebenfalls angedeutet. Man könnte sie die Voraussetzung des Realitätsbezuges nennen. Wenn mir die Regel z.B. ein Ziel angibt, das angestrebt werden soll, so muß dieses Ziel existieren. Allgemeiner: die Handlung, die die Regel gebietet, muß in der Wirklichkeit durchführbar sein. Ist sie es nicht, so ist die Regel ohne Sinn, oder: wenn es stimmt, daß die Extension einer Regel die Handlung ist, die sie gebietet (vgl. oben I 1.2), so muß die Regel eine Extension haben.

Die dritte Voraussetzung der Möglichkeit der Regelbefolgung ist natürlich, daß die Regel bekannt ist oder mindestens, daß man sie erschließen kann. *Morton Deutsch* und *Robert M. Krauss*[41] haben Spiele experimentell durchgeführt, bei denen die Auszahlungsmatrix nicht vollständig bekanntgegeben wurde. Dieses Spiel bezeichnete eine Verhandlungssituation, in der das optimale Ergebnis für beide Spieler relativ leicht erschlossen werden konnte. Dennoch wurde die Lösung von den meisten Spielern nicht erkannt, und emotive Faktoren wie Ärger, Aggressionen über die bereits erlittenen Verluste bestimmten das Spielverhalten. Die Erschließbarkeit der Matrix ist demnach keine hinreichende Bedingung für die Wirklichkeit der Regelbefolgung, nur: ohne Erschließ-

[41] Vgl. *Morton Deutsch* und *Robert M. Krauss:* Untersuchungen über interpersonelle Verhandlungen in: *Shubik (Hrsg.),* Spieltheorie und Sozialwissenschaften, S. 339 ff.

barkeit der Matrix kann eine Übersetzung eines präskriptiven Satzes in eine Gesetzeshypothese nicht erfolgen, jedenfalls nicht im Rahmen der Spieltheorie, die beansprucht, zeigen zu können, welches das rationale Verhalten in Situationen der Unsicherheit ist. Ferner: selbst wenn die Matrix relativ leicht erschlossen werden kann, so ist zwar eine Bedingung für die Übersetzbarkeit der Regel gegeben, es steht aber natürlich noch nicht fest, ob sich die wirklichen Spieler auch von der Rationalitätsmaxime leiten lassen, ob ihr Handeln als Regelbefolgung deutbar ist. Die Wirklichkeit und das heißt das wirkliche Verhalten der Spieler ist möglicherweise durch andere Faktoren (wie Angst, Depression, Ärger etc.) erklärbar, nicht alles, möglicherweise nur ein kleiner Teil des Handelns der empirischen Subjekte ist rationales Handeln in einem bestimmten Sinne. Es ist andererseits nicht zu bestreiten, daß auch die Rationalitätsmaximen der Spieltheorie sich durchsetzen, und zwar in dem Maße wie deren Rationalität anerkannt wird. Man hat ja auch nicht immer das gesamte Verhalten aller Menschen zu untersuchen, der historische Ausgangspunkt der Spieltheorie ist, wie gezeigt, die theoretische Ökonomie, und hier geht es u.a. möglicherweise nur um die Erklärung des Preissetzungsverhaltens der Unternehmer.

Für die empirische Prüfung der Rationalitätsmaximen der Spieltheorie sind also mindestens zwei Fragen genau auseinanderzuhalten, nämlich erstens die Frage der Übersetzbarkeit der Rationalitätsmaximen in eine nomologische Hypothese, zweitens die Frage, ob, vorausgesetzt die Übersetzbarkeit ist gegeben, die nomologischen Hypothesen sich auch bewähren. Man kann selbstverständlich aus der Falsifikation der empirischen Hypothesen (nach ihrer Übersetzung) nicht folgern, was aber Krauss und Deutsch tun, daß die Aussagen der Spieltheorie schlechterdings nicht „deskriptiv" (d.h. empirisch verwertbar) sind. Aus der Falsifikation einer Hypothese folgt lediglich ihre Falschheit als Gesetzesaussage, nicht etwa ihr semantisch-logischer Charakter. Für einen Theorienvergleich zwischen Neoklassik und Spieltheorie kommt es in erster Linie auf die Fragen der Übersetzbarkeit der Regel an. Sind die Aussagen der Neoklassik unter keinen Umständen übersetzbar, so ist die Frage der empirischen Triftigkeit selbstverständlich kein Kriterium des Theorienvergleichs. Rein analytische Aussagen sind unter keinen Umständen in empirische Aussagen übersetzbar, denn diese Aussagen haben keinen „Realitätsbezug", sie setzen nur fest, und zwar meist im Wege der Definition, nach welchen Regeln Wörter, die Elemente dieser Aussage sind, sprachlich verwendet werden sollen. Liegen hingegen nicht-analytische Aussagen präskriptiven Charakters vor, so hängt die Frage der Übersetzbarkeit von folgenden Voraussetzungen, die ich hier noch einmal zusammenfasse, ab:

Die Regel muß befolgt werden können.

Dies kann sie nur, wenn sie hinreichend präzise ist
(a), und wenn die Handlung, die sie gebietet, in Wirklichkeit vollzogen werden kann, d.h. wenn ein Ziel zu verwirklichen ist, daß tatsächlich existiert (Ralitätsbezug, Extension der Regel) (b). Im Rahmen der Spieltheorie setzt die Befolgbarkeit der Rationalitätsregel ferner voraus, daß die Matrix, auf der die Lösung abgebildet ist, von den Spielern erschlossen werden kann (c).

Diese Voraussetzungen sind nur notwendige, nicht (möglicherweise nicht) hinreichende Bedingungen der Übersetzbarkeit. Ich kann diese Frage nicht definitiv beantworten, sie sind Gegenstand einer eigenen Arbeit. Im vorliegenden Kontext der semantisch-logischen Analyse der Spieltheorie geht es ja nur um die Frage, ob die Sätze der Spieltheorie überhaupt, ggf. nach einer Übersetzung, empirisch triftig werden können. Diese Frage kann man für meine Begriffe mit Sicherheit bejahen. Morgenstern hoffte[42], daß jedes n-Personenspiel überhaupt eine Lösung (nicht: eine dominierende Zurechnung) habe. Diese Hoffnung hat sich mittlerweile als unbegründet herausgestellt. Im Oktober 1967 hat W. F. Lucas für ein Zehnpersonenspiel nachgewiesen, daß dieses Spiel keine Lösung aufweist[43]. Immerhin hat die Theorie der Spiele gezeigt, wo die Probleme stecken. Im nächsten Schritt zeigt Morgenstern noch die Anwendungsmöglichkeiten auf, und zwar insbesondere für die theoretische Ökonomie und die Preistheorie. Diese letztere Möglichkeit soll wenigstens noch kurz referiert werden. Die erste Voraussetzung der Anwendung des neuen Paradigmas auf ökonomische Phänomene, etwa die Auffassung des Tauschs, allgemeiner der Marktprozesse als Spiel, ist das Loskommen von der Summe Null. Denn unter der Voraussetzung der utilitaristischen Maxime kann gar kein Tausch stattfinden, wenn immer nur der eine das gewinnt, was der andere verliert. Morgenstern ist der Tradition auch insofern verpflichtet, als er annimmt, daß beide Partner im Tausch gewinnen[44]. Diese Erweiterung auf die Nichtnullsummenspiele geschieht so, daß ein fiktiver Spieler hinzugedacht wird, der alle Verluste trägt, die den Gewinn der wirklichen Spieler entsprechen. Dieser fiktive Spieler hat keinen Einfluß auf das Spiel, Morgenstern macht von einer mathematischen Konvenienz Gebrauch, die gestattet, unbekannte Phänomene auf bekannte zurückzuführen. Ich brauche nicht zu betonen, daß diese Art des Vorgehens voraussetzungsvoll ist; sie liegt letzten Endes darin begründet, daß eine ausschließlich auf die Spieltheorie ausgerichtete mathematische Sprache noch nicht gefunden worden ist, sondern bekannte

[42] *Morgenstern*, S. 454, in: Preistheorie.

[43] A Game with No Solution, Memorandum RM 5518-PR, November 1967, Rand Corp., Santa Monica, California. Die Arbeit wird bei Morgenstern selbst erwähnt und gebilligt. Vgl. *Morgenstern*, in: Gegenstand und Methoden der Nationalökonomie, S. 187, FN 2.

[44] *Morgenstern*, Preisbildung ..., S. 460.

Sprachsysteme wie Mengenlehre, Wahrscheinlichkeitsrechnung, mathematische Kombinatorik und teilweise auch die Topologie verwendet werden.

Morgenstern untersucht zunächst den Fall des bilateralen Monopols (ein Anbieter steht nur einem Käufer gegenüber). Es soll ferner nur ein — unteilbares — Gut A verkauft werden.

Hierbei ist „u" der Wert von A für den Verkäufer, „v" der Wert von A für den Käufer. Der Preis von A muß dann zwischen „u" und „v" liegen. Insoweit stimmen Neoklassik, Spieltheorie und „gesunder Menschenverstand" überein. Differenzen ergeben sich aber bereits dann, wenn mehrere Güter zum Verkauf anstehen. Nach der Neoklassik sollen die Preisgrenzen enger geworden sein, und zwar deshalb, weil für alle Güter der gleiche Preis angenommen wird. Die Theorie der Spiele setzt dies nicht voraus.

Steht der Monopolist zwei Käufern gegenüber, der Wert vom unteilbaren A sei für 1 (den Verkäufer) „u", für 2 (den ersten Käufer) sei er „v", für 3 (den zweiten Käufer) sei er „w". Es gilt „u" < „v" < „w". 3 sei der stärkere von beiden Käufern. Er wird A erwerben. Die Neoklassik meint, der Preis könne nur in den engen Grenzen zwischen „v" und „w" liegen. Dies ist auch nach der Spieltheorie möglich, die Theorie zieht aber auch noch folgende Möglichkeit in den Kalkül: es kann sein, daß 3 eine Kompensationszahlung dafür anbietet, daß 2 vom Markt verschwindet und den Preis nicht in die Höhe drückt. Die Höhe der Entscheidung läßt sich genau fixieren.

Mithin gestattet die Theorie der Spiele die Berücksichtigung von Macht, die Berücksichtigung der Möglichkeit von Koalitionen, und sie liefert zumindest Ansatzpunkte für die Analyse der Voraussetzungen für das Zustandekommen von Koalitionen. Sie gestattet auch die Fixierung der numerischen Größe dieser Randdaten im Preisbildungsprozeß.

2.3 Zu den Voraussetzungen der Spieltheorie

Es liegt auf der Hand, daß eine abschließende Beurteilung der Spieltheorie hier nicht erfolgen kann. Die Theorie ist in einer immensen Entwicklung begriffen. Morgenstern konnte bereits 1972 auf eine Bibliographie von über 6000 einschlägigen Titeln verweisen[45]. Martin Shubiks[46]

[45] *Morgenstern*, Spieltheorie als allgemeine Theorie des Machtkonflikts in: Macht und ökonomisches Gesetz, Schriften des Vereins für Socialpolitik, Neue Folge, Bd. 74/1, S. 390. Allein die Arbeiten *Morgensterns* umfassen bis 1977 bereits 300 Titel, vgl. dazu die Bibliographie in: Mathematical Economics And Game Theory, *edited by R. Henn* and *O. Moeschlin*, Berlin, N.Y. 1977.

[46] Spieltheorie und Sozialwissenschaften, *hrsg. v. Martin Shubik*, Hamburg 1965. Nach *Shubik* hat sich die Spieltheorie als taugliches Hilfsmittel zur Untersuchung von Macht, Drohung, Konflikt, Kooperation, Information und Strategie erwiesen.

Reader hat die Anwendbarkeit der Spieltheorie in Ökonomie, Politik und in der Militärstrategie gezeigt. Dies alles schließt eine definitive Stellungnahme aus. Aber man kann doch einiges zu den Voraussetzungen sagen.

Ihrer Intention nach ist die Spieltheorie präskriptiv. Sie liefert demnach keine Erklärung der Preisentstehung, jedenfalls nicht in der Struktur der Aussage. Es ist aber denkbar, daß z.B. bei streng determinierten Spielen Übersetzungen der präskriptiven Aussagen in nomologische Hypothesen möglich werden (siehe oben S. 169). Es ist auch denkbar, daß bei zunehmender Anwendung spieltheoretischer Entscheidungsmodelle in zentralen Entscheidungsgremien von Wirtschaft und Politik sich tatsächliche Entscheidungsverläufe als Befolgung spieltheoretischer Regeln erklären lassen. Voraussetzung ist aber wiederum, daß in den von Morgenstern selbst so bezeichneten „wesentlichen" Spielen (das sind die n-Personen-Nichtnullsummenspiele) nicht unendlich viele Lösungen existieren. Existieren solche Lösungen nur in unendlicher Vielzahl, oder ist die Anzahl der Lösungen zwar endlich, ihre Menge aber nicht einmal schwach geordnet, so ist eine Prognose ausgeschlossen. Dennoch kann man jetzt noch nicht sagen, ob nicht etwa Entwicklungen in der Mathematik in Gestalt neuer Sprachsysteme auch die Lösung dieser Probleme ermöglichen.

Im Zusammenhang mit dem nichtempirischen Charakter der Spieltheorie steht auch die Nichtberücksichtigung von außerökonomischen Variablen, wie Motivstruktur und Organisation der Entscheidungseinheit und deren Einflüsse auf das Entscheidungsverhalten des Aktors. Insofern steht vermutlich auch unvermeidlich jede neue Theorie in der Tradition. Die Spieltheorie ist zugestandenermaßen Modellanalyse, auch dies ist unvermeidlich, jedenfalls für eine Theorie, die sich an der Mathematik als Sprachsystem orientiert, wahrscheinlich aber auch für jede Theorie. Es ist aber sicher, daß das Modell der Spieltheorie ungleich realitätsnäher ist als das der Neoklassik.

Auch die Spieltheorie ist natürlich keine Marktsoziologie, sie thematisiert lediglich Marktprozesse in einer neuen Sichtweise: als Spiele, anstelle von Tausch. Wir haben ein neues Paradigma vor uns, das auch in seiner Thematisierungskapazität über das alte Modell hinausgeht. Die Spieltheorie gestattet nämlich z.B. die Berücksichtigung von Machtphänomenen in der Preisbildung. Sie thematisiert Interaktionsbeziehungen als Beziehungen zwischen Einzelnen und zwischen Einzelnen und Gruppen, sie faßt nicht Marktprozesse als Spiel gegen die Natur oder Quasinatur auf. Man sieht also eine Erhöhung der Thematisierungskapazität ohne Präzisionsverlust im Sprachsystem. Aber auch die Spieltheorie steht in der nichtempirischen Tradition. Dazu vier Bemerkungen. Das Subjekt oder weiter, der Aktor, handelt nach einem utilitaristischen

Prinzip, aber nicht nach dem der Maximierung des eigenen Nutzens. Es gibt bei konfligierenden Interessen und bei Nichtbeherrschbarkeit einiger ökonomischer Variablen kein Maximum. Rationalität stellt sich im spieltheoretischen Paradigma als Streben nach Sicherheit in einer durch Unsicherheiten strukturierten Umwelt dar. Deutlich wird dies insbesondere in dem oben bezeichneten Minimaxtheorem. Die Minimisierung des Verlustes oder die Maximierung des minimalen Gewinns trägt der feindlichen Umwelt in Gestalt des Gegners mit konfligierenden Interessen Rechnung, insofern ist die Spieltheorie realitätsnäher als die Neoklassik in ihrem unbeirrten Glauben an die Harmonie des Gleichgewichts, aber auch die spieltheoretische Verhaltensmaxime für den Aktor ist keine empirische Hypothese.

Zweitens: die Spieltheorie setzt bei den Spielen, von denen hier berichtet und die analysiert wurden, nicht vollkommene Voraussicht, sondern bei Spielen unter Unsicherheitsbedingungen zwar Nichtinformation oder Teilinformation (Kenntnis der Matrix), aber eines doch voraus, nämlich die Gleichheit der Informiertheit bzw. Nichtinformiertheit der Aktoren. Diese Gleichheit der Information ist für die Neoklassik nichts weiter als ein logisches Implikat: wenn alle Marktteilnehmer vollkommen informiert sind, so sind sie auch in gleicher Weise informiert. Man kann diese Implikation auch am unteren Grenzwert der Informationsskala feststellen: wenn alle überhaupt nichts wissen, so sind sie auch in ihrem Nichtwissen gleich. Anders ist es aber bei Teilinformationen, dann muß die Gleichheit der Information bzw. Nichtinformation als zusätzliches Axiom eingeführt werden. Daß das Gleichheitsaxiom bei den dargestellten Spielen gilt, sieht man daran, daß bei allen Spielern die Kenntnis der Matrix vorausgesetzt wird. Der Spieler weiß zwar nicht, was sein Gegenspieler tun wird, aber eines weiß er doch, nämlich: was die Folgen der Strategiewahl anlangt, sind die möglichen Zustände der Welt beschränkt, nicht mehr alles ist offen, und: beide Spieler wissen dies in gleicher Weise. Diese Gleichheit der Information ist bei Wirtschaftsprozessen aber zumindest eine fragwürdige Angelegenheit. Hier sind insbesondere diejenigen, die die Rolle der Konsumenten in unserer Gesellschaft spielen, schon allein deshalb benachteiligt, weil sie die dem Gegner offenstehenden Strategien weder kennen, noch in ihren Folgen durchschauen, während der Gegner über Marktforschung und Psychoanalyse Kausalfaktoren für die Entscheidung des Gegners wirksam machen kann, die jenseits der spieltheoretischen Rationalität, außerhalb des Feldes der möglichen Strategien und demzufolge auch jenseits der Matrix des Gegenspielers liegen. Dieser Gesichtspunkt der externen Beeinflussung des Unterbewußtseins, d.h. der Mobilisierung von Kausalfaktoren jenseits der Kontrolle des Gegners, liegt außerhalb der Kontrolle der Spieltheorie, und zwar prinzipiell. Denn die unterbewußte oder unbewußte Wirkung externer Mechanismen schließt ihre Fixierung auf der Matrix des Beeinflußten begrifflich aus. Hierbei mag es hinsichtlich der Gleichheit der Information zutreffen, daß, wie Morgenstern in der Diskussion seines Referates[47] allerdings ohne Literaturhinweise gesagt hat, man sich mittlerweile auch mit Problemen lediglich stochastischer Informationen und der Möglichkeit befaßt hat, daß nur einer der Spieler die Auszahlungsmatrix kennt.

Drittens: So wie das Nutzenmaximierungsprinzip der Neoklassik reduziert z.B. das Minimaxtheorem[48] der Spieltheorie die Vielzahl der Verhaltensmöglichkeiten des Gegners, und somit auch die Vielzahl der eigenen Verhaltensmöglichkeiten, und zwar im Wege der Bildung von Erwartungsstrukturen. In der Antizipation der möglichen gegnerischen Strategien (hier kann man übrigens zeigen, daß in diesem Denkmuster Erwartungen von Erwartungen von ... abbildbar werden) und in der Unmöglichkeit, alles vorauszusehen, läßt sich der Abbruch der Reflexion im Zeitpunkt der Entscheidung als rationales Handeln auszeichnen. Dies ist, insbesondere für Juristen, intuitiv einsehbar und zieht aus unserer affektiven Übereinstimmung hinsichtlich der Notwendigkeit der Entlastung des Entscheidungsprozesses und das heißt: des Aktors, Plausibilität. Nur: auch diese Art von Rationalität ist kontingent, alo auch anders denkbar oder möglich. Die theoretische Brillanz, die bewunderungswürdige Klarheit und die hohe Thematisierungskapazität des Sprachsystems können demzufolge weder zur hingerissenen Gefolgschaft noch zur reflexionslosen Ablehnung, sondern nur zur historischen „Relativierung" des theoretischen Ansatzes führen. Die Spieltheorie ist ein neues Paradigma mit jetzt noch unausgedachten Konsequenzen für unsere Behandlung ökonomischer Prozesse, aber eben nur ein neues Paradigma.

Viertens: So wie das Rationalitätsprinzip reduziert auch die Matrix das Möglichkeitsfeld der Handlungen und ihrer Folgen, d.h. die Welt der möglichen Zustände, und zwar in einem nur im Ausgangspunkt bilateralen Schema. Es ist möglich, endlich viele Mitspieler in das Spiel einzu-

---

[47] *Morgenstern,* Spieltheorie als allgemeine Theorie des Machtkonflikts (oben FN 45), S. 410. Soweit ersichtlich hat *Shubik* ein Spiel mit unvollkommener Information über die Auszahlungsmatrix getestet. Vgl. *A. Rapoport* und *C. Orwant:* Experimental Games. A Review, in: Behavioral Science, Bd. 7, Januar 1962. Ein Nachdruck findet sich in dem oben (FN 46) angegebenen Reader von *Shubik.* Hier kannten die Spieler nur ihre eigene Auszahlungsmatrix, vgl. S. 321 in *Shubik* (FN 46). Siehe ferner das oben (FN 41) angegebene Spiel von *Deutsch* und *Krauss.*

[48] Das Minimaxtheorem ist selbstverständlich nicht das einzige Rationalitätskriterium, das in der Spieltheorie existiert. *John Milnor* hat in: Spiele gegen die Natur (in Shubik [FN 46], S. 129 ff.) verschiedene Kriterien (z.B. Laplace, Wald, Hurwicz) oder Regeln zur Behandlung von Unsicherheitssituationen untersucht und ausgewertet. Ihrem logischen Status nach sind aber alle diese Kriterien Rationalitätsregeln, in ihrer Funktion reduzieren sie den Möglichkeitsraum der Zustände.

beziehen, ohne daß die Thematisierungskapazität des Sprachsystems zusammenbricht. Diese Matrix ist aber, ebenso wie das Rationalitätsprinzip *subjektbezogen*, die Systemtheorie z.B. hat gezeigt, daß man die Subjekte vollkommen vernachlässigen kann, ohne auf eine Theorie der Gesellschaft verzichten zu müssen.

Auch diese Art von Reduktion ist also anders möglich. Ferner: der Einfluß externer Daten, z.B. die der Beeinflussung der Entscheidungseinheiten durch die allgemeine Konjunktur etc., muß zwar nicht als prinzipiell aus dem Modell ausgeschlossen gelten, ich sehe aber nicht, wie die Integration dieser Daten auf den Wegen der spieltheoretischen Sprachen erfolgen kann. Die *Übersetzung* dieser Faktoren liegt gleichsam jenseits des Sprachspiels. Dort, wo sie bisher erfolgte, z.B. bei Dreipersonenspielen, in denen der fiktive Spieler alle Verluste trägt, kann sie allenfalls den mathematischen Konventionalismus als Geltungsgrund bemühen, man kann aber nicht sehen, wo in Wirklichkeit die Verluste bleiben, die es doch eigentlich gar nicht geben darf, wenn die utilitaristische Maxime, daß jeder beim Tausch gewinnt, als Voraussetzung und als Motiv für den Tausch beibehalten werden soll. Gerade diese Maxime hatte doch dazu geführt, das Nullsummenspiel für unanwendbar zu erklären.

Insgesamt: die Spieltheorie ist ein neues Paradigma, nicht mehr, aber auch nicht weniger, sie ist ungleich realitätsnäher als die Neoklassik, und die Folgen der neuen Sichtweise sind noch gar nicht ausgedacht. Auch die Spieltheorie liefert noch keine empirisch prüfbare Erklärung über das Zustandekommen von Preisen; es ist aber nicht ausgeschlossen, daß sie dies einmal fertigbringt.

3. Empirische Preistheorie

Hier beschränke ich mich auf das Referat und die Analyse einer einzigen Arbeit, nämlich des im Jahre 1975 erschienenen Buches von Susanne Wied-Nebbeling: Industrielle Preissetzung. Eine Überprüfung der marginal- und vollkostentheoretischen Hypothesen auf empirischer Grundlage, Tübingen 1975. Die Beschränkung auf diese Arbeit läßt sich rechtfertigen. Zum einen sind für die BRD empirische Untersuchungen selten[49]. Sie sind darüber hinaus ausnahmslos älteren Datums als die

[49] *O. Hatzold, / H. Helmschrott:* Analyse unternehmerischer Verhaltensweisen, Schriftenreihe des Ifo-Instituts für Wirtschaftsforschung, Nr. 44, Berlin, 1961.
A. Deyle: Gewinnmanagement, Gewinnerzielung durch richtige Artikelstrategie, Verkaufspolitik und Kostensenkung mit Hilfe der Plankostenrechnung, hrsg. vom Deutschen Institut für Betriebswirtschaft und Verkaufsleiterakademie, München 1967.
E. Heinen: Das Zielsystem der Unternehmung, Grundlagen betriebswirtschaftlicher Entscheidungen, Schriftenreihe: die Betriebswirtschaft in Forschung und Praxis, Bd. 1, Wiesbaden 1966.

Arbeit von Wied-Nebbeling, sie haben nicht eine vergleichbare Erhebungsgrundlage oder einen annähernd vergleichbaren Rücklauf. A. Deyle[49] z.B. hat von 6000 abgesandten Fragebogen nur 73 zurückerhalten (das sind 1,2 %). Die bei Heinen[49] veröffentlichten Ergebnisse des Instituts für Wirtschaftsforschung in München lassen erkennen, daß nur 20 Interviews durchgeführt wurden. Es wurden fünf Fragebogen, die nicht veröffentlicht wurden, vorgelegt, ohne daß man die Rücklaufquote beurteilen kann. Zimmermann[49] hat ebenfalls seine Fragebogen nicht veröffentlicht. Des weiteren hat Wied-Nebbeling alle diese Arbeiten integriert und berücksichtigt. Sie hat darüber hinaus auch Befragungsergebnisse in den USA[50] und in Großbritannien[51] berücksichtigt[52]. Diese Befragungsergebnisse sind interessanterweise nicht auf einen Nenner zu bringen. Hinsichtlich der Zielsetzung der Unternehmer stellt Wied-Nebbeling fest, daß 4 Befragungsergebnisse eine Rentabilität auf das einge-

Für die Schweiz liegt eine Untersuchung von *D. Zimmermann* vor, Marktforschung und Absatzplanung in Schweizerischen Unternehmungen, Bericht über die Ergebnisse einer Umfrage, durchgeführt von der Sektion Marktforschung des Instituts für Wirtschaftsforschung ETH, Zürich 1971, siehe auch *derselbe:* Die Mikrotheorie der Unternehmung im Lichte der Planung und Information im Absatzbereich — eine empirische Untersuchung, Diss. 1972. Für Dänemark liegt eine Arbeit von *B. Fog* vor: Industrial Pricing Policies of Danish Manufacturers, Amsterdam 1970.

[50] Nämlich *R. A. Lester:* Shortcomings of Marginal Analysis for Wage Employment, AER Vol. XXXVI (1946), S. 63—82, *W. J. Eiteman, G. E. Guthrie:* The Shape of the Average Cost Curve. AER Vol. XLII, 1952, S. 832—838.

J. S. Early: Marginal Policies of „Excelently Managed" Companies, AER Vol. XLVI, 1956, S. 44—70.

A. D. H. Kaplan / J. D. Dirlam / R. F. Lanzilotti: Pricing in Big Business, A Case Approach, Menasha, Wisconsin 1958.

N. W. Chamberlain: The Firm: Micro-Economic Planning and Action, N.Y., 1962.

W. W. Haynes: Pricing Decisions in Small Business, Lexington 1962.

A. A. Fitzpatrick: Pricing Methods of Industry, Boulder, Colorado 1964.

R. F. Lanzilotti und *G. O. Parrish:* Pricing, Production And Marketing Policies of Small Manufacturers, Washington 1964.

J. G. Udell: How Important is Pricing in Competitive Strategy, in: Price Policies and Practises, A Source Book in Readings, *ed. by D. F. Mulvihill* and *S. Paranka,* N.Y. 1967.

[51] Nämlich: *R. L. Hall / C. J. Hitch:* Price Theory and Business Behaviour, in: Oxford Studies in The Price Mechanism, *ed. by T. Wilson* and *P. W. S. Andrews,* Oxford 1952, S. 107—138.

D. C. Hague: Economic Theory and Business Behaviour, The Review of Economic Studies, Vol. XVI, 1949—1950, S. 144—157.

C. C. Saxton: The Economics of Price Determination, 2. Aufl. Oxford, 1952 (Erstauflage 1942).

H. F. Lydall: Aspects of Competition in Manufacturing Industry, Bulletin of the Oxford University Institute of Statistics, Vol. 20, 1958, S. 319—337.

R. H. Barback: The Pricing of Manufacturers, London 1964.

G. B. Richardson / N. H. Leyland: The Growth of Firms, Oxford Economic Papers, N.S., Vol. 16, 1964, S. 1—23.

R. C. Skinner: The Determination of Selling Prices, Journal of Industrial Economics, Vol. 18, 1970, S. 201—217.

[52] Vgl. *Wied-Nebbeling,* S. 91 ff.

setzte Kapital, 4 weitere ein langfristiges Gewinnmaximum, 2 weitere einen fairen Gewinn oder das Wachstum des Unternehmens anstreben[53].

Übereinstimmender sind die Ergebnisse hinsichtlich der Preissetzung. Die meisten Unternehmer schlagen auf die Stückkosten eine Gewinnspanne auf, die je nach Nachfrage und Konkurrenzbedingungen variiert (flexible Vollkostenkalkulation)[54]. Dieses Preissetzungsverhalten wird aber einmal als Streben nach dem Gewinnmaximum, das andere Mal als Gegensatz zum Marginalismus interpretiert[55]. Nur in zwei Punkten lassen sich die Ergebnisse vereinheitlichen, nämlich erstens in der relativen Preisstarrheit, d.h. die Preisreaktion auf Nachfrageschwankungen ist gering und selbst Kostensteigerungen werden nur zögernd umgesetzt, zweitens konnten übereinstimmend Unterschiede in der Zielsetzung von Klein- und Großunternehmen festgestellt werden[56].

Insgesamt gesehen sind die bisherigen Ergebnisse widersprüchlich. Wied-Nebbeling nimmt dies zum Anlaß, eine eigene Untersuchung für die BRD durchzuführen. Sie stellt drei Hauptfragen,

1. nach der Zielsetzung der Unternehmer (angemessener oder maximaler Gewinn),
2. nach der Preiskalkulation (Stückkosten mit variabler oder starrer Gewinnspanne oder marginal),
3. nach dem von den Unternehmern erwarteten Kostenverlauf (linear oder ertragsgesetzlich)[57].

Mit diesen Fragen beabsichtigt die Autorin, die Hypothesen der Marginal- und der Vollkostentheorie, die sich widersprechen, empirisch zu prüfen.

Die Marginaltheorie bestimmt den zu maximierenden Gewinn als Differenz zwischen Umsatz und Kosten, im Maximum müssen Grenzumsatz und Grenzkosten gleich sein. Wir haben es also wieder mit dem Infinitesimalkalkül zu tun. Es ist nach dem oben (III 1.2) Gesagten ohne weiteres klar, daß man diese Berechnungsart nicht empirisch zu prüfen braucht, denn die Axiomatik des Kalküls setzt, wie gezeigt, die skizzierten Axiome voraus, d.h. u.a. präzise Informationen der Unternehmer über eigene Kosten und den möglichen Absatz. Nun nimmt die Autorin eine Überprüfung der Realität des Infinitesimalkalküls auch nicht vor. Unternehmen können sich auch jenseits des Kalküls an den gewinnmaximalen Preis „herantasten". Zunächst gilt bei neuen Produkten:

[53] S. 121.
[54] S. 122.
[55] S. 122.
[56] S. 122.
[57] S. 1.

„Der Unternehmer kann genau so gut von irgendeiner im relevanten Produktionsbereich liegenden Preis-Mengen-Kombination ausgehen, den Gewinn als Differenz zwischen Umsatz (gewünschter Preis, z.B. errechnet aus den geplanten Stückkosten bei der entsprechenden Produktionsmenge zuzüglich einer gewünschten Gewinnspanne, multipliziert mit der bei diesem Preis vermutlich abzusetzenden Menge) und den zugehörigen Kosten errechnen und dieses Ergebnis mit anderen Preis-Mengen-Kombinationen, die ebenfalls zu errechnen sind, vergleichen. Auf diese Art kann sich der Unternehmer durchaus an einen gewinnmaximalen Preis herantasten.“[58]

Das vollkommene Wissen des Unternehmers z.B. über den möglichen Absatz wird ersetzt durch seine Vorstellung (Vermutung) über den möglichen Absatz. Die Autorin gesteht des weiteren zu, daß die tatsächlich für das Preissetzungsverhalten relevanten Variablen (z.B. Eigenarten des Produktes, der Branche und die Marktstruktur) nicht in der Marginaltheorie thematisiert werden[59], daß diese Faktoren in der ceteris paribus Klausel verschwinden, hält dies aber für unbedenklich, da jede Theorie abstrahieren müsse.

Insbesondere für das Oligopol biete der Marginalismus keine befriedigende Lösung, da die Formel Grenzumsatz — Grenzkosten nicht die Interdependenzphänomene und die hochgradige Reaktionsverbundenheit des Oligopols erfasse[60]. Schließlich gesteht die Autorin noch zu, daß die vom Marginalismus im Reaktionsaxiom vorausgesetzte Anpassung an Datenänderungen keineswegs gewährleistet sei[61].

Sie geht demnach davon aus, daß die Unternehmer eher risikoscheu seien und keinesfalls sofort auf Nachfrageänderungen reagieren. Gleichwohl — vom Marginalismus ist ja nicht mehr viel übrig geblieben — untersucht die Autorin, ob die Preissetzung marginalistisch erfolge, allerdings marginalistisch im oben skizzierten Sinne.

Die theoretische Alternative zum Marginalismus bildet die sog. Vollkostentheorie. Sie nimmt im Rahmen der unternehmerischen Zielsetzung nicht das Streben nach dem maximalen, sondern nach einem branchenüblichen und angemessenen Gewinn an. Die Preisbildung bei neuen Produkten erfolge durch Stückkostenrechnung plus einer prozentualen Gewinnspanne. Diese Gewinnspanne werde auch im Hinblick auf bereits bestehende oder potentielle Konkurrenten gebildet, nicht nach dem Prinzip der Differenzmaximierung von Umsatz und Kosten. Die Preisänderung bei bereits laufender Produktion stelle keine friktionslose Anpassung an Datenänderungen dar, es liege vielmehr eine relative Preisstarr-

---

[58] S. 22.

[59] S. 24.

[60] S. 26.

[61] S. 28 ff.

heit vor, die Kosten seien nicht nach dem Ertragsgesetz, sondern im Rahmen einer linearen Kostenfunktion zu erklären[62].

Die empirische Untersuchung soll also nun zutage fördern, nach welcher der beiden Theorien die Unternehmer die Preise setzen, jedenfalls bilden diese beiden Theorien die systematisierten sprachlichen Bezugspunkte dieser Untersuchung. Wied-Nebbeling hat in Baden-Württemberg 1000 Fragebogen versandt, 401 Firmen haben geantwortet, hierbei schwankte der Rücklauf branchenmäßig erheblich (20 % bei der Holzverarbeitung, 52% in Papier- und Pappelverarbeitung), des weiteren waren beim Rücklauf die Großunternehmen und die mittleren Betriebe überrepräsentiert, die Befragungsergebnisse sind daher nicht repräsentativ[63].

Die befragten Unternehmen wurden nach dem Stackelbergschen Marktformenschema[64] eingeordnet, dabei zeigte sich das Teiloligopol als die am häufigsten auftretende Marktform, an zweiter Stelle rangierte das Polypol[65].

Die Befragung erbrachte hinsichtlich der Zielsetzung der Unternehmen (unter Einbeziehung der Mehrfachantworten) folgende Rangfolge der Hauptziele

1. angemessener Gewinn (126 Firmen)
2. möglichst hoher Gewinn (110 Firmen)
3. branchenüblicher Gewinn (64 Firmen)
4. möglichst hoher Umsatz (63 Firmen)[66].

Die Zielsetzung der Unternehmen hängt stark von der Unternehmensgröße ab. Folgende Tabelle ist aufschlußreich:

	Hauptziel				
Unternehmensgröße	Umsatzmaximierung	Absatzmaximierung	Gewinnmaximierung	branchenüblicher Gewinn	angemessener Gewinn
Kleinunternehmen	10,2	12,9	25,0	15,6	33,0
Mittlere Unternehmen	16,4	17,1	29,6	11,8	19,7
Großunternehmen	4,5	18,2	31,8	13,6	18,2

[62] Die Autorin gesteht zu, daß auch im Marginalismus bereits das Ertragsgesetz — gemeint ist *Stackelbergs* Gesetz des abnehmenden Ertrages bzw. des sinkenden Ertragszuwachses, nach dem die Grenzerträge bei steigendem Produktionsaufwand von einem bestimmten Punkt an sinken, so daß sich eine optimale Betriebsgröße ermitteln läßt (vgl. hierzu einführend *W. Hofmann*, Sozialökonomische Studientexte, Band 1, S. 230 ff.) schon erschüttert sei (vgl. *Wied-Nebbeling*, S. 68). Die Änderung liegt dann in der linearen Kostenfunktion, z.B. in *Gutenbergs* Arbeiten (vgl. hierzu wiederum *W. Hofmann*, S. 246 ff.), in denen die Bestimmung des Betriebsoptimums ausgeschlossen wird. In der linearen Kostenfunktion sinken die langfristigen Durchschnittskosten ständig, der Produktionsprozeß kann demnach bei jeder Vergrößerung effizienter gestaltet werden.

[63] Vgl. *Wied-Nebbeling*, S. 131 und Tabelle 5, S. 132.

Dabei gaben ²/₃ der als Teiloligopolisten qualifizierten Unternehmen als Ziel das Gewinnmaximum an. Die Größenordnung und die Marktform sind demnach entscheidende Faktoren in der Zielsetzung. Neben der mangelnden Repräsentativität ist allerdings eine Relativierung auch dieser Befragungsergebnisse darin zu sehen, daß die unter Zugrundelegung des gleichen Fragebogens durchgeführten Interviews die schriftlichen Ergebnisse nicht bestätigen. Obgleich die Befragungsergebnisse hinsichtlich der Zielsetzungen der Unternehmer eher eine Bestätigung vollkostentheoretischer Annahmen erbrachten, legte die Autorin diese Ergebnisse marginal aus und stützte sich dabei auf die Interviews[67].

Hinsichtlich des Preissetzungsverhaltens bei neuen Produkten gaben 29,9 % der Befragten als Kalkulationsschema Selbstkosten und festen Prozentsatz als Gewinn an, weitere 24,9 % kalkulierten ebenfalls nach Stückkosten mit einer Gewinnspanne, hielten aber den Preis zunächst flexibel mit dem Ziel der Steigerung des Gesamtertrages, 25,4 % nahmen einen Umsatz-Kostenvergleich für mehrere hypothetische Produktionsmengen vor und ermittelten dann durch Gewinnvergleiche das Gewinnmaximum im Sinne der Autorin. Bemerkenswert ist, daß sich auch im Preissetzungsverhalten ein Unterschied je nach der Unternehmensgröße konstatieren läßt (siehe folgende Tabelle[68]).

	Preisbestimmung					
Unternehmensgröße	starres Vollkostenprinzip (1)	flexibles Vollkostenprinzip (2)	marginal (3)	(2) + (3) ./. Doppelnennungen (4)	Anpassung an Marktpreis (5)	andere Preisbestimmung (6)
Kleinunternehmen	33,0	21,0	27,2	48,2	8,5	14,7
mittlere Unternehmen	27,6	32,2	22,4	54,6	12,5	9,9
Großunternehmen	13,6	18,2	31,8	50,0	9,1	18,2

[64] *H. v. Stackelberg*, Grundlagen der theoretischen Volkswirtschaftslehre, 2. photomechanisch gedruckte Auflage, Tübingen—Zürich 1951, S. 234 ff.

[65] Vgl. *Wied-Nebbeling*, S. 139—141.

[66] Vgl. *Wied-Nebbeling*, S. 143.

[67] Vgl. *Wied-Nebbeling*, S. 154 f., das kurzfristige Gewinnmaximum ist allerdings auch in den Interviews ohne Bedeutung. Interessant ist auch folgende Bemerkung (S. 155): „Bei den Interviews war es möglich, im Falle zögernder, unsicherer oder ‚fadenscheiniger' Angaben solange weiter zu fragen, bis eine für beide Teile befriedigende Antwort gefunden war (die protokollierte Antwort wurde bei wichtigen Fragen dem Befragten zur Überprüfung noch einmal vorgelesen)."

[68] Tabelle 8 a, S. 163.

Bei der Preissetzung wird von 20—30 % der Befragten die vermutete Konkurrentenreaktion miteinbezogen, außerdem ist der fixierte Preis nicht endgültig (Rabatte, Preisdifferenzierungen)[69].

Bestehende Preise werden, so jedenfalls nach Auskunft von 86 % der befragten Unternehmer, bei Kostenänderungen geändert, nach Aussage der meisten Unternehmer aber nur dann, wenn sich die Kostenerhöhungen nicht mehr im Preis auffangen lassen. Weitere Beweggründe für Preiserhöhungen sind Preisänderungen der Konkurrenten und höhere Lohnabschlüsse. Eminent wichtig ist, daß die Nachfrageänderungen i.d.R. keine Preisänderungen hervorrufen[70]. Auch bei konjunkturellen Schwankungen wird nicht mit Preisänderungen reagiert, sondern z.B. mit Schichtarbeit und Überstunden beim Boom. Preisänderungen ohne Rücksicht auf Konkurrentenreaktionen gibt es i.d.R. nicht[71].

Die Befragungen haben weiterhin ergeben: rund 30 % der befragten Unternehmen rechnen bei einer Preissenkung um 5 % überhaupt nicht mit einem Steigen der Verkaufsmenge. Das gleiche gilt umgekehrt. Die Unternehmer sind unsicher, was die Gestalt der Nachfragefunktion angeht, sie können nicht einschätzen, wie sich eine Preisänderung auf die Verkaufsmenge auswirkt. Im Gegensatz dazu haben fast alle (80 %) der Firmen eine Vorstellung darüber, wie ihre stärksten Konkurrenten auf Preisänderungen reagieren.

	Erwartung eines Mitgehens der Konkurrenten bei			
	Preissenkung		Preiserhöhung	
Anbieter	normale konjunkturelle Situation	Rezession	normale konjunkturelle Situation	Hochkonjunktur
Teiloligopolisten	64,5	87,6	46,3	76,9
kleine Anbieter im Teiloligopol	50,0	72,9	31,4	57,1
Polypolisten	60,3	77,6	25,9	51,7
Anbieter im Oligopson	30,2	65,4	24,9	45,2

Hieraus zieht Wied-Nebbeling folgende Konsequenzen, die ich zitiere, um die Notwendigkeit der semantisch-logischen Analyse vor einer Verwertung nachbarwissenschaftlicher Informationen auch im Rahmen der empirischen Preistheorie zu begründen:

„Auch die von uns als Polypolisten eingestuften Unternehmer rechnen demnach mit preislichen Reaktionen auf eigene Preisaktionen, d.h. ein Großteil dieser Firmen kann der Marktform des Polypols gar nicht angehören. Hier zeigt sich, daß wir das Marktgebiet nicht eng genug definiert hatten, denn alle ‚Polypolisten' haben mehr als 30 große Konkurrenten in der BRD. Wenn

[69] Vgl. S. 166 ff.

[70] Vgl. S. 170 f.

[71] Vgl. S. 174.

sie tatsächlich mit allen ihren Konkurrenten in gleich starker Konkurrenz stünden, dürfte eine Preissenkung um z.B. 10 % nicht zu preislichen Reaktionen eines oder mehrerer Konkurrenten führen, wird doch jedem (angenommen es seien lediglich 30 Konkurrenten und die Preiselastizität 1) nur etwa 0,3 % seines Absatzes entzogen. Offenbar sind aber einige der vielen großen Konkurrenten wichtiger als andere. Es ist zu vermuten, daß es sich hierbei um diejenigen Konkurrenten handelt, die sich in der Nähe des preisändernden Unternehmens befinden, und nicht um diejenigen, die ihren Sitz am anderen Ende der BRD haben. Die Antworten auf die Fragen 4/IV und 5/IV zeigen, daß vom Polypol als realistischer Marktform nicht viel übrigbleibt. Oligopolistische Strukturen sind vorherrschend."[72]

Dieses Ergebnis, das aus einer empirischen Studie resultiert, beruht auf Voraussetzungen, die ex definitione gelten. Die Argumentation setzt voraus:

1. Das Polypol, die Marktform der vollständigen Konkurrenz, ist dadurch ausgezeichnet, daß die Reaktionsverbundenheit der konkurrierenden Unternehmen gering ist. Preisänderungen haben demnach fast keine, eigentlich gar keine Wirkung auf das Preissetzungsverhalten der anderen Unternehmer. Dies folgt aber ex definitione, ex definitione des Konkurrenz- und des dazu gehörenden Polypolbegriffs.
2. Die Autorin stellt fest, daß die als Polypolisten eingestuften Unternehmer mit einer Reaktion ihrer Konkurrenten auf eigene Preisänderungen rechnen. Hieraus folgert sie, daß die Erwartungen der Unternehmer auch wirklich eintreten.
3. Diese starke Reaktionsverbundenheit widerspricht aber der Definition des Polypols, denn bei vollständiger Konkurrenz darf es diese Reaktionsverbundenheit der Polypolisten auch und gerade in preislicher Hinsicht nicht geben. Daraus folgert die Autorin, daß die als Polypolisten eingestuften Unternehmer keine Polypolisten sind.
4. Sie sind wegen der starken Reaktionsverbundenheit vielmehr Oligopolisten. Diese Einordnung setzt unter den genannten Voraussetzungen zusätzlich voraus, daß die Klassifikation in der Stackelbergschen Marktformenlehre vollständig ist. Hätte die Autorin den insoweit grundlegenden Konkurrenzbegriff der Neoklassik nur leise angezweifelt, so hätte ihre empirische Aussage vermutlich anders ausgesehen. Die „empirische" Aussage der Autorin ist demnach nur unter den genannten Voraussetzungen empirisch, d.h. durch die Erfahrung bestätigt.

In dem dann durchgeführten Vergleich von theoretischer und empirischer Preissetzung kommt die Autorin zum Ergebnis[73], daß die meisten Unternehmer eine flexible Vollkostenkalkulation oder starre Vollkosten-

---

[72] Vgl. S. 182.
[73] Vgl. S. 187.

kalkulation bevorzugen, wobei allerdings im Rahmen der flexiblen Vollkostenkalkulation Faktoren wie Marktpreis, Marktstellung und Marktentwicklung, die in der Realität eine Rolle spielen, nicht thematisiert werden können.

Da nur 20 % der befragten Unternehmer die starre Vollkostenkalkulation verwenden (Selbstkosten plus fixer prozentualer Aufschlag), da weiter die flexible Vollkostentheorie (weitere 24,9 % der befragten Unternehmer) die Thematisierung der relevanten Faktoren wie Marktpreis, Marktstellung, langfristige Marktentwicklung nicht enthält, folgert die Autorin die geringe Bestätigung der Vollkostentheorie in der Realität.

Für die Beurteilung des Realitätsgehaltes der Marginaltheorie in dem Wied-Nebbelingschen Sinne stellt die Autorin zunächst wiederum fest, daß sich die meisten Unternehmer in einer oligolistischen Situation befinden, zumindest ihren Erwartungen nach. Unter welchen Voraussetzungen eine solche Aussage zu verwerten ist, habe ich oben erörtert. Bei ganz neuen Produkten ist nach dem Urteil der Autorin die Marginaltheorie fehl am Platze[74]. Bei neuen Produktvarianten soll sie hingegen plausible Ergebnisse liefern, die „richtige Preis-Absatz-Funktion voraussetzt"[75], d.h. der Unternehmer muß die Kunden- und Konkurrentenreaktionen genau kennen, ebenfalls die Preisober- und Untergrenzen, dann stimmt die Marginaltheorie. Dies ist ohne Zweifel wahr, man braucht sich hier nicht weiter aufzuhalten.

Bei laufender Produktion erhöhen die Unternehmer die Preise nur bei großen Kostenerhöhungen. Die Preiserhöhungen haben nach Einschätzung der Befragten im Rahmen von 2—6 % des Ausgangspreises keine Nachfrageänderungen zur Folge. Dieser empirisch festgestellte reaktionsfreie Bereich relativiert das Reaktionsaxiom in beträchtlichem Umfang. Kostensenkungen haben, wenn überhaupt, jedenfalls nicht mit unendlicher Reaktionsgeschwindigkeit Preissenkungen zur Folge. Des weiteren gibt es entgegen der Marginaltheorie Nachfrageverschiebungen und Beibehaltung des ursprünglichen gewinnmaximalen Preises[76].

Es besteht also eine gewisse Preisstarrheit oder Inflexibilität. Bereits früher hatte die Autorin[77] eine allgemeine Unsicherheit der Unternehmer bezüglich der Wirkungen von Preisänderungen festgestellt. Diese Unsicherheit relativiert das Informationsaxiom in erheblichem Umfang.

Nimmt man die Äußerung der Mehrzahl der befragten Unternehmer ernst, sie bezögen Konkurrentenreaktionen in die Preiserhöhung ein, strebten auch nach einer Erweiterung des Marktanteils etc., so läßt sich

[74] Vgl. S. 225.
[75] Vgl. S. 225.
[76] Vgl. S. 229.
[77] Vgl. S. 175.

auch das Rationalitätsaxiom empirisch relativieren, unterstellt, diese Axiome haben einen Wirklichkeitsbezug. Gleichwohl hält die Autorin die Marginaltheorie für das Aufzeigen von Tendenzen für geeignet, obgleich die zugrundeliegenden Annahmen „recht wirklichkeitsfremd“[78] seien. Aber: ex falso sequitur quodlibet. In der Zusammenfassung schließlich liest man:

> „Es hat sich gezeigt, daß dem Ziel der langfristigen Gewinnmaximierung in der Realität die größte Bedeutung zukommt ...
> Das Streben nach einem ‚angemessenen Gewinn‘ wurde zwar häufig genannt, doch können die dafür angegebenen Gründe nicht befriedigen ...
> Wir haben festgestellt, daß die meisten Unternehmer auf oligopolistischen Märkten anbieten ...[79].
> ... Die Hypothesen der Marginaltheorie fanden durch unsere Befragungsergebnisse größere Unterstützung als die Hypothesen der Vollkostentheorie.“[80]

Und schließlich:

> „Solange die Marginaltheorie nicht durch Besseres ersetzt wird, bleibt sie nach wie vor eine ausbaufähige Theorie, die bei richtiger Wahl der Preis-Absatzfunktion die Realität der Tendenz nach beschreiben kann.“[81]

Ich glaube, dieses Resümee zeigt die Notwendigkeit der logisch-semantischen Analyse deutlich genug. Diese fördert mindestens zutage, daß die Autorin die Hypothesen der Marginaltheorie gar nicht empirisch untersucht hat, daß sie das „Herantasten im Rahmen von Umsatz-Kosten und Gewinnvergleichen“ eben marginal nennt und daraus ein Gewinnmaximum als primäres Ziel folgert.

Wenn man berücksichtigt, daß es sich hier um schriftliche Befragungen handelt (man kann Fragen auch falsch beantworten), wenn man weiter berücksichtigt, daß die Interviews andere Ergebnisse zeigen als die Fragebogen, wenn man die mangelnde Repräsentativität berücksichtigt, wenn man beachtet, wie die Autorin die erzielten Ergebnisse interpretiert und beachtet, welche Referenzpunkte für die Untersuchung ausgewählt wurden, dann kann man die Ergebnisse verwerten. Keinesfalls kann man die erzielten Ergebnisse einfach übernehmen und verwerten.

Wir wissen also nicht, auch nicht nach dieser empirischen Untersuchung, nach welchen Gesetzmäßigkeiten die Preisbildung zu erklären ist, wir kennen weder deterministische noch statistische Gesetze.

Aber natürlich ist auch diese empirische Untersuchung nicht wertlos. Für meine Begriffe hat sie relativ deutlich gezeigt, daß man sowohl in der Zielsetzung als auch in der Preissetzung zwischen Klein-, Mittel- und Großunternehmen unterscheiden muß, die empirische Bestätigung dieses

---

[78] Vgl. S. 233.

[79] Vgl. S. 248, 249.

[80] Vgl. S. 253.

[81] Vgl. S. 254.

Punktes ist wichtig genug, auch wenn man sich einbildet, dies alles schon vorher „gewußt" zu haben. Folgende Punkte sind nicht minder wichtig: Die Unternehmer rechnen mit einem reaktionsfreien Raum bei Preisänderungen, sie rechnen mit solidarischen Preiserhöhungen der Konkurrenten bei Kostensteigerungen über ein bestimmtes Maß, und sie rechnen mit einem Mitgehen der Konkurrenten bei Preiserhöhungen in der Hochkonjunktur. Diese Punkte könnten auch für die Jurisprudenz relevant werden, und zwar im Rahmen der Preiskontrolle nach § 22 GWB.

Wenn nun aber die These festgehalten werden soll, daß es nicht möglich ist, einen Preis, den man im Rahmen der Mißbrauchsaufsicht verbieten müßte, zum bereicherungsrechtlichen Wert zu erklären, ist die Auseinandersetzung mit einer ökonomie- und rechtstheoretischen Position, die eine Preismißbrauchsaufsicht nicht für möglich hält, unausweichlich. Mestmäcker[82] sieht etwa bei Auswahl der repräsentativ kostengünstigsten Unternehmer als Maßstab für die Mißbrauchsaufsicht die Gefahr des Konkurses für alle nicht repräsentativen Unternehmer, beim Als-Ob-Konzept liege eine direkte Marktkontrolle vor, die mit der Verfassungsordnung nicht vereinbar sei, im Ergebnis würde die Preismißbrauchsaufsicht (wollte man die Kartelle nicht im Bestande antasten) lediglich die Auswahl des am wenigsten kostengünstig arbeitenden Unternehmers implizieren.

Hoppmann[83] sieht gar in der Preiskontrolle ein Mittel der Systemveränderung. Ich möchte mich hier weniger mit der Frage auseinandersetzen, nach welchen Maßstäben eine Mißbrauchsaufsicht durchgeführt werden könnte, zu diesem Problemkreis gibt es eine umfangreiche und kontroverse Literatur[84], mich interessiert vielmehr, unter welchen theoretischen, d.h. hier ökonomietheoretischen Voraussetzungen, unter Geltung welcher Axiome, sich gegebenenfalls eine solche strikte Ablehnung begründen läßt.

Die Beantwortung dieser Frage setzt die Rekonstruktion eines Verhältnisses voraus, nämlich die Rekonstruktion des Verhältnisses von Neoklassik zu Neoliberalismus. Dieses Verhältnis wurde von einem führenden Vertreter der neoliberalen Schule, nämlich Hoppmann[85], als Verhältnis von Preistheorie zur Wettbewerbstheorie bestimmt.

---

[82] *Mestmäcker*, Die sichtbare Hand des Rechts, 1978, S. 135.

[83] Vgl. den gleichnamigen Aufsatz *Hoppmanns*, in: Wirtschaftsdienst 1974, S. 389, 392.

[84] Siehe dazu neuestens *Hart, Joerges:* Verbraucherrecht und Marktökonomik, eine Kritik ordnungstheoretischer Eingrenzungen der Verbraucherpolitik, in: Wirtschaftsrecht als Kritik des Privatrechts. Beiträge zur Privat- und Wirtschaftsrechtstheorie, 1980, S. 83 ff.

[85] *Hoppmann*, in: Ordo 17, S. 369.

4. Von der Preistheorie zur Wettbewerbstheorie

Hoppmann unterteilt die Ideengeschichte des Wettbewerbs in drei Stadien, den Ausgangspunkt bildete die Idee des vollkommenen Wettbewerbs, dann folgte die Integration der Unvollkommenheit (Pierro Sraffa, Joan Robinson, Roy F. Harrod, H. v. Stackelberg) in die Wettbewerbstheorie, die sich nunmehr mit vollkommenem, unvollkommenem Wettbewerb und Monopol befaßte, wobei aber die Marktstrukturen als invariant gesetzt wurden, um über den Infinitesimalkalkül Gewinnmaxima rechenbar zu machen.

> „Die Wettbewerbstheorie verengte sich so zur Preistheorie, die zeigt, wie sich in einem als gegeben unterstellten Markt der Preis durch die Aktionen der Marktbeteiligten bildet.“[86]

Das dritte Stadium schließlich wurde eröffnet durch J. M. Clarks Konzeption des „workable competition“, einer, so Hoppmann, überschießenden Abkehr von der Idee des vollkommenen Wettbewerbs, die darauf beruhte, daß man die Leistungsfähigkeit des statisch-analytischen Modells verkannte. Die Probleme dieses Modells sind bekannt: Statik, Gleichgewichtsanalyse und Verbannung der aktiven Momente in den Datenkranz, dies bedeutet aber auch: Nichterklärbarkeit der Datenänderungen aus dem theoretischen Modell, es ist m.a.W. nicht möglich, aufgrund endogener Variablen des Modells die Destruktion der vollkommenen Konkurrenz, die Oligopolisierung der Märkte zu erklären; das statische Modell entbehrt der Dimension der *Zeit*.

Trotz dieser auch von den Neoliberalen erkannten Mängel der Neoklassik soll die Theorie der vollkommenen Konkurrenz nicht über Bord geworfen werden, sondern sie bedarf der Ergänzung und Erweiterung.

> „Es hieße also das Kind mit dem Bade ausschütten, wollte man alles, was uns die Theorie der vollkommenen Konkurrenz an Erkenntnissen und Instrumenten beschert hat, beiseite legen, um völlig neu anzufangen. Was not tut, ist die Entwicklung einer aus der Preistheorie herauswachsenden Wettbewerbstheorie.“[87]

Wir haben also nicht die Konstitution eines neuen, sondern die Entfaltung bzw. die Erweiterung des alten Paradigmas zu erwarten. Eine solche Erweiterung stellt nun die Allgemeine Markttheorie von Ernst Heuß[88] dar, die von Hoppmann als Markierungsstein auf dem Wege zur Wettbewerbstheorie ausgezeichnet wurde.

4.1 Ernst Heuß: Allgemeine Markttheorie

Die Problemdimension der Erweiterung der Konzeption ist gegeben: es geht um die Integration der Zeit in das allgemeine Modell und um das Aufzeigen der endogenen Variablen, die Veränderungen der Markt-

[86] *Hoppmann*, Ordo, 17, S. 369, 370.
[87] *Hoppmann*, Ordo, 17, S. 374.
[88] *Ernst Heuß*, Allgemeine Markttheorie, 1965.

strukturen und Marktformen bewirken, dies alles unter weitgehender Beibehaltung der analytischen Schemata und Sprachen der Neoklassik.

In der Reformulierung der Heußschen Position beschränke ich mich auf die Hauptpunkte seiner Theorie.

Heuß beginnt, insoweit bei Schumpeter[89] ansetzend, mit dem personalisierten Allokationspunkt der Unsicherheit und der bewegenden Kraft des Wirtschaftsprozesses, nämlich mit dem Unternehmer. Der Pionierunternehmer Schumpeters ist auch und vor allem deshalb die treibende Kraft von Veränderungen, weil für ihn die traditionellen Daten der Neoklassik, nämlich Produkt, Nachfrage und Kosten nicht Daten, sondern prinzipiell gestaltbare Aktionsparameter darstellen. Die traditionelle Unternehmertypologie von Bahnbrechern und Imitatoren wird von Heuß erweitert. Erstens der Schumpetersche Pionierunternehmer, zweitens der spontan imitierende Unternehmer, drittens der auf Druck reagierende Unternehmer, viertens und letztens der immobile Unternehmer[90]. Initiativ wirken der Pionier und der spontane Imitator, konservativ der auf Druck reagierende und der immobile Unternehmer. In der traditionellen Statik der Neoklassik konnte der Initiator von Veränderungen, der ja gleichsam den Datenkranz aus den Angeln hebt, keinen Platz haben. Die zeitlose Dimension des Gleichgewichts war immun gegen endogene Änderungen. Angesichts des unbestreitbaren Befundes der Destruktion des Gleichgewichts der vollkommenen Konkurrenz, der Oligopolisierung der Märkte, der Kartellbildungen, sucht Heuß den analytischen Ansatz für die Integration dieser Änderungen notwendigerweise in der Zeit, die er als Marktphasen in seine allgemeine Theorie des Marktes integriert. Diese Phasen, die strukturell auf die Genese und die Entwicklung eines Produkts bezogen sind, heißen: Experimentierungsphase, Zeitraum der Erfindung und Entwicklung eines Produktes, sowie der Schaffung der Nachfrage nach diesem Produkt, zweitens Expansionsphase, der Zeitraum der sprunghaften Produktionsausweitung, drittens Ausreifungsphase, der Zeitraum der langsameren Ausdehnung und schließlich Stagnations- und Rückbildungsphase.

Heuß stellt nun in allen diesen Phasen eine Analyse von Marktformen und deren Auswirkungen auf die Verhaltensweisen der einzelnen Aktoren und deren Aktionsparameter an, z.B. auch auf die Preisbildung. Ich komme darauf zurück.

Im vierten Kapitel werden dann Marktprozeß und Unternehmertypus aufeinander bezogen, den jeweiligen Marktphasen lassen sich bestimmte Unternehmertypen zuordnen. Der Experimentierungsphase der Kreator, der Expansionsphase der Kreator und der Imitator, in der Ausreifungs-

---

[89] *J. A. Schumpeter,* Theorie der wirtschaftlichen Entwicklung, 5. Aufl., Berlin 1952, S. 119.

[90] *Heuß,* S. 9 ff.

phase verschwinden die initiativen Unternehmer aus dem Markt und überlassen den Konservativen das Feld. Die Marktphasenentwicklung läßt sich demzufolge auch unter dem Gesichtspunkt der typologischen Veränderung der beteiligten Unternehmer beschreiben.

Im fünften Kapitel hebt Heuß schließlich die bisherige Voraussetzung der Analyse, nämlich die Gleichartigkeit der Nachfrage und die Gleichartigkeit der Kosten für die konkurrierenden Unternehmer auf.

Bei extremer Verschiedenartigkeit der Produktnachfrage, die eine geringe Kreuzpreisabhängigkeit impliziert, kann sich jeder der Produzenten als Monopolist fühlen und seine Preise entsprechend festsetzen. Bei gleichartiger Nachfrage, d.h. hoher Kreuzpreisabhängigkeit, macht sich die Preiskonkurrenz unter den Unternehmern nicht bezahlt, die aus der vergangenen Preiskonkurrenz resultierende Preisrelation wird eingefroren, es kommt zur Aufteilung des Marktes, zu oligopolistischen Verhaltensweisen, die zu einem Oligopolpreis führen, der mit dem Monopolpreis identisch ist.

Nach Heuß führen demzufolge sowohl extreme Gleichartigkeit als auch extreme Verschiedenartigkeit der Produktnachfrage zur Ausschaltung des Wettbewerbs und demzufolge zu monopolistischen Preisen. Nur bei Einhaltung bzw. der Existenz einer Mittellage kommt es zu einer wettbewerblichen Preisbildung.

Das gesamtwirtschaftliche Optimum der Mittellage ergibt sich auch im Rahmen der Gleich- bzw. Verschiedenartigkeit der Kosten. Heuß unterstellt einen ertragsgesetzlichen[91] Kostenverlauf und findet bei krassen Kostenunterschieden der produzierenden Unternehmer eine Tendenz zur Konzentration, das Unternehmen mit den niedrigsten Grenzkosten setzt sich im Ergebnis durch. Bei Kostengleichheit fehlt die Anpassungsfähigkeit der Unternehmer an sich ändernde Marktlagen, also existiert Preisstarrheit trotz sich ändernder Nachfrage. Diejenige Kostenstruktur ist optimal für eine funktionsfähige Konkurrenz, die zwischen Kostengleichheit und extremer Kostenverschiedenheit liegt.

Die Notwendigkeit der Mittellage ergibt sich auch bei der Analyse des eigentlich Neuen, das Heuß in seine Analyse integriert, nämlich der Zeit. Auch hier sind Gleich- und Verschiedenartigkeit die analytischen Bezugspunkte, ganz so wie bei der Analyse der Nachfrage und der Kosten. Gleichartigkeit der Zeit heißt Iteration, Wiederholung des schon Bekannten, Iteration ist die notwendige Bedingung für Erfahrung, die ihrerseits Entscheidungsregeln für Gegenwart und Zukunft hervorbringt. Gäbe es nur diese Art der Zeit, so wäre das Ergebnis die Nivellierung von Unterschieden, alle Unternehmer würden zu Optimalkosten, d.h. mit den

[91] Vgl. Zur Problematik des Ertragsgesetzes die Ausführungen von *Wied-Nebbeling* (oben FN 62) und die dort angegebene Literatur.

niedrigsten Grenzkosten produzieren, alle Unternehmer würden sich an das Gewinnmaximum herantasten. Die Zeit der Iteration ist auch notwendige Bedingung für die Kartellbildung und die Ausschaltung der Konkurrenz überhaupt.

„Der Werdegang der oligopolistischen Verhaltensweise, wie auch des Kartells, stellt einen Vorgang dar, der sich zwangsläufig einstellen muß, nachdem die Marktpartner die Wirkungsweise der polypolistischen Konkurrenz durchschaut haben. Allerdings bedarf es zur Nutzanwendung dieser Erkenntnis oder Erfahrung der Zeit als Iteration, denn nur dann lassen sich Gegenwart und Zukunft mit den in der Vergangenheit gesammelten Erfahrungen in den Griff bekommen. Ist aber diese Bedingung erfüllt, so streben die Konkurrenten zur oligopolistischen Verhaltensweise wie der fallende Stein zur Erde."[92]

Dies ist eines der Naturgesetze des Marktes, ein Sachverhalt von „ganz allgemeiner Gültigkeit, so wie die Schwerkraft"[92].

In diesem Zusammenhang führt Heuß die Spieltheorie ein, die, beabsichtigt oder nicht, gezeigt habe, „wohin die Transparenz bzw. die Zeit als Iteration ... führt, nämlich zur Aufhebung dessen, was das Spezifische des Menschen ausmacht. In einer transparent gemachten Welt, in der es keine Überraschungen mehr gibt und daher alles gelöst ist, gibt es nur noch Platz für Automaten, aber keinen für Menschen mehr; dieser hat sich selber gleichsam ein zweites Mal aus dem Paradies vertrieben"[93]. Die Spieltheorie ist sicher nicht zu diesem Beweis angetreten, sie sucht eher zu ermitteln, wie man mit Unsicherheiten am besten fertig wird.

Heuß untersucht auch nur determinierte Spiele und glaubt, bei nicht determinierten Spielen sei die Anwendbarkeit des mathematischen Apparates der Spieltheorie ausgeschlossen. Weiterhin verwechselt Heuß die Determiniertheit eines Spiels mit der Existenz von Lösungen, hinzu kommt, daß Heuß nur Zwei-Personenspiele untersucht.

Morgenstern[94] hat bereits 1950 gezeigt, daß zumindest bei Drei-Personenspielen in eine Lösung unendlich viele Zurechnungen eingehen können, daß viele Spieler mehr als eine Lösung haben, es gibt des weiteren Spiele mit unvollkommener Information, in der die Auszahlungsmatrix eines Spielers gar nicht bekannt ist[95], es gibt schließlich unterschiedliche Rationalitätsmaximen in der Spieltheorie, nicht nur das Minimaxtheorem[96]. Der schwerwiegendste Fehler, den Heuß bei der Beurteilung der Spieltheorie begeht, ist, daß er die mathematische Analyse von Rationalitätsmaximen, die auf der Ebene von Präskriptionen liegen, mit dem logischen Charakter von Naturgesetzen verwechselt. Heuß führt, nach-

[92] *Heuß,* Allgemeine Markttheorie, S. 223.

[93] *Heuß,* S. 230.

[94] *Morgenstern,* in: Preistheorie, S. 454.

[95] Siehe *Morton Deutsch* und *R. M. Krauss* (oben FN 41).

[96] Vgl. oben (FN 48) und Heuß FN 11, S. 228.

dem er den Charakter der Iteration analysiert und festgestellt hat, daß unter dieser Bedingung der Zeit als Iteration die Konkurrenten zur oligopolistischen Verhaltensweise streben, wie der fallende Stein zur Erde[97], folgendes aus:

> „Bei einer auf diese Weise transparent gemachten Gegenwart ist es aber möglich, diejenige Verhaltensweise herauszufinden und zu bestimmen, die für den Betreffenden im Hinblick auf diese Zeit optimal und damit auch rational ist. Den Nachweis hierfür hat bekanntlich die Spieltheorie geliefert. So ist bei allen Spielen, die eine sogenannte Lösung haben, der Spielverlauf determiniert. Das sind aber die Spiele, bei denen die Gegenwart keine Überraschungen mehr enthält, also transparent ist."[98]

Der Nachweis, den Heuß der Spieltheorie zuschreibt, kann nur dann als geführt gelten, wenn sicher ist, daß sich auch alle Spieler rational im Sinne der Spieltheorie verhalten. Dies ist eine Frage der empirischen Prüfung und nicht ohne weiteres klar. Heuß schließt also aus einem präskriptiven Modell auf die Realität, ohne das Problem der Übersetzbarkeit der Präskription in eine nomologische Hypothese überhaupt zu sehen, und ohne die in diesem Falle unverzichtbare empirische Prüfung nur als Möglichkeit wahrzunehmen. Des weiteren sieht Heuß nicht, daß, wie u.a. die Experimente der Planspieltechnik[99] gezeigt haben, die Rationalitätsmaximen der Spieltheorie, unterstellt, sie seien überhaupt in Gesetzeshypothesen übersetzbar, allenfalls zu statistischen, aber nicht zu raumzeitlich invarianten Naturgesetzen oder deterministischen Gesetzen führen können. Die Heußsche Gleichsetzung von Rationalitätsmaximen und Naturgesetzen ist demnach, vorsichtig gesagt, wissenschaftslogisch naiv, ererbt vom Modellplatonismus der Neoklassik.

Das Gegenstück zur Zeit als Iteration bildet schließlich die Zeit als Mutation. Neues, bisher Unbekanntes tritt in Erscheinung, endogen in Gestalt des Pionierunternehmers, exogen durch Eingriffe in den Markt, sei es durch Gesetze oder schlimmer, durch Kriege. Wäre die Zeit nur Mutation, ließe sich keine Erwartung mehr aufrechterhalten, und resignierter Attentismus träte an die Stelle der bewußten und geplanten Aktion. Auch hier entfaltet sich der Wettbewerb erst in der Mitte zwischen Iteration und Mutation. Die Zukunft muß immer einen gewissen Grad an Unsicherheit aufweisen, damit sich der Wettbewerb überhaupt entfalten kann. Wettbewerb entsteht nur in einem Stadium der beschränkten Ungewißheit, die Marktphasen selber stellen den Erfahrungsprozeß dar, der dann zum Erliegen kommt, wenn die Marktkomponenten beherrscht werden, in der Ausreifungs- und Stagnationsphase.

---

[97] *Heuß*, S. 223.

[98] *Heuß*, S. 223.

[99] Siehe dazu *Liebermanns* Arbeit (oben FN 40) und die Übersicht von *Rapoport* und *Orwant*.

Heuß wiederholt seine Befürchtung[100], daß dieser Erfahrungsprozeß zur Durchkartellierung der Volkswirtschaft und demnach auch zur Aufhebung des Wettbewerbs führt, wenn nicht störende Momente einwirken, die diese Ruhelage immer von Neuem wieder beseitigen.

„Allerdings können solche Kräfte nur dann wirksam werden, wenn es in einer Volkswirtschaft noch freie Zonen gibt, in denen noch Mutationen möglich sind, die auf andere Märkte übergreifen (Kreation eines neuen Produktes, das in den Markt eines alten Produktes eindringt). Mit einer fortschreitenden Durchkartellierung der Wirtschaft wird aber diesen Mutationen der Boden entzogen, und damit versiegt auch die Quelle für die Kreierung neuer Produkte und neuer Märkte. Fehlt aber der Motor für den Kreislauf des Kommens und Gehens von Märkten, so gibt es schließlich nur noch Märkte, die sich in der Stagnationsphase befinden und in dieser verharren. Allerdings trifft dies nur dann zu, wenn man den Dingen ihren Lauf läßt und die Marktwirtschaft sich selber überläßt."[101]

Im Anschluß hieran formuliert Heuß seinen wirtschaftspolitischen Standort. Er liegt in der Mitte zwischen Resignation (laissez faire) und politischem Aktivismus (Dirigismus). Resignation würde sich einstellen, wenn der Geschichtsprozeß determiniert wäre, denn gegen das telos der Geschichte sind Menschen machtlos. Aktivismus würde sich einstellen, wenn man jede beliebige Entwicklung zurückschrauben könnte, man es also nicht mit jener von Heuß in der Beschreibung der Marktphasen festgestellten Eigengesetzlichkeit zu tun hätte, die bei reiner Passivität zum Tode des Wettbewerbs führt.

Die Marktphasen sind demnach die zeitlichen, die Marktformen die sachlichen Bezugspunkte der nunmehr geforderten staatlichen Aktivität. In einem transparenten Markt (d.h. zeitlich in der Ausreifungsphase) streben die Marktsubjekte nach der Kartellierung, es gilt also die Kartellbildung zu verhindern. In der gleichen Phase steht die Reduktion der Anbieterzahl im Wege von Fusionen zu befürchten. Auch diese Reoligopolisierung gilt es zu verhindern, und zwar durch eine Fusionskontrolle, die das interne Wachstum der Unternehmen aber unberührt läßt. Das in der Experimentierungsphase unvermeidliche und auch noch zu Beginn der Expansionsphase unbedenkliche Monopol soll aber bereits im Laufe der Expansionsphase daran gehindert werden, seine Monopolstellung durch wettbewerbsbeschränkende Praktiken (Koppelungsverträge, Rabattdiskriminierung, Ausschließlichkeitsverträge etc.) aufrecht zu erhalten. Es gilt also die künstlichen Marktzutrittsschranken zu beseitigen. Sucht man in der Heußschen Konzeption einen Ort für Marktergebniskontrollen, so findet man nichts. Der Grund hierfür liegt in der systematischen Ausrichtung dieser Konzeption auf den Parallelprozeß, der Austauschprozeß ist nur insoweit betroffen, als wiederum Produzenten

[100] *Heuß*, S. 251.

[101] *Heuß*, S. 251, 252.

beteiligt sind. Die Verbraucher (Konsumenten) fallen eigentlich aus dem Rahmen der Theorie. Dies mag daran liegen, daß auch Heuß die zurechnungstheoretische Unterbauung der Preis- und Konkurrenzmechanismen noch für wirksam hält, jedenfalls dann, wenn durch staatliche Intervention der Wettbewerb aufrechterhalten oder wiederhergestellt wird. Nur unter der zweifachen Voraussetzung der funktionellen Äquivalenz des ursprünglichen und genuinen Wettbewerbs mit dem staatlich gewährleisteten Wettbewerb bezüglich der optimalen Versorgung und des leistungsgerechten Entgelts für die Produktionsleistungen der Wirtschaft und der Verengung der Gewinnmaxima durch den Konkurrenzmechanismus einerseits, und der Wirklichkeit oder der Realität des zurechnungstheoretischen Unterbaus des Konkurrenzmechanismusses andererseits finden Marktergebniskontrollen keinen Anhaltspunkt oder keinen Raum, weder in der Theorie, noch in der Realität. Man muß die Wirksamkeit der sichtbaren Hand des Rechts und die Wirkung der invisible hand, deren Existenzmöglichkeit erst durch das Recht geschaffen wird, voraussetzen, um hinsichtlich der Preiskontrolle im Nirwana zu enden. Soviel zum Austauschprozeß.

Im Parallelprozeß ruht die neoliberale Theorie von Heuß und „demzufolge" auch seine wirtschaftspolitische Position, mithin auch die Enthaltsamkeit bezüglich der Preismißbrauchsaufsicht auf der Existenz eines neuen Wirtschaftssubjektes, der den Smithschen homo oeconomicus konzeptionell ersetzt hat. Dieser Mensch, nämlich der Pionierunternehmer Schumpeters ist sowohl Allokationspunkt von Unsicherheit als auch bewegende Kraft, „Kreator" von neuen Produkten, Zerstörer des Gleichgewichts, Garant des Wettbewerbs und damit der gesamtgesellschaftlichen Wohlfahrt, er kann sogar durch seine Aktivität die Zeit ändern, denn er schafft ja, endogen, die Zeit als Mutation. Existierte dieser Menschentypus nicht wirklich oder handelte er nicht so, wie von Heuß beschrieben, würde m.a.W. seine Existenz und Aktion von Heuß nur postuliert, so wäre seine Theorie ebensowenig zu widerlegen wie ein Glaubensbekenntnis. Heuß setzt nicht nur voraus, daß es den Pionierunternehmer gibt, sondern auch, daß er so handelt, wie es von Heuß beschrieben wurde. Dies führt zu einem zentralen Problem der Heußschen Theorie. Sie ist strukturell ausgerichtet auf die Genese und Entwicklung eines Produktes, dessen Wirkungen auf andere Märkte und deren Rückwirkung auf das Produkt. Der Unternehmer wird sowohl typologisch als auch in seiner Verhaltensweise auf dieses Produkt bezogen. Nimmt man z.B. die Beschreibung eines weiteren Neoliberalen, nämlich Erich Kaufers[102] beim Wort, so hat die Entwicklung der hoch diversifizierten

[102] *E. Kaufer,* nochmals: Von der Preistheorie zur Wettbewerbstheorie, Ordo 18, S. 95 ff.

Großunternehmung in den USA z.B. — Heuß hat ebenfalls amerikanisches Material vor Augen[103] — zur Folge, daß man es nicht mit der Entwicklung eines Marktes zu tun hat, die Unternehmensführung hat vielmehr komplexe Entscheidungen zu treffen, deren „Daten" aus einem Konglomerat von Märkten in der Ausreifungsphase, Expansionsphase, Stagnationsphase und Experimentierungsphase zusammengesetzt sind, deren Daten nicht nur von Märkten, sondern auch von nur organisationssoziologisch erfaßbaren Eigengesetzlichkeiten und nicht zuletzt von nur noch psychoanalytisch faßbaren emotiven Strukturen der Entscheidungsträger gebildet werden. Der Manager des Großunternehmens z.B. hat viel eher die Aufgabe, diese unterschiedlichen Daten in einem hochkomplizierten und hochkomplexen Entscheidungssyndrom zu koordinieren, die Kommunikation der jeweils für ihre Bereiche zuständigen Entscheidungsträger zu ermöglichen und die unterschiedlichen emotiven und organisationsbedingten Beeinflussungen zu reflektieren, als seine kreative Fähigkeit auf die Entdeckung eines neuen Produktes zu werfen. Man kann sogar „Erfindungen" wenigstens bis zu einem gewissen Grade organisieren, die sprunghafte technische Evolution in der Waffentechnik in Kriegszeiten z.B. belegt das zur Genüge, und man kann Investitionsentscheidungen durch systematisch betriebene Marktforschung entschärfen, zumal deren finanzielle Risiken durch Überschußgewinne auf anderen Märkten kalkulierbar werden.

Diese Phänomene, mit denen wir es ja schließlich zu tun haben, liegen jenseits der Thematisierungskapazität der Heußschen Theorie, man könnte sie sicherlich auch nicht in einem nur ökonomischen Schema, sondern allenfalls in einer koordinierten interdisziplinären Forschung erfassen.

Ich kann mich des Eindrucks nicht erwehren, daß Heuß den Pionierunternehmer und seine Aktivitäten eher postuliert, jedenfalls untersucht er nicht systematisch die Realität dieses Typus. Sicher ist, daß wir es bei diesem Phänomen mit einem theoretischen Konstrukt zu tun haben, dessen Existenz von einer Theorie unerbittlich gefordert wird, die aufgrund endogener Variablen die Entwicklung des Wettbewerbs erklären will, ohne im Determinismus seiner unaufhaltsamen Zerstörung zu enden. Dieser Determinismus würde ja nicht nur das Ende des Wettbewerbs bedeuten. Mental könnte diese unliebsame Alternative — ich verweise auf Hoppmanns Ausführungen zum Konzept des wirksamen Preiswettbewerbs — erklären, warum die neoliberale Theorie neuestens in hocholigopolisierten Märkten eher den Wettbewerb zu entdecken sucht als dessen Beschränkungen. Sicher ist, daß die Heußsche Theorie eminent wichtige Phänomene des hochdiversifizierten Großunternehmens nicht

[103] Siehe dazu das *Heußsche* Vorwort zur allgemeinen Markttheorie.

erfaßt, die immer noch individualistisch und subjektbezogene Konzeption verstummt angesichts der nur noch interdisziplinär erfaßbaren hochkomplexen Phänomene des Marktes. Insofern steht Heuß auch methodisch in der Tradition der Modellkonstruktionen. Das gleiche gilt für die Beschreibung der einzelnen Marktphasen. Es handelt sich methodisch nicht um systematisierte Erfahrung, sondern um analytische Schnitte zur Aufteilung der Zeit, die als systematisierte Historie hermeneutisch gewonnen werden.

Dies führt zum schwierigsten Kapitel der Analyse, nämlich der Beschreibung der im Rahmen der Heußschen Theorie verwendeten Sprachen. Heuß verwendet zwei Sprachen, die Umgangssprache zur Kennzeichnung der Unsicherheit des Risikos und allgemein zur Beschreibung der historischen Entwicklung, die Mathematik u.a. zur Analyse der Preisbildung in den unterschiedlichen Phasen. Heuß verwendet in erheblichem Umfang Grenzwertberechnungen, die, wie gezeigt, die Axiomatik des Kalküls voraussetzen, u.a. das Reaktionsaxiom und das Axiom der vollständigen Information. Z.B. nimmt die Grenzwertberechnung in der Experimentierungsphase folgende Gestalt an: Heuß untersucht die Nachfragekreierung auf einem (Experimentierungsphase) leeren Markt und unterstellt konstante Grenzkosten der Nachfrageproduktion (die Nachfrageproduktion kann m.a.W. zunächst unbegrenzt ausgedehnt werden, ohne daß Schwierigkeiten auftreten). Dies kann man mit Schwierigkeiten noch hinnehmen, weil Heuß damit nur sagen will, daß die Grenzkosten deshalb nicht abnehmen, weil die potentiellen Nachfrager noch nicht überzeugt sind, und deshalb die Grenzkosten für ihre Überzeugung so lange konstant bleiben, bis sich das Produkt durchgesetzt hat. Nun argumentiert Heuß folgendermaßen:

> „Bei der Betrachtung der Grenzkosten der Nachfragekreierung wurde bis jetzt der Preis, der für das Produkt festgesetzt wird, außer acht gelassen. Es bedarf keiner besonderen Ausführung, daß hier ein ähnlicher Zusammenhang wie zwischen nachgefragter Menge und Preis besteht. Je höher der Preis für das Gut festgesetzt wird, desto schwieriger ist es, einen Interessenten dafür zu gewinnen. ... Es ist daher die Höhe der Grenzkosten für die Nachfrageproduktion eine Funktion des Produktpreises ...“[104].

Diese Argumentation ist nun eindeutig kalkülbestimmt, denn Heuß setzt in die Prämissen eine feste Relation (Grenzkosten als Funktion des Produktpreises) voraus und nimmt damit alle Axiome in Kauf, die von der Axiomatik des Kalküls vorausgesetzt werden, z.B. auch die kontinuierliche und friktionslose Anpassung, die Information der Nachfrager über Preisänderungen etc., sonst kann Heuß nicht rechnen. Die grundsätzliche Annahme der festen Relation von Grenzkosten und Produktionspreis bedarf nach Heuß keiner weiteren Ausführung. Mir erscheint sie zumindest zweifelhaft. Der Preis des neuen Produktes ist möglicher-

[104] *Heuß*, S. 32.

weise nicht allein bestimmend für die Nachfragebildung, sondern u.U. auch die technische Tauglichkeit, Funktion und Verwertbarkeit des Produkts. Nur wenn man von den realen, wirklichen Zusammenhängen, die bisher unbekannt sind, im Wege der Annahme abstrahiert, ist es möglich, den optimalen Preis zu berechnen. Diese Kalkülbestimmtheit der Argumentation findet sich durchgängig, auch z.B. in der Ausreifungsphase. Heuß untersucht die Produktdifferenzierung auf einem Markt mit heterogenen Gütern. Gegeben sei die Nachfrage nach einem Produkt A, das von einem einzigen Unternehmer angeboten wird. Bringt ein zweiter Unternehmer das gleiche Produkt auf den Markt, so teilen sich beide die Nachfrage hälftig, gleicher Preis vorausgesetzt. Es ist unklar, woher Heuß diese Kenntnis hat. Wenn der zweite Produzent die Kenntnis von seinem Produkt nicht an die Abnehmer bringt, so kann die Nachfrageteilung $^{1}/_{15}$ zu $^{14}/_{15}$ betragen oder was immer. Nun aber weiter. Unterstellt man für das eine Produkt den Preis p 1, so gilt für das andere Produkt: wenn der Preis dieses Produkts über p 1 liegt, so ist die Nachfrage Null, und unterhalb des Preises p 1 ist sie um eine graphisch bestimmte Quantität größer. „Die Erklärung für diesen Verlauf liegt auf der Hand. Ist der Preis nur etwas höher als der des Konkurrenzproduktes (p 1), so geht die Nachfrage zum Konkurrenzprodukt über, und ist der Preis etwas unterhalb des Konkurrenzpreises, so vereinigt das Produkt die gesamte Nachfrage auf sich.“[105] Vollständige Information der Abnehmer, Rationalitätsaxiom und unendliche Reaktionsgeschwindigkeit vorausgesetzt. Der Pionier Heuß macht also vor der Axiomatik des Kalküls halt. Das alte Paradigma wird aufrechterhalten. Heuß nimmt des weiteren das Ergebnis seiner Rechenoperation als Tatsache, die wie nach einem deterministischen Gesetz notwendig eintreten wird, die Prüfung der Wirklichkeit des Ereignisses entfällt. Beim Übergang zum Markt mit heterogenen Gütern werden hingegen Momente der Ungewißheit ins Spiel gebracht, die Kalkülisierbarkeit entfällt[106]. Aber: die Preispolitik bleibt hierbei nicht unberührt, „so daß der Prozeß der Produktdifferenzierung auf die Preisebene übergreift und dort einen entsprechenden Preisdruck nach unten ausübt“[107].

Woher Heuß diese Erkenntnis schöpft, bleibt unerfindlich. Heuß unterstellt überall da, wo er Grenzwertberechnungen anstellt, die Axiomatik des Kalküls, dessen Annahmen wirklichkeitsfremd sind. Andererseits beschreibt er umgangssprachliche Evolutionen, Unsicherheit etc., mithin Phänomene, die sich der Axiomatik des Kalküls nicht fügen. Zu Beginn der Expansionsphase z.B. liegt die Preispolitik des Unternehmers im Ungewissen, Investitionen können zu unausgenutzten Kapazitäten füh-

---

[105] *Heuß*, S. 67, 68.

[106] *Heuß*, S. 75.

[107] *Heuß*, S. 74, 75.

ren. Bei Entscheidungen unter Ungewißheit sind es letztlich Fingerspitzengefühl und Risikobereitschaft, die die Investitionsentscheidung bestimmen, also subjektive Größen[108].

Der historische Gang der Marktphasen z.B. sperrt sich gegenüber einer Mathematisierung. Die Entwicklungsstadien des Marktes sind aber Ansatzpunkte der Wirtschaftspolitik. Heuß verwendet einerseits in der Axiomatik des Kalküls die Annahmen der vollständigen Information, das Reaktionsaxiom und das Rationalitätsaxiom, während er in den Entwicklungen Unsicherheiten und vor allem die Zeit etabliert, die in der Statik des Kalküls überhaupt nicht domestiziert werden kann. Heuß setzt also in unterschiedlichen Sprachen Gegensätzliches voraus. Er kombiniert die Sprache des zeitlosen Gleichgewichts mit der Sprache der historischen Entwicklung, aus der Kombination beider Sprachspiele resultieren die Ansatzpunkte der Wirtschaftspolitik. Die umgangssprachlich beschriebene Evolution, das eigentlich Neue der Heußschen Theorie, bildet aber den Fundus.

Heuß hat eine präskriptive Theorie für die Aktivität des Staates geschrieben, wir haben also politische Ökonomie vor uns, die die traditionelle theoretische Ökonomie zwar in Bezug nimmt und einarbeitet, die sich aber zugleich von ihr ablöst, und zwar in den Prämissen — einerseits vollständige Information, Reaktions- und Rationalitätsaxiom — andererseits Risiko, Unsicherheit und indeterminierte historische Entwicklung. Die Heußsche Theorie inkorporiert ebenso wie das Wirtschaftsrecht ursprüngliche Präzision mit einer sich dieser Präzision nicht mehr beugenden Realitätsentwicklung. Das Resultat ist Politik, Präskriptionen für den Staat, einerseits gerichtet an die Administration, auf der anderen Seite gerichtet an die Justiz.

Die aus der wirtschaftspolitischen Theorie von Heuß resultierende „Enthaltsamkeit" hinsichtlich der Preismißbrauchsaufsicht, dem Pionier sollte man jedenfalls exogen nichts in die Wege legen, ist „Folge" ihrer mangelnden Domestizierbarkeit in einer Theorie, die systematisch auf Produktion und auf den Unternehmer zugerichtet ist, die Verbraucherinteressen nicht, jedenfalls nicht explizit behandelt. Diese Enthaltsamkeit ist allenfalls unter den Voraussetzungen der Theorie zwingend, wenn sie zwingend ist. Folge im Sinne eines logischen Implikats ist sie nicht. Die Voraussetzungen der Heußschen Theorie sind ihrerseits keinesfalls zwingend.

Insgesamt läßt sich festhalten: die Heußsche Theorie ist der letzte, groß angelegte und großartige Versuch, die theoretische Nationalökonomie mit einer politischen Ökonomie zu verknüpfen, ohne das grundlegende Sprachspiel des Infinitesimalkalküls aufzugeben. Heuß trägt der Kritik der Neoklassik insofern Rechnung, als er nicht mehr vollständige Kon-

---

[108] *Heuß*, S. 48.

kurrenz voraussetzt, sondern versucht, aufgrund endogener Variablen den Konzentrationsprozeß zu erklären. Heuß setzt in der umgangssprachlichen Reformulierung beim Pionierunternehmer Schumpeters an, dessen Existenz und Verhalten aber nicht empirisch untersucht, sondern von einer Theorie zwingend gefordert wird, die die Entwicklung des Marktes erklären will, ohne im Determinismus der Aufhebung des Wettbewerbs zu enden.

Das Modell der Marktphasenentwicklung ist systematisch auf die Genese und Entwicklung eines Produktes bezogen, erlaubt also z.B. nicht die Thematisierung hochkomplexer Gebilde wie diversifizierter Großunternehmungen, sie verstummt angesichts der Vielzahl und der Komplexität der Daten, die für das Unternehmungsmanagement bedeutsam werden. Hinsichtlich der Prognosen der Wirkungen des unternehmerischen Verhaltens bedient sich Heuß weitgehend des Infinitesimalkalküls und seiner Axiome, die ihrerseits die Thematisierung hochkomplexer Entscheidungsdaten ausschließen, die Annahmen voraussetzen, die mit den umgangssprachlichen Annahmen der Unsicherheit und Indeterminiertheit der Entwicklung unvereinbar sind. Die Krise der Neoklassik wird im Neoliberalismus bewahrt, nicht beseitigt, wissenschaftslogisch in der Annahme, daß aufgrund präskriptiver Modelle Ereignisse der realen Welt prognostizierbar seien, die aufgrund des deduktiven Charakters ihrer Gewinnung einer empirischen Prüfung nicht bedürfen.

Von ihrer eigentlichen Intention her ist die Heußsche Theorie präskriptiv, gerichtet an die Adresse des Staates, also politische Ökonomie; der Pionier Heuß, der für meine Begriffe theoretischste aller Neoliberalen, macht vor der Axiomatik des Kalküls halt und nimmt alle seine Schwierigkeiten mit.

Die noch weitergehende Abkehr von dem ursprünglichen Sprachspiel schließlich findet man in der Arbeit Kirzners, die im folgenden erörtert werden soll.

4.2 Israel M. Kirzner — das neue laissez faire

Ebenfalls in der Tradition Schumpeters steht die insbesondere von Hoppmann[109] als theoretische Folie für den Ausschluß der Mißbrauchsaufsicht in Anspruch genommene Arbeit von I. M. Kirzner[110]. Kirzner ist, insofern steht er nicht nur in der Tradition von Mises, sondern auch in der Tradition von Heuß, in erster Linie an einer Marktprozeßtheorie interessiert, seine Kritik an der Neoklassik weist ihn ebenfalls als einen Vertreter der neoliberalen Schule aus, des weiteren ist er bemüht, die zentrale Kategorie des Wettbewerbs theoretisch zu erfassen.

---

[109] *Erich Hoppmann*, Das Konzept des wirksamen Preiswettbewerbs, 1978.
[110] *J. M. Kirzner*, Wettbewerb und Unternehmertum, Tübingen 1978.

Er beansprucht eine erfahrungswissenschaftliche Theorie des Marktes[111], die über die Probleme und Beschränkungen der Gleichgewichtsanalyse hinausführt.

Ansatzpunkt ist wiederum der Unternehmer, genauer die Unternehmerrolle, deren Träger nicht nur Maxima errechnet und in Handlungen umsetzt, der vielmehr seinerseits Zwecke setzt, ein homo agens im Sinne von Mises. Die zentrale innovative Eigenschaft dieses Typus ist die „Findigkeit"[112], die Kapazität zur Entdeckung neuer, bisher unentdeckter gewinnbringender Möglichkeiten. Die Änderung der Marktdaten läßt sich nur aufgrund dieser Fähigkeit oder aktiven Kraft erklären. Dieser Unternehmer beginnt und agiert anfangs ohne irgendwelche Mittel. Kapitaleigner z.B. sind als solche von der reinen Unternehmerrolle ausgeschlossen[113], die Voraussetzung der unternehmerischen Aktivität ist gerade das Gegenteil der vollkommenen Voraussicht, nämlich Unsicherheit und unvollkommenes Wissen, denn nur in einer solchen Situation ist es möglich, ungenutzte Gewinnmöglichkeiten zu entdecken[114]. Im nächsten Schritt teilt Kirzner den Markt auf in reine Unternehmer und in Nutzenmaximierer im traditionellen Sinne, die Möglichkeit und die Wirklichkeit des Maximums wird demnach nicht bestritten, sondern beibehalten. Auch hier also kein neues Paradigma, sondern Beibehaltung des alten, bekannten Denkmusters. Die unternehmerische Findigkeit, das zentrale, auch für große Kapitalgesellschaften[115] bewegende Moment findet aber das ungeteilte Interesse. Diese Findigkeit, der höchste Grad des Wissens[116], äußert sich in der Fähigkeit, die gewinnbringendsten Ressourcen, Rohstoffe, Maschinen oder begabte Menschen in Dienst zu stellen. Der Unternehmer beginnt immer in einer Ungleichgewichtslage, entdeckt die unausgenutzte Gewinnmöglichkeit und setzt sie in wirtschaftliche Aktionen um. Da er aber nicht alles weiß, setzt er möglicherweise Preise zu hoch fest, trifft u.U. fehlerhafte Investitionsentscheidungen und erlebt dann auf dem Markt in einem Lernprozeß die Enttäuschung seiner Erwartungen, die zur Planrevision führt. Die unternehmerische Findigkeit ist reaktiv, reagiert auf bestehende Gewinnmöglichkeiten, paßt im Marktprozeß als Entdeckungsverfahren die eigenen Erwartungen an die Reaktionen des Marktes an und wirkt so zum Gleichgewicht hin, denn die Konkurrenten werden ihrerseits die vom Pionier erkannten Gewinngelegenheiten nutzen[117]. Der Wettbewerb nimmt also bei Ungleichge-

---

[111] *Kirzner*, S. 171, 173.

[112] *Kirzner*, S. 26.

[113] *Kirzner*, S. 38.

[114] *Kirzner*, S. 32, 33.

[115] *Kirzner*, S. 51.

[116] *Kirzner*, S. 55.

[117] *Kirzner*, S. 168.

wichtslagen seinen Ausgang, die Schritt für Schritt abgebaut werden. Alle Gleichgewichtsmodelle, auch die der monopolistischen Konkurrenz sind demnach verfehlt, Unternehmertum und Wettbewerb sind untrennbare Begriffe.

„Der Wettbewerbsprozeß hängt völlig von der Freiheit derer ab, die mit besseren Ideen oder mit größerer Bereitschaft dem Markte dienen und bessere Gelegenheiten anbieten. Jede willkürliche Behinderung des Marktzutritts ist eine Beschränkung der Wettbewerblichkeit des Marktprozesses.“[118]

Demzufolge sollte man erwarten, daß von seiten des Staates nun alles getan werden muß, um den freien Zutritt zu sichern. Kirzner zieht aber diese Folgerung nicht. Die Behinderung des Marktzutritts ist für die reine Unternehmeraktivität ex definitione ausgeschlossen.

„Wenn wir behaupten, daß reine Unternehmeraktivität immer wettbewerblich ist, so behaupten wir damit zugleich, daß es für reine Unternehmeraktivität keine Behinderung des freien Zutritts geben kann.“[119]

Kirzner unterstreicht diese erstaunliche Behauptung im folgenden an einem Fall eines Ressourcenmonopols, des für ihn einzig möglichen Monopols, vorausgesetzt, es gibt keine staatlichen Zutrittsbeschränkungen. Gesetzt, einer habe ein Monopol an Orangen, und er produziere Orangensaft. Nun gibt es beim blockierten Zutritt zu dieser Ressource für den Konkurrenten keine Produktionsmöglichkeit für dasselbe Produkt.

„Aber man muß nicht Zutritt zu Orangen haben, um wie ein findiger Unternehmer zu entdecken, daß bei der Orangensaftproduktion unausgenutzte Gewinngelegenheiten vorhanden sind.“[120]

Reine Unternehmeraktivität, die definitionsgemäß ohne Ressourcen auskommt, ist nach Kirzner auch hier keinen Beschränkungen unterworfen. Außer dem Hinweis auf die Definition erfahren wir aber nichts weiter, als daß die anderen Unternehmer mit einem ähnlichen Produkt konkurrieren könnten, und zwar mit engen Substitutionsprodukten. Ich komme darauf zurück. Grundsätzlichen Wert legt Kirzner auf die Feststellung, daß auch die Monopolstellung (Ressourcenmonopol) als durch findiges Unternehmertum erlangt gedacht werden muß[121]. In Wirklichkeit findet man meist nur temporäre Monopole, da die Initiatoren ebenfalls die Gewinngelegenheiten entdecken und so das langfristige Monopol ausschließen.

Im Anschluß hieran definiert Kirzner die unterschiedlichen Handlungsparameter. Unternehmerischer Wettbewerb besteht darin, bessere Gelegenheiten zu bieten, diese bessere Gelegenheit kann sich in einem

[118] *Kirzner*, S. 79.
[119] *Kirzner*, S. 80.
[120] *Kirzner*, S. 81.
[121] *Kirzner*, S. 106.

günstigeren Preis, der besseren Qualität eines Produktes oder dem bedürfnisgerechter differenzierten Produkt äußern. Die neoklassische Unterscheidung von Produkt- und Verkaufskosten ist nicht aufrechtzuerhalten, denn der Verbraucher muß erkennen, daß neue Kaufgelegenheiten bereit stehen. Auch diese Aktivität der Wissensvermittlung ist unternehmerisch, Werbung ist demzufolge eine Variante des Qualitätswettbewerbs[122], so daß die Kritiker der Werbung im Grunde genommen den Wettbewerbsprozeß angreifen[123]. Die Zeit wird von Kirzner nur nach Lang- und Kurzfristigkeit differenziert, diese Unterscheidung hat Auswirkungen, z.B. auf den Kostenbegriff und die Beurteilung des Ressourcenmonopols (dieses ist langfristig Resultat einer findigen Unternehmerentscheidung, also als voll wettbewerblich anzusehen[124]). Für den reinen Unternehmer bildet auch z.B. der hohe Kapitalbedarf eines bestimmten Produktionszweiges keine relevante Beschränkung des Wettbewerbs, auch der Pionierunternehmer verfügte ursprünglich nicht über Kapital und das jetzige kumulierte Kapital ist Resultat des wettbewerblichen Prozesses.

Was wir bisher gelesen haben, ist nach Kirzner erfahrungswissenschaftliche Theorie, erst jetzt kommt es zu einer neuen Bewertung des Markt- und Wettbewerbsprozesses. Ansatzpunkt ist die Kritik an der Wohlfahrtsökonomie, die Hayeks Argumentationen[125] gegen das Konzept der optimalen Ressourcenallokation wiederholt. Die Wohlfahrtsökonomie setzt vollkommenes Wissen voraus, über das wir nicht verfügen. Das Wissen über den möglichen und besseren Einsatz der Ressourcen ist verstreut, es ist geradezu eine Funktion des Wettbewerbsprozesses, das Wissen zu sammeln und zu koordinieren, der Markt ist ein Mechanismus zur Vermittlung von Informationen, Wettbewerb ein Entdeckungsverfahren.

Die normative Bewertung dieses Prozesses baut sich folgendermaßen auf[126]: Jeder Tausch, den zwei Parteien freiwillig vornehmen, verbessert ihre Situation. Voraussetzung dieser Verbesserung ist aber, daß die Parteien diese bessere Gelegenheit auch bewußt erkannt haben. Die Ineffizienz des ungenutzten Tausches heißt Abwesenheit von Koordination. Nun ist es zwar nicht möglich, vorab die gesamtgesellschaftlich optimale Allokation von Ressourcen zu beurteilen, es ist aber möglich, „den Erfolg zu beurteilen, mit dem ein soziales System die Koordination der Entscheidungen seiner einzelnen Mitglieder fördert, ohne überhaupt irgend-

---

[122] *Kirzner*, S. 135.

[123] *Kirzner*, S. 136.

[124] *Kirzner*, S. 166.

[125] *F. A. Hayek*, Die Verwertung des Wissens, in: Individualismus und wirtschaftliche Ordnung, 2. Aufl., 1976, S. 103 ff.

[126] *Kirzner*, S. 174.

ein Konzept gesamtgesellschaftlicher Wohlfahrt heranzuziehen"[127]. Der Gleichgewichtszustand, den die Neoklassik analysierte, ist definierbar als vollständige Koordination der Pläne, die Bewegung vom Ungleichgewicht zum Gleichgewicht, der unternehmerisch-wettbewerbliche Prozeß, ist ein Koordinierungsverfahren, dem die Tendenz zum Gleichgewicht innewohnt. Aktive Kraft ist die unternehmerische Findigkeit, die durch die „kräftige Witterung der Gewinne"[128] motiviert wird. Nur sie führt zum Entdecken neuer Gelegenheiten. Der Staat kann deshalb unternehmerische Funktionen nicht wahrnehmen, tut er es doch, so ist nicht gewährleistet, daß bisher unentdeckte Möglichkeiten entdeckt und umgesetzt werden. Hieraus läßt sich zwar wirtschaftspolitisch nichts unmittelbar ableiten, ganz folgenlos ist aber die bisher durchgeführte Untersuchung nicht. Das Ressourcenmonopol z.B. ist langfristig gesehen Resultat des Wettbewerbsprozesses. Es ist unklug, durch direkte staatliche Eingriffe die Gewinnpositionen des Unternehmers zu schmälern, die er jetzt als Monopolist hat, letzten Endes schneiden sich hiermit auch die Verbraucher ins eigene Fleisch[129], denn jede Entmutigung der unternehmerischen Findigkeit schlägt auf die Bedürfnisbefriedigung zurück. Es ist überdeutlich, daß in diesem Rahmen eine Preiskontrolle definitiv ausgeschlossen ist. Wir sind mit einer neuen Theorie des laissez faire konfrontiert, die selbst das Monopol unangetastet läßt.

Hoppmann hat gerade den Koordinationsansatz für das Urteil des Ausschlusses der Preismißbrauchsaufsicht bei Arzneimittelmärkten herangezogen und die gesamte Theorie Kirzners verwertet. Sein Ergebnis für den Arzneimittelmarkt ist ebenfalls definitiver Ausschluß der Preiskontrolle, u.a. deshalb, weil es sich hier um einen Innovationsmarkt handele, der forschungsintensiv sei, die Kosten der Forschung müßten umgelegt werden können, schmälerte man die Gewinne, die forschende Firmen bei eingeführten Produkten erzielen, so komme die Innovation zum Stillstand, die Findigkeit der Unternehmer sei ohne Anreiz. Der grundsätzliche Fehler der Preiskontrolleure liege darin, daß sie den Preiswettbewerb als einzige Möglichkeit des Wettbewerbs ansähen, eine Vorstellung von Kindern der vollkommenen Konkurrenz mit hochproblematischen Gleichgewichtsvorstellungen. Die Wirksamkeit des Wettbewerbs sei nicht am Preis, sondern an der Koordinationsleistung des Marktes zu messen[130]. Preiskontrolle lege die Gleichgewichtszustände der Neoklassik als normativen Maßstab zugrunde, eine Situation, die nie existiert habe und demzufolge realitätsinadäquat sei. An die Stelle dieses

[127] *Kirzner*, S. 175.

[128] *Kirzner*, S. 179.

[129] *Kirzner*, S. 195.

[130] *Hoppmann*, Konzept des ..., S. 17.

Nirwanakonzepts solle vielmehr das Koordinationskonzept treten[131]. Dieses aber führt zum Ausschluß der Preiskontrolle.

Es liegt im Rahmen des analytischen Konzepts meiner Arbeit, diese Aussagen weder vollkommen zu verwerfen noch rückhaltlos zu bestätigen, sondern zu untersuchen, unter welchen Voraussetzungen sie gemacht werden können. Da Kirzners Theorie einen so weitreichenden Einfluß gewonnen hat, werde ich hier beginnen. Kirzner beansprucht eine erfahrungswissenschaftliche Theorie und setzt systematisch bei des Unternehmers Findigkeit an. Nach den Ausführungen von Mises, die Kirzner zitiert[132], sind diese Unternehmer nicht Menschen, sondern reine Funktionsträger. Diese Funktion wird in einer imaginären Figur verkörpert und diese Operation ist ein „methodologischer Notbehelf" (v. Mises). Wir haben es also wiederum nicht mit einer empirischen Größe zu tun, sondern mit einem theoretischen Konstrukt. Nun stellt sich die Frage, warum dieser Notbehelf unentbehrlich ist. Die Antwort ist die gleiche, die schon bei Heuß gegeben wurde. Man braucht einen Allokationspunkt für Unsicherheit, Risiko und die bewegende Kraft, die erklärbar macht, warum es so etwas wie Entwicklung geben kann, wie sich Marktprozesse zeitlich abspielen, man braucht m.a.W. eine endogen faßbare Größe, die den gegenwärtigen Zustand bewirkt haben kann. Interessant ist, daß diese Kraft sowohl bei Heuß als auch bei Kirzner zum Gleichgewicht tendiert, das auch Kirzner als das gerade Gegenteil von Wettbewerb ausgezeichnet hat. Bei Kirzner hat aber diese Findigkeit ewiges Leben, sie ist so definiert, daß ihr nicht einmal monopolisierte Ressourcen etwas anhaben können. Dies ist notwendig, sonst müßte Kirzner ja immer in einer vollständigen Konzentration terminieren, oder, was dasselbe ist, in einem totalen Gleichgewicht, mithin im Aufhören des Wettbewerbs. Wäre das Ressourcenmonopol definitiver Ausschluß des Wettbewerbs, so wäre eine Entflechtung unausweichlich, die Kirzner aber gerade nicht will, weil diese das Gewinnmotiv ausschalten würde. Insbesondere an der Behandlung des Ressourcenmonopols wird vollständig deutlich, von welcher methodischen Qualität dieses Konstrukt ist; es handelt sich niemals um eine empirische Größe, viel eher um ein Postulat, das sich notwendigerweise dann ergibt, wenn man in einer gegenwärtigen Wirtschaft den Wettbewerb trotz monopolisierter Ressourcen, trotz hochgradiger Kapitalakkumulation, trotz weitgestreuter Oligopole entdecken will. Wegen der Untrennbarkeit der Begriffe Unternehmertum und Wettbewerb setzt Kirzner nicht nur den Unternehmer, sondern auch den Wettbewerb als Realität voraus. Wenn man etwas zu entdecken sucht, muß man ja auch mindestens wissen, was man finden will. In der Umschaltung auf die Ebene der Wirtschaftspolitik wird der methodologische Notbe-

---

131 *Hoppmann,* S. 16.

132 *Kirzner,* S. 32.

helf, das theoretische Konstrukt, unversehens zu einer empirischen Größe. Es ist dem Staat verboten, den Unternehmer in irgendeiner Weise zu beeinträchtigen, die Aktionen mögen aussehen, wie immer sie wollen. Man muß, um die wirtschaftspolitische Enthaltsamkeit überzeugend vertreten zu können, die Wirklichkeit des Kirznerischen Unternehmers voraussetzen, und wegen der Untrennbarkeit der Begriffe, auch die Wirklichkeit des Wettbewerbs.

Dies aber bedeutet, daß man — bei vorausgesetzter Existenz des Wettbewerbs — nur noch untersucht, in welchen Verhaltensweisen der Wirtschaftssubjekte „wettbewerblicher" Momente entdeckbar sind. Bei unstreitbarer Abwesenheit des Preiswettbewerbs z.B. *müssen* — der Voraussetzung nach — wettbewerbliche Elemente in anderen Aktionsparametern existieren, z.B. Qualitätswettbewerb, Produktdifferenzierung etc. Die Suchrichtung hat sich demnach verändert. Es geht jetzt nicht mehr darum, Wettbewerbsbeschränkungen (die auch ihrerseits noch logisch die Existenz des Wettbewerbs voraussetzen), sondern darum, den Wettbewerb zu entdecken. Die Erklärung der Marktphänomene schlägt in deren Rechtfertigung um. Auch an diesem Punkt wird deutlich, daß wir es eher mit einer normativen Theorie als mit einer erfahrungswissenschaftlichen Theorie zu tun haben. Kirzner hat alles andere getan als dies, im Rahmen seiner erfahrungswissenschaftlichen Theorie die Realität seiner methodologischen Notbehelfe zu untersuchen. Es entbehrt nicht der Ironie, daß gerade diejenigen, die den Modellcharakter der Gleichgewichtsanalyse mit Recht erbittert bekämpft haben, nichts anderes liefern als das Gedankenexperiment, allerdings ohne die bisherige Präzision im Sprachsystem. Man könnte es beinahe einen Zynismus der Vernunft nennen, daß diejenigen, die zur Wiederherstellung des Wettbewerbs aufgerufen haben, eben diesen Wettbewerb immer voraussetzen müssen, um konsistent argumentieren zu können.

Kirzners Arbeit hat sich von einer im traditionellen Sinne theoretischen Ökonomie vollständig gelöst, ohne aber die Möglichkeit des Gleichgewichts zu negieren, das ja als Endpunkt der Entwicklung nicht geleugnet wird. Kirzners Theorie, die den Marktprozeß beschreibt oder zu beschreiben vorgibt, ist getragen von einer Unsumme von Annahmen, von denen keine einzige empirisch geprüft wird, die im Fundament auf der festen Überzeugung der Überlegenheit des marktwirtschaftlichen Systems fußen. Es handelt sich um politische Ökonomie, die in einem neu begründeten laissez faire endet.

Hinzu kommt, daß man ebenfalls von der Überlegenheit des marktwirtschaftlichen Systems überzeugt sein kann, ohne hinsichtlich der Preiskontrolle die wirtschaftspolitische Position der Legitimation von Monopolgewinnen teilen zu müssen[133].

---

[133] Vgl. *Sachverständigenrat* zur Begutachtung der wirtschaftlichen Entwick-

Auch nach Kirzners Ansicht „folgen“ (im strengen Sinne) seine wirtschaftspolitischen Vorschläge nicht aus der Theorie. Weder Kirzners noch Hoppmanns Ausführungen sind in irgendeinem Sinne, weder im theoretischen noch im politischen Sinne zwingend. Hoppmanns These, die Befürworter einer Preiskontrolle seien in der Vorstellungswelt der vollkommenen Konkurrenz befangen, entbehrt des Nachweises. Man kann sich darüber im klaren sein, daß der Konkurrenzmechanismus nicht funktioniert und auch nicht im Sinne der Gleichgewichtsanalyse funktionieren kann und gerade deswegen fordern, mißbräuchlich gesetzte Preise zu kontrollieren. Am Rande sei darauf hingewiesen, daß Hoppmann in seinem Konzept des wirksamen Preiswettbewerbs Kostenanalyse betreibt, allerdings eine Kostenanalyse, die Forschungs- und Entwicklungskosten berücksichtigt und deren Umlegungsnotwendigkeit auf bereits eingeführte Produkte behauptet. Hierzu kann man stehen, wie man will, sicher ist, daß Hoppmann zur Rechtfertigung der Preisbildung auf dem Arzneimittelmarkt einen Maßstab verwendet, dessen generelle Nichtexistenz für die Preiskontrolle er ansonsten mit Nachdruck behauptet hatte.

Insgesamt läßt sich festhalten, daß der Ausschluß der Preismißbrauchsaufsicht durch das Verdikt der Neoliberalen keinesfalls zwingend ist, die ökonomische Theorie, die als Argumentationsfundus in die politischen Präskriptionen eingeht, basiert auf hoch voraussetzungsvollen Annahmen, die ihrerseits keineswegs zwingend sind. Die ökonomische Theorie der Neoliberalen ist politische Ökonomie, die sich zurecht von der theoretischen Ökonomie fortschreitend gelöst hat, ohne aber in der theoretischen Rekonstruktion Vergleichbares bieten zu können.

Ähnlich wie das dogmatische Paradigma des Vertragsrechts insbesondere im Kartellrecht angesichts der Realitätsentwicklung sowohl Präzision als auch Konsistenz als auch Thematisierungsfähigkeit verloren hat, hat die theoretische Ökonomie angesichts der Realitätsentwicklung ihre Überzeugungskraft verloren. Wir befinden uns insgesamt in einer Krise der theoretischen Bewältigung der Marktphänomene. In dieser Situation ist die Dezision, die Mißbrauchsaufsicht durchzuführen, ebenso möglich, wie der Verzicht auf Marktergebniskontrollen. Beide Entscheidungen sind von methodisch gleicher Qualität und ohne politische Parteinahme nicht möglich. Die bisher verwendeten Maßstäbe der Kontrolle, Als-Ob-Konzept[134], Kostenkontrolle[135] und Gegenmachtprinzip[136] können

lung, Jahresgutachten 1971/1972 (1971).

134 Vgl. *I. Schmitt*, Jahrbuch f. Nationalökonomie und Statistik 190 (1976), S. 67 ff., *H. Albach*, Als Ob Konzept und zeitlicher Vergleichsmarkt, 1976, ders., Zur Messung von Marktmacht und ihres Mißbrauchs, WuW 1978, 535 ff.

135 Vgl. dazu *Munzinger*, Mißbräuchliche Preise, Preisbildungssysteme und Preisstruktur nach § 22 GWB, 1977.

136 Vgl. dazu *K. G. Zinn*, Preissystem und Staatsinterventionismus.

aber in einer interdisziplinären Forschung z.B. im Wege der semantisch-logischen Analyse auf ihre Voraussetzungen hin befragt, in einer Paradigmaanalyse auf ihre Thematisierungskapazität und die zugrundeliegenden Realitätsmodelle befragt und ausgewertet werden, so daß Übersetzungen in die jeweils beteiligten Disziplinen möglich werden, und ihre Ergebnisse aufeinander bezogen werden können. Diese Forschung ist mit ebensolcher Sicherheit unverzichtbar, wie sie in diesem Rahmen nicht mehr geleistet werden kann.

5. Folgerungen für den bereicherungsrechtlichen Wertbegriff

Hinsichtlich des bereicherungsrechtlichen Wertbegriffs läßt sich vorläufig festhalten: wir haben nach der Destruktion des dogmatischen Paradigmas des Vertragsrechts nicht mehr die Möglichkeit, die Regel des faktischen Vertrages unverändert in die bereicherungsrechtliche Wertberechnung zu integrieren. Marktmacht impliziert den Preismißbrauch als Möglichkeit, es ist also nicht möglich, den durchschnittlichen Preis zum rechtlich relevanten Wert zu erklären; da es aber zum gegenwärtigen Zeitpunkt keine juristische Sprache gibt, die die ursprüngliche Präzision des dogmatischen Systems mit einer adäquaten Beschreibung der Realitätsphänomene und ihre Umsetzung in normative Entscheidungen ermöglicht, sollte man an der Regel ansetzen, die immer noch höchsten Grad an Präzision aufweist, nämlich an von Caemmerers Regel (fV_{B1}). Ihre Anwendung ist unbedenklich, so lange es um Wertfeststellungen für Güter geht, die von kleinen und mittleren Unternehmen produziert werden. Der Grund hierfür liegt in der in diesen Sphären noch anzunehmenden Beschränkung der Marktmacht, die insoweit übereinstimmend von allen mir bekannten empirischen Untersuchungen (vgl. oben III 3) in Form der relativen Preisstarrheit trotz Kosten und Nachfrageschwankungen und der Nichtanwendung des Gewinnmaximums als Ziel des Unternehmens festgestellt wurde, die bereicherungsrechtliche Wertberechnung kann aber nicht einen Preis zum objektiven Wert erklären, den man im Wege der Mißbrauchsaufsicht verbieten müßte. Liegen die Voraussetzungen für eine Mißbrauchsaufsicht vor, so ist dies auch im Rahmen der bereicherungsrechtlichen Wertberechnungen zu berücksichtigen.

IV. Kapitel

Zusammenfassung

Grundsätzlich, d.h. in theoretischer Hinsicht, ist es heute insbesondere für die Rechtstheorie unverzichtbar, einen Zugang zur interdisziplinären Forschung zu gewinnen, der es erlaubt, die Arbeitsweise und die Ergebnisse der Nachbardisziplinen zu verstehen und beurteilen zu können, ohne zum einfachen und deshalb manipulierbaren Informationsempfänger zu werden, der auch noch darüber in Kenntnis gesetzt werden muß, was praktisch, d.h. politisch aus den Ergebnissen der Nachbardisziplinen folgt, was demzufolge zu tun sei. Einen Zugang zur interdisziplinären Forschung gewinnt man aber nur, wenn man in der Lage ist, diese Ergebnisse und Aussagen der Nachbardisziplinen überhaupt auf die Probleme der Jurisprudenz zu beziehen. Da diese Aussagen in Fach- oder Kunstsprachen vorgenommen werden, ist der erste Schritt ihre Übersetzung in die Umgangssprache.

Der zweite Schritt ist dann bereits analytischer Natur, es geht um die Aufdeckung dessen, was Voraussetzung der Aussagen der Disziplinen ist. Man kann im Wege der semantisch-logischen Analyse dann bereits Informationen gewinnen, die zwar nicht eigentlich neu, aber doch immerhin neu für uns sind. Die Analyse des Axiomensystems der Neoklassik ist hierfür ein gutes Beispiel.

Im dritten Schritt bezieht sich die Analyse dann auf die disziplinäre Matrix, d.h. auf Musterbeispiele, Modelle und symbolische Verallgemeinerungen. Beispiel für eine symbolische Verallgemeinerung ist etwa die Formel $y = f(x)$, eine Formel, die für die Grenzwertanalyse von ganz erheblicher Bedeutung ist.

Das Modell der vollkommenen Konkurrenz z.B. hat in bezug auf die Rechtskonzeption insofern strukturgebende Bedeutung, als es konsistent ist, Rechtssubjekte — in diesem Modell — als vereinzelte Individuen mit klaren und festen Grenzen der Dispositionsbefugnis anzugeben, wobei diese Rechtskonzeption ihrerseits von Bedeutung ist für die Bestimmung der Interaktionsbeziehungen zwischen den Rechtssubjekten (Vertrag und Delikt) und für die anthropologische Konzeption der Rechtssubjekte (privatautonomes, selbständiges Individuum). Im Infinitesimalkalkül existiert das Modell der vollkommenen Konkurrenz in seiner mathematischen Funktion als Voraussetzung für die Stetigkeit und Differenzierbarkeit der Größen, die Unabhängigkeit (Autonomie) des Konkurrierenden hat eine ganz andere Bedeutung, nämlich, daß seine Aktionen als empirisch folgenlos für die Aktionen seiner Mitkonkurrenten gedacht werden, und das Gleiche auch umgekehrt gilt: der Einfluß des einzelnen auf den Markt ist zu klein, als daß seine Aktionen z.B. die Angebotsmenge, eine Funktion des Preises, bestimmen könnten.

Die Analyse der Neoliberalen hat gezeigt, daß auch sie, trotz heftiger Kritik an den gleichgewichtsanalytischen Modellen, nicht darauf verzichten können, Konkurrenz vorauszusetzen, aber als Wettbewerb, dessen Struktur und Form ganz und gar unbestimmt ist (Entdeckungsverfahren). Modelle nehmen m.a.W. die Realität in Bezug, und man kann durch logisch-semantische Analysen und durch Übersetzungen zeigen, inwiefern identische Begriffe in unterschiedlichen Disziplinen in verschiedenen Bedeutungen gebraucht werden, und wo Erklärungsversuche in Rechtfertigungen umschlagen.

Der Infinitesimalkalkül und die Art seiner Anwendung auf Realitätsphänomene ist für meine Begriffe Prototyp eines Musterbeispiels. Wenn diese Art zu denken tief genug sitzt, kann man eine ganze Reihe von Realitätsphänomenen in die Sprache des Kalküls übersetzen und damit auch „lösen", ohne daß die Transformations- oder Übersetzungsregeln zugleich auch explizit sein müßten. Die Anwendung des Kalküls steckt ebensowenig im Kalkül wie die Anwendung der Regel des faktischen Vertrages in der Regel (fV_{B1}) steckt. Ein infiniter Regreß der Regelanwendung ist nur von heimlichen Regelplatonisten (= Regelskeptizisten) zu befürchten, eben weil sie fordern, die Regel müsse die Linien ihrer Befolgung durch den gesamten Raum ziehen. Diese Leute müßten eigentlich schon verzweifeln, wenn ein Kind statt Äpfel Birnen zählt. Der Regelplatonist unterscheidet sich von Regelskeptizisten eigentlich nur dadurch, daß der eine das fordert, was der andere als gegeben hinnimmt oder behauptet (nämlich, daß die Regel allein bestimme, was zu tun ist).

Die Paradigmaanalyse zeigt weiterhin — umfassender — nicht nur was, wie, unter welchen Voraussetzungen gesagt wird, sondern auch, was nicht gesagt wird, und warum es nicht gesagt werden kann. Hier geht es um die Analyse der Thematisierungskapazität einer Theorie, insbesondere um Fragen, welche Realitätsphänomene bei diesen konkurrierenden Theorieansätzen nicht mehr erklärbar bzw. in der Theorie abbildbar sind. Diese analytischen Operationen sind selbstverständlich nicht nur auf die Nachbardisziplinen anwendbar, sondern auch auf die eigene Disziplin. Das Musterbeispiel des faktischen Vertrages z.B. hat nicht nur ganz erhebliche Lösungsfunktion für die bereicherungsrechtliche Wertberechnung, sondern auch für die Dreifache Schadensrechnung und für die Festlegung dessen, was als rechtlich korrektes Verhalten und demzufolge auch, was als rechtswidriges Verhalten, das zum Bereicherungsausgleich führt, gelten soll, und man kann an der Identifikation von durchschnittlichem Preis und wirklichem Wert sehen, was notwendigerweise aus dem Beispiel fällt. Die Kategorie des Paradigmas ist folglich nicht nur zur Rekonstruktion der disziplinären, sondern auch für die Konstitution einer interdisziplinären Matrix verwendbar. Es ist möglich, im Rahmen der Paradigmaanalyse auch historische Entwicklungen zu berücksichtigen.

Der zweite analytische Ansatzpunkt, die Kategorie der Regel, ist insbesondere, aber eben nicht nur für Juristen ein verwertbares Instrument zur systematischen Ordnung von Handlungen der Rechtspraxis und Lehre einerseits und der Beschreibung und Analyse von Handlungen von Wissenschaftsgemeinschaften andererseits. Die Arbeiten von Wittgenstein haben gezeigt, daß auch in der Mathematik (z.B.) Regeln betroffen sind, die sich u.a. hinsichtlich ihres Präzisionsgrades mit anderen Regeln vergleichen lassen, obwohl die Sprachen, in denen sie formuliert werden, unterschiedlich sind. Die Analyse der Regeln und ihres Systems, die Anwendung der Regeln in der Rechtsprechung erlaubt einen Zugang zum Problem der Präjudizienbildung, etwa in Form der Konsistenzanalyse. Im übrigen bin ich der Auffassung, daß sich die Analyse der Regeln im Rahmen der Paradigmaanalyse verwerten läßt, denn Regeln stiften — nicht nur für Juristen — jedenfalls bis zu einem gewissen Grade, der von ihrer Präzision abhängt, die Einheit, die kognitiv und mental Gemeinschaften auszeichnet, die darüber hinaus erklärbar macht, warum die Kommunikation innerhalb der Gemeinschaften relativ fraglos funktioniert. Regeln sind deshalb auch Elemente von Musterbeispielen, die Regel (fV_{B1}) verweist in einer nur von der Semantik her konstruierbaren Syntax auf das fachsprachlich zusammenhängende System des Vertragsrechts, das in Form des faktischen Vertrages bereits Zugeständnisse an die Realitätsentwicklung enthält, denn bei diesem Rechtsinstitut kommt es auf den Willen nicht mehr an.

Selbst wenn die Analyse zeigt, daß die Regeln vage sind, wenn ferner kein fachsprachlich dogmatisierter Hintergrund existiert, der die Vagheit der Anweisungssätze wieder beseitigt, lassen sich durch Regel- und Paradigmaanalyse Informationen über ein Rechtsgebiet gewinnen. Selbst vage Regeln schließen nämlich vieles aus, und die Analyse des Paradigmas erlaubt die genauere Fixierung der Realitätsphänomene, die nicht im Sprachspiel thematisiert werden können. Sie gestattet die genauere Fixierung dessen, was die Theorie zum Modell macht. Die Analyse der Thematisierungskapazität der Sprache, in der die Regeln formuliert sind, läßt wenigstens vermuten, wo die Probleme stecken: die privatrechtliche Dogmatik erlaubt im Prinzip nur die Behandlung binärer Relationen. Dies war so lange unproblematisch, als die Realitätsperzeption im Modell der vollkommenen Konkurrenz die Vereinzelung und Selbständigkeit der Individuen zuließ, um in der angedeuteten Weise die Interaktionsbeziehungen zu fassen.

In dieser binären Relationierung liegt im übrigen ein weiterer Vergleichspunkt zwischen theoretischer Ökonomie und privatrechtlicher Dogmatik. Ebenso wie die Autonomie des Subjektes im Rahmen der vollständigen Konkurrenz Voraussetzung der Behandlung der Interaktionsbeziehungen dieses Subjektes im Rahmen einer binären Relationierung ist, ist die Einsamkeit des gewinn- und nutzenmaximierenden Aktors im Rahmen des Kalküls Voraussetzung der Thematisierung seiner Handlungen als prinzipiell zweistelliger Auseinandersetzung mit der Natur. Man braucht nicht zu betonen, daß diese Sichtweisen einer Realität nicht mehr gerecht werden, deren Komplexität heute augenscheinlich geworden ist.

Deswegen meine ich in sachlicher Hinsicht, daß sich isolierte rechtliche Probleme, wie das der Wertberechnung nur noch vermeintlich als isolierbare Probleme stellen. Diese Probleme siedeln in einem hochkomplexen Syndrom von Beziehungen, die die Realität aufweist. Diese Realität kann zwar unterschiedlich perzipiert werden, eines ist aber sicher: sie ist eine Realität, deswegen ist es voraussetzungsvoll, z.B. die Frage aufzuwerfen, wie sich das Privatrecht zum Wirtschaftsrecht verhält, denn dann unterstellt man die Trennbarkeit der Domänen in der Theorie und deswegen wohl auch in der Realität.

In historischer Sicht hat die Arbeit Kuhns gezeigt, daß wissenschaftliche Revolutionen, neue Paradigmata nicht mehr leisten, als die veränderte Thematisierung derselben Realität, daß neue Sichtweisen in bestimmten Hinsichten leistungsfähiger sind als die alten, in anderen wieder nicht. Die Folgerung, die sich hieraus für meine Begriffe ergibt, ist, daß es notwendig ist, diese Paradigmata zu vergleichen und aufeinander zu beziehen — in ihrer Leistungsfähigkeit und in dem Ausmaß des jeweils Thematisierbaren —. Die Jurisprudenz befindet sich als Wissenschaft bereits, was die Existenz eines neuen, leistungsfähigen Paradigmas angeht, in einer notorischen Mangelsituation. Vielleicht ist es möglich, diese Notlage minimal zu mildern, wenn man die historische Erkenntnis Kuhns nunmehr auf die Ebene der Interdisziplinarität wendet, um zu sehen, was andere Disziplinen, die mit derselben Realität zu tun haben, zu den Phänomenen sagen, die auch die Jurisprudenz in Atem halten. Die Probleme, welche die Jurisprudenz im Bürgerlichen Wirtschaftsrecht zu bewältigen hat, sind hiermit freilich nicht gelöst. Lösbar, d.h. unter wissenschaftlichen Kriterien lösbar, sind diese Probleme erst, wenn eine Sprache gefunden ist, die Präzision, Konsistenz und hohe Thematisierungsfähigkeit in sich vereinigt, eine Sprache, deren Aussagen des weiteren einer empirischen Überprüfung zugänglich sind. Ob eine solche

Sprache im Wege eines dogmatischen Systems gefunden werden kann, scheint fraglich. Vermutlich lassen sich die komplexen Phänomene unserer heutigen Realität nur noch interdisziplinär lösen. Der Rechtstheorie fällt hierbei die Aufgabe zu, fachsprachliche Aussagen der Nachbardisziplinen zu übersetzen und zu analysieren.

Durch diese Leistung wird erst die Voraussetzung für eine interdisziplinäre Kommunikation geschaffen, aber möglicherweise setzt uns diese Kommunikation eher in die Lage, mit den Problemen fertig zu werden. Diese Probleme siedeln in einem Kontext, d.h. in einer Umwelt, die von traditionellen Modellen nicht mehr abbildbar ist, sie liegen auf Entwicklungslinien, die aus einer durch „Wettbewerb" strukturierten Gesellschaft herausführen. Die Preisbildung, die heute etwa in der Mineralölwirtschaft zu beobachten ist, hat weder etwas mit „objektiven Werten" zu tun, noch liegt sie innerhalb der Kontrollraster, die axiomatisch das Einzelunternehmen und demzufolge dessen Handlungsparameter voraussetzen. Die Preisbildung erfüllt ferner politische Funktionen insofern, als sie das Ziel der Drosselung des gesamtwirtschaftlichen Energieverbrauchs explizit oder implizit aufnimmt. Konzerne führen diese Folge der Teuerung zur Rechtfertigung von Handlungsweisen an, die mit Wettbewerb nur noch wenig zu tun haben. Die Übernahme staatlicher Aufgaben durch private Konzerne ist ein Zeichen für die aufgehobene Trennung von Staat und Gesellschaft, wobei diese Aufhebung — soll Logik noch etwas gelten — nicht vor dem Wettbewerb halt machen kann. Diese Transformationen treffen auch die Privatrechtsdogmatik, sie führen zu Gewißheitsverlusten, die allenfalls interdisziplinär zu bewältigen sind.

Literaturverzeichnis

Åkerman, J.: Das Problem der sozialökonomischen Synthese, 1938.

Albach, H.: Als-Ob Konzept und zeitlicher Vergleichsmarkt, 1976.

— Zur Messung von Marktmacht und ihres Mißbrauchs, WuW 1978, S. 537 ff.

Albert, H.: Marktsoziologie und Entscheidungslogik, Ökonomische Probleme in soziologischer Perspektive, 1967.

— (Hrsg.) Theorie und Realität, 2. Auflage, 1972.

— Der Gesetzesbegriff im ökonomischen Denken, Schriften des Vereins für Socialpolitik, Neue Folge Bd. 74/I, S. 129 (1973) Macht und Ökonomisches Gesetz, hrsg. v. Hans K. Schneider und Christian Watrin.

Berelson, B.: Content Analysis in Communication Research, 1952.

Berkemann, J.: Gesetzesbindung und Fragen einer ideologiekritischen Urteilskritik in: Festschrift für Willy Geiger, 1974.

Brinckmann, H.: Juristische Fachsprache und Umgangssprache in: Öffentliche Verwaltung und Datenverarbeitung, 2, 1972, S. 60—69.

Buchanan, J. H.: Ceteris Paribus: Einige Bemerkungen zur Methodologie in: Gegenstand und Methoden der Nationalökonomie, hrsg. v. Reimut Jochimsen und Helmut Knobel, 1971, S. 285.

Burger, E.: Einführung in die Theorie der Spiele, 2. Auflage, 1966.

Caemmerer, E. v.: Festschrift für E. Rabel, Bd. I, 1953.

— Gesammelte Schriften, hrsg. v. H. G. Leser, 1968.

— Festschrift Hans Lewald, 1953.

— Festschrift für G. Boehmer, 1954.

Chamberlin, E. H.: The Theory of Monopolistic Competion, 7. Aufl., 1956.

Däubler, W.: Die Sprache der Bundesgerichte — ein Herrschaftsinstrument in: ARSP Beiheft 9, 1977, S. 107—120.

Deyle, A.: Gewinnmanagement, Gewinnerzielung durch richtige Artikelstrategie, Verkaufspolitik und Kostensenkung mit Hilfe der Plankostenrechnung, hrsg. v. Deutschen Institut für Betriebswirtschaft und Verkaufsleiterakademie, 1967.

Düsberg, K. J.: Sind empirische Theorien falsifizierbar? in: Zeitschrift für allgemeine Wissenschaftstheorie, Bd. X, Heft 1, 1979.

Eikenberg, H.: Voraussetzungen und Schwierigkeiten der empirischen Erforschung richterlicher Entscheidungsgrundlagen in: Jahrbuch für Rechtssoziologie und Rechtstheorie, Band 1, 1970, 361.

Esser, Josef: Vorverständnis und Methodenwahl in der Rechtsfindung, 1970.

Fischer, B.: Lizenzanalogie—Kaufanalogie in: GRUR 1972, 118.

Flume, W.: Der Wegfall der Bereicherung in der Entwicklung vom römischen zum geltenden Recht in: Festschrift für H. Niedermeyer, 1953.

Friedrichs, J.: Methoden empirischer Sozialforschung, 1973.

Frisch, R.: Monopol-Polypol — der Begriff der Kraft in der Wirtschaft in: Preistheorie, hrsg. v. A. E. Ott, 1965, S. 17.

Gäfgen, Gérard: Theorie der wirtschaftlichen Entscheidung, 3. Aufl., 1974.

Garver, Newton: Wittgenstein On Private Language in: Philosophical and Phenomenological Research Vol. XX No. 3 March 1960, pp. 389—398, übersetzt in: Über Ludwig Wittgenstein, 1969.

Hart, D. / *Joerges*, Chr.: Verbraucherrecht und Marktökonomik: Eine Kritik ordnungstheoretischer Eingrenzungen der Verbraucherpolitik, in: Wirtschaftsrecht als Kritik des Privatrechts, Beiträge zur Privat- u. Wirtschaftsrechtstheorie v. Assmann, H. D. ... S. 83 ff., 1980.

Hart, H. L. A.: Der Begriff des Rechts, 1973.

Hatzold, O. / *Helmschrott*, H.: Analyse unternehmerischer Verhaltensweisen in: Schriften des Ifo Instituts für Wirtschaftsforschung, Nr. 44, 1961.

Hayek, F. A. v.: Individualismus und wirtschaftliche Ordnung, 2. Auflage, 1976.

Heinen, E.: Das Zielsystem der Unternehmung, Grundlagen betriebswirtschaftlicher Entscheidungen, Schriftenreihe: Die Betriebswirtschaft in Forschung und Praxis, Bd. 1, 1966.

Henn, R. / *Moeschlin*, O. (eds.): Mathematical Economics And Game Theory, 1977.

Heuß, E.: Allgemeine Markttheorie, 1965.

Hörning, K. H.: Ansätze zu einer Konsumsoziologie, 1970.

Hofmann, W.: Sozialökonomische Studientexte, 2. Aufl., 1971.

Holsti, Ole R.: Content Analysis for the Social Sciences and Humanities, 1969.

Hoppmann, E.: Das Konzept des wirksamen Preiswettbewerbs in: Recht und Staat, Heft 484/485, 1978.

— Die Abgrenzung des relevanten Marktes im Rahmen der Mißbrauchsaufsicht über marktbeherrschende Unternehmen, dargestellt am Beispiel der Praxis des Bundeskartellamtes bei Arzneimitteln, 1974.

— Von der Preistheorie zur Wettbewerbstheorie in: Ordo 17, 369.

— Preiskontrolle — Mittel der Systemveränderung in: Wirtschaftsdienst 1974, S. 389.

Hunt, E. K. / *Sherman*, H. J.: Ökonomie aus traditioneller und radikaler Sicht, 1974.

Hutchinson, T. W.: Theoretische Ökonomie als Sprachsystem in: Theorie und Realität, hrsg. v. H. Albert, 1972.

Jakobs, H. H.: Eingriffserwerb und Vermögensverschiebung in der Lehre von der ungerechtfertigten Bereicherung, 1964.

Jochimsen, R. / *Knobel*, H. (Hrsg.): Gegenstand und Methoden der Nationalökonomie, 1971.

Joerges, Chr.: Bereicherungsrecht als Wirtschaftsrecht, 1977.

Johannessonn, B.: Lizenzbasis, Lizenzsatz und Erfindungswert in Erfindervergütungsregelungen nach der Lizenzanalogie, in: GRUR 1975, S. 588.

Kade, G.: Die Grundannahmen der Preistheorie. Eine Kritik an den Ausgangssätzen der mikroökonomischen Modellbildung, 1962.

Kaufer, E.: Nochmals: Von der Preistheorie zur Wettbewerbstheorie in: Ordo 19, S. 95.

Kemmerling, A.: Regel und Geltung im Lichte der Analyse Wittgensteins in: Rechtstheorie, 1975, S. 104.

Kempski, J. v.: Handlung, Maxime und Situation in: Theorie und Realität, 1972, S. 139.

Kirzner, I. M.: Wettbewerb und Unternehmertum, 1978.

Klausa, E.: Politische Inhaltsanalyse von Rechtslehrertexten, Zeitschrift für Soziologie 1979, S. 362—379.

Koch, H. J.: Zur Analyse richterlicher Entscheidungen, Diss. Ffm 1971.

— Seminar: Die Juristische Methode im Staatsrecht, 1977.

— Juristische Methodenlehre und Analytische Philosophie, 1976.

Kötz, H.: Über den Stil höchstrichterlicher Entscheidungen, 1973.

Koppensteiner, H. G. / *Kramer*, E. A.: Ungerechtfertigte Bereicherung, 1975.

Kracauer, S.: Für eine qualitative Inhaltsanalyse in: Ästhetik und Kommunikation, 1972, S. 53—58.

Kuhlen, L.: Typuskonzeptionen in der Rechtstheorie, Schriften zur Rechtstheorie, Heft 66, 1977.

Kuhn, T. S.: Die Struktur wissenschaftlicher Revolutionen, 2. Aufl., 1976.

— Neue Überlegungen zum Begriff des Paradigma in: Die Entstehung des Neuen, 1977.

Lakatos, I. / *Musgrave*, A. (Hrsg.): Criticism and the Growth of Knowledge, 1970.

Leser, H. G.: Von der Saldotheorie zum faktischen Synallagma, 1956.

Limbach, J.: Die sozialwissenschaftliche Inhaltsanalyse richterlicher Entscheidungen, in: Juristische Arbeitsblätter, 1976, 353—362.

Luhmann, N.: Soziologische Aufklärung, 1972.

Lucas, W. F.: A Game with No Solution, Momorandum RM 5518-PR, Nov. 1967.

Malcolm, N.: Wittgenstein: Philosophical Investigations in: Knowledge and Certainty, 1963, Übers. in: Über Ludwig Wittgenstein, 1969.

Marschak, J.: Nutzenmessung und Wahrscheinlichkeit in: Shubik, M. (Hrsg.) Spieltheorie und Sozialwissenschaften, 1965.

Menges, G.: Grundmodelle wirtschaftlicher Entscheidungen, 2. Aufl., 1974.

Mestmäcker, E. J.: Die sichtbare Hand des Rechts, 1978.

Milnor, J.: Spiele gegen die Natur in: Shubik (Hrsg.) Spieltheorie und Sozialwissenschaften, 1965.

Morgenstern, O.: Die Theorie der Spiele und des wirtschaftlichen Verhaltens in: Preistheorie, hrsg. v. A. E. Ott, 1965.

— Vollkommene Voraussicht und wissenschaftliches Gleichgewicht, Zeitschrift für Nationalökonomie Bd. 6, 1935, S. 337—357, wieder abgedruckt in Entscheidungstheorie, hrsg. v. Witte und Thimm, 1977.

— Spieltheorie: Ein neues Paradigma der Sozialwissenschaft in: Gegenstand und Methoden der Nationalökonomie, 1971, 175, hrsg. v. R. Jochimsen und H. Knobel.

Morgenstern, O.: Thirteen Critical Points in Contemporary Economic Theory: An Interpretation in: Journal of Economic Literature, 1972, 1163.

— Spieltheorie als allgemeine Theorie des Machtkonflikts, in: Macht und ökonomisches Gesetz, Schriften des Vereins für Socialpolitik NF Band 74/1, S. 384, 1973.

Munzinger, D. K.: Mißbräuchliche Preise, Preisbildungssysteme und Preisstrukturen nach § 22 GWB, 1977.

Myrdal, G.: Das politische Element in der nationalökonomischen Doktrinbildung, 2. Aufl., 1976.

Neumann, J. v. / *Morgenstern*, O.: Spieltheorie und wirtschaftliches Verhalten, 3. Aufl., 1973.

Opp, K. D.: Methodologie der Sozialwissenschaften, 1973.

Ott, A. E. (Hrsg.): Preistheorie, 1965.

Palandt: Bürgerliches Gesetzbuch, bearbeitet von Bassenge, Diederichsen, Heldrich, Keidel, Putzo, Thomas, 37. Aufl., 1978.

Philippi, K. J.: Tatsachenfeststellungen durch das Bundesverfassungsgericht, 1971.

Podlech, A.: Die juristische Fachsprache und die Umgangssprache, in: Koch (Hrsg.) Juristische Methodenlehre und Analytische Philosophie, 1976.

Popper, K. R.: Replies to My Critics in: P. A. Schilpp (ed.) The Philosophy of Karl Popper, 1974.

Rapaport, A. / *Orwant*, C.: Experimentelle Spiele. Eine Übersicht in: Shubik (Hrsg.) Spieltheorie, 1965.

Reeb, H.: Grundprobleme des Bereicherungsrechts, 1975.

Ritsert, J.: Inhaltsanalyse und Ideologiekritik. Ein Versuch über kritische Sozialforschung, 1972.

Rottleuthner, H.: Richterliches Handeln, Zur Kritik der juristischen Dogmatik, 1973.

— Methodische und theoretische Probleme bei der Analyse von Klassenjustiz in: Informationsbrief der Sektion Rechtssoziologie Nr. 4, 1974, S. 53—72.

— Inhaltsanalyse und logische Rekonstruktion von richterlichen Urteilen (unveröffentl. Vortrag, gehalten auf dem IVR Kongreß 1978 in München).

Richter, R.: Methodologie aus der Sicht des Wirtschaftstheoretikers in: Gegenstand und Methoden der Nationalökonomie, hrsg. von Jochimsen und Knobel, 1971.

Samuelson, P. A.: Volkswirtschaftslehre, 1973.

— Ökonomische Theorie und Mathematik. Eine Stellungnahme in: Gegenstand und Methoden der Nationalökonomie, hrsg. v. Jochimsen und Knobel, 1971.

Sachverständigenrat zur Begutachtung der gesamtwirtschaftlichen Entwicklung: Währung, Geldwert, Wettbewerb — Entscheidungen für Morgen, Jahresgutachten 1971/72, 1971.

Savigny, F. C. v.: System des heutigen Römischen Rechts, 1841.

Schilpp, P. A. (Hrsg.): The Philosophy of Karl Popper, 1974.

Schmitt, I.: Die Zusammenhänge von relevantem Markt, Marktbeherrschung und Marktergebnis am Beispiel der Mißbrauchsaufsicht des Bundeskartellamtes bei Arzneimitteln in: Jhrb. für Nationalökonomie und Statistik (190) 1976, 67 ff.

Schulz, Fritz: System der Rechte auf den Eingriffserwerb, AcP 105, 1.

Schumann, R. D.: Der Wortgebrauch des Bundesgerichtshofes zur Kennzeichnung der Sittenwidrigkeit nach § 1 UWG, Diss. 1973.

Schumpeter, J. A.: Theorie der wirtschaftlichen Entwicklung, 1952.

Searle, J. R.: Sprechakte, 1976.

Silbermann: Systematische Inhaltsanalyse in: König, R., Handbuch der empirischen Sozialforschung, 1974, IV, 253, 255 ff.

Shubik, M. (Hrsg.): Spieltheorie und Sozialwissenschaften, 1965.

Stackelberg, H. v.: Grundlagen der theoretischen Volkswirtschaftslehre, 2. photomechanisch gedruckte Auflage, 1951.

Streissler, E. u. M. (Hrsg.): Konsum und Nachfrage, 1966.

Stegmüller, W.: Probleme und Resultate der Wissenschaftstheorie und Analytische Philosophie, Band 1, Wissenschaftliche Erklärung und Begründung, 1969.

Vorobjoff, N. N.: Grundlagen der Spieltheorie, 2. Aufl., 1972.

Weiss, M.: Die Theorie der richterlichen Entscheidungstätigkeit in den Vereinigten Staaten von Amerika, 1971.

Wied-Nebbeling, S.: Industrielle Preissetzung. Eine Überprüfung der marginal- und vollkosten-theoretischen Hypothesen auf empirischer Grundlage, 1975.

Wilhelm, J.: Rechtsverletzung und Vermögensentscheidung als Grundlagen und Grenzen des Anspruchs aus ungerechtfertigter Bereicherung, 1973.

Wilson, K. V. / *Bixenstine*, E.: Formen der sozialen Kontrolle in Zwei-Personen-Spielen mit je zwei Strategien in: Shubik (Hrsg.), Spieltheorie, 1965.

Winch, P.: Die Idee der Sozialwissenschaften und ihr Verhältnis zur Philosophie.

Winter, G.: Tatsachenurteile im Prozeß richterlicher Rechtssetzung in: Rechtstheorie, 2, 1971, S. 171 ff.

Witte, E. / *Thimm*, A. L. (Hrsg.): Entscheidungstheorie Texte und Analysen, 1977.

Wittgenstein, L.: Philosophische Untersuchungen, 1971.

— Bemerkungen über die Grundlagen der Mathematik, hrsg. v. G. E. M. Ascombe, Rush Rhees, G. H. v. Wright (= Schriften Bd. 6).
Wittgenstein und der Wiener Kreis, Schriften Band 3.

Zimmermann, D.: Marktforschung und Absatzplanung in schweizerischen Unternehmungen, Bericht über die Ergebnisse einer Umfrage, durchgeführt von der Sektion Marktforschung des Instituts für Wirtschaftsforschung ETH, Zürich, 1971.

— Die Mikrotheorie der Unternehmung im Lichte von Planung und Information im Absatzbereich. Eine empirische Untersuchung, Diss. 1972.

FSC
www.fsc.org
MIX
Papier | Fördert
gute Waldnutzung
FSC® C083411

Kolibri 360 GmbH
Ferdinand-Jühlke-Straße 7
99095 Erfurt, Deutschland
produktsicherheit@kolibri360.de

Druck:
CPI Druckdienstleistungen GmbH
im Auftrag der
Kolibri 360 GmbH
Ferdinand-Jühlke-Str. 7
99095 Erfurt